INTRODUCTION
TO INTERNATIONAL
POLITICS

国際政治学への扉

永山博之
Hiroyuki Nagayama

河原地英武
Hidetake Kawaraji

井口正彦
Masahiko Iguchi

早川有香
Yuka Hayakawa

一藝社

はじめに

　学生が国際政治に関心を持つきっかけは、たいていは、大きな国際政治上の事件だろう。筆者の場合には、それはソ連崩壊だった。

　中学生の頃、宗教の先生に、「ソ連のユニフォームに"CCCP"とありますね。あれは、"エスエスエスエル"と読むのです」と教わった。キリル文字を知らなかった筆者は、仰天した。その後に知ったソ連は、本物の"氷の帝国"だった。ソ連はアメリカに伍する「超大国」であり、機会があれば西側諸国を一呑みにしようという軍事大国だった。G・オーウェル『1984年』(Nineteen Eighty-Four, 1949)の世界は、小説家の幻視ではなかった。筆者には、ソ連は永遠に続く大帝国のように思われた。

　しかし、1980年代後半以後のソ連の変化は、個人の考えなど、歴史の波の前にはただの淡いあぶくのようなものだということを思い知らせるものだった。すべてのものが批判の対象とされ、あっという間に社会主義体制は消えていった。"氷の帝国"はいったん溶け始めるとドロドロになった。東欧諸国の体制は簡単に転覆した。ルーマニア大統領チャウシェスクが処刑されたニュースは、車の中のラジオで聞いた。1991年にはソ連は解体していた。

　人の一生に対して歴史は長過ぎる。確かにそのとおりだ。しかし、歴史の流れが早いときに生きている人間は、目の前で社会がそっくり押し流されるのを見ることがある。1980年代以後に生まれた人にとって、昔の日本が貧しかったというのは、お話の世界でしかないだろう。

　また逆に、筆者の両親は第二次世界大戦の時に子供だった人たちで、筆者は彼らから「親子丼がどんなにぜいたくな食べ物だったか」という話を聞かされた。親が見た日本、筆者が見てきた日本、いま学生である人が見ている日本は、すべて、別の日本である。世界の多くの国でもそうだろう。いま存在するものは変わり得るものであるということを、筆者は次第に理解するようになった。

筆者は賢くはない。歴史の前で自分が賢いと確信できる人はいない。ただ、自分が見ているものが、いつ変わってもおかしくないということは、歴史を見ている人は知っている。そのことは、事前にはわからない。筆者は、2001年9月11日、ニューヨークの世界貿易センタービルに、2機目の飛行機が激突する瞬間を、NHKのニュースで見た。もうすべては終わったと思えた。

それからいろいろなことが起こった。世界は終わってはいないが、人々は昔ほど世界に楽観的な期待を持たないようになった。冷戦が終わった1990年代、世界はもっと穏やかで、平和で、希望に満ちたものになるはずだと多くの人が思っていた。現実は常に期待を裏切るものである。

国際政治の動きは、個人の生活を直接動かす力がある。低成長、終身雇用制のゆっくりとした崩壊、電機産業などの日本の大企業の凋落、少子化などの現象も、グローバルな政治経済関係の影響を、直接間接に受けている。日本でも、アメリカでも、ヨーロッパでも、階層格差は拡大し、政治的対立は激化している。これもグローバル化の結果なのである。

目の前で起こっていることを、世界レベルでの政治、経済、社会の変化と結びつけて考えられるようにすること、自分の生活が、世界的変化のどのような要素によって動かされているのかを理解すること。この本は、そういう関心を持っている読者にとっての、ガイドブックとして書かれた。その意図が成功していることを祈るばかりである。

本書の出版は、東洋大学名誉教授、政策研究フォーラム副理事長、加藤秀治郎先生の温かいご配慮によって実現した。先生のご期待に背くものにならないよう、執筆者一同、全力を尽くした。また、一藝社の松澤隆さんは、原稿遅延への対応、複雑な図版の作成、本書を読みやすくする改善について、常に真摯に対応してくださった。感謝の意を表するという表現ではとても足りないが、改めてお礼を申し上げたい。

2018年11月20日

執筆者を代表して　永山博之

目　次

はじめに　　3

第1章　国際政治とは何か

§1　国際政治とその学問の起源　　　　　　　　10
§2　「アナーキー」とは　　　　　　　　　　　12
§3　国際政治の変化とその影響　　　　　　　　16
§4　国際政治を学ぶ理由　　　　　　　　　　　20

　　column
　　── 台湾は〈国家〉なのか　19

第2章　国際政治の歴史

§1　古代の世界　　　　　　　　　　　　　　　25
§2　中世の世界　　　　　　　　　　　　　　　26
§3　近代 ── 主権国家の登場　　　　　　　　28
§4　近代後期 ── 国民国家の登場　　　　　　29
§5　ナショナリズムの高まりとヨーロッパの協調の崩壊　30
§6　第一次世界大戦　　　　　　　　　　　　　31
§7　第二次世界大戦　　　　　　　　　　　　　32
§8　冷戦時代　　　　　　　　　　　　　　　　33
§9　冷戦の時期区分　　　　　　　　　　　　　35
§10　冷戦後の世界 ──「統合」と「分裂」のプロセス　38

第3章　国際政治学の理論

§1　国際政治学における理論　　　　　　　　　43
§2　リアリズム　　　　　　　　　　　　　　　43
§3　リベラリズム　　　　　　　　　　　　　　47
§4　マルクス主義　　　　　　　　　　　　　　50
§5　コンストラクティビズム　　　　　　　　　53

　　column
　　── 力（パワー）とは　46
　　── 囚人のジレンマ　49
　　── 国際政治学理論における3つの論争　52
　　── フェミニズム　54

第4章 国内政治と外交政策決定

§1 外交とは何か 60
§2 マルチトラック外交 61
§3 国内政治と対外政策 64
§4 国内政治と対外政策のアプローチ 67

column
—— 外交研究の発展 63

第5章 国際制度

§1 国際制度とは何か 77
§2 国際連盟から国際連合へ 78
§3 国際連合の機能 81
§4 国連レジーム論 86
§5 世界国家の可能性 90

column
—— 国際レジームと国際関係理論 89

第6章 国家と非国家主体

§1 国際政治と主権国家 95
§2 主権の侵食 96
§3 「新しい中世」論とグローバル・ガバナンス 98
§4 効果的なグローバル・ガバナンスの構築を求めて 106

column
—— グローバル化とナショナリズム 97

第7章 安全保障Ⅰ（伝統的安全保障）

§1 安全保障についての伝統的な概念 111
§2 武力と同盟の機能とその限界 113
§3 核兵器は安全保障戦略を変えたのか 119
§4 情報革命と安全保障 123

column
—— 通常兵器は核兵器に取って代わりうるものなのか 126

第8章 安全保障Ⅱ（新しい安全保障）

§1 安全保障についての多様な考え方 130
§2 テロと「ならず者国家」 134
§3 大量破壊兵器不拡散 138
§4 新しい戦争と社会の安全保障化 143

column
—— 生物化学兵器はどれだけ役に立つのか 141

第9章 人権と民主化

§1 人権と国際規範 　　　　　　　　　　　149
§2 冷戦期の人権問題 　　　　　　　　　　150
§3 人権規範は国境を超えるのか 　　　　　153
§4 民主制は望ましいのか 　　　　　　　　158

column
── 先進国社会における人権問題　157
── 民主制の拡大は平和をもたらすのか　161

第10章 国際政治経済

§1 市場と政治 　　　　　　　　　　　　　167
§2 自由貿易主義と保護貿易主義 　　　　　167
§3 グローバル化と経済 　　　　　　　　　170
§4 多角的貿易交渉から自由貿易協定へ 　　172
§5 地域経済レジームの登場 　　　　　　　174
§6 アジアにおける経済発展 　　　　　　　178
§7 「経済の3つのトリレンマ」とグローバル経済　179

column
── 資本主義の多様性とは　171
── WTOとラウンド　173
── 欧州債務危機とユーロ　177

第11章 国際協力と国際政治

§1 南北問題と政府開発援助（ODA） 　　　184
§2 開発に関する様々な考え方 　　　　　　186
§3 国際協力の歴史 　　　　　　　　　　　187
§4 持続可能な開発目標へ 　　　　　　　　194
§5 国際経済格差を考えるための視点 　　　195

column
── タイド(ひも付き)援助とアンタイド援助　185
── 国連開発計画（UNDP）　187
── 『援助じゃアフリカは発展しない』　198

第12章 地球環境と国際政治

§1 環境問題とは何か 　　　　　　　　　　201
§2 国際環境政治の特徴 　　　　　　　　　202
§3 成長の限界と持続可能な開発 　　　　　203
§4 国連環境会議 　　　　　　　　　　　　205

§5 事例研究1 ── オゾン層破壊問題をめぐる国際政治 206
§6 事例研究2 ── 生物多様性問題をめぐる国際政治 208
§7 事例研究3 ── 地球温暖化問題をめぐる国際政治 212
column
── クロマグロ規制問題と捕鯨問題 211
── 日本の温暖化問題 216

第13章 エネルギーと国際政治

§1 エネルギーの地球的偏在 219
§2 中東の紛争と世界石油資本 221
§3 OPECと国際エネルギー機関の設立 222
§4 エネルギー地政学 ── シーレーンとパイプラインをめぐる国際政治 224
§5 原子力の政治 226
§6 再生可能エネルギー 228
§7 日本におけるエネルギー政策 230
column
── シェール革命 220

第14章 移民・難民問題と国際政治

§1 人の移動と国際政治 235
§2 ヨーロッパにおける移民問題の政治 240
§3 難民の存在と、その影響 245

第15章 国際社会の展望

§1 国際社会は変わりつつあるのか 252
§2 覇権後の世界 258
§3 国際社会のゆくえを見る2つの視点 263
── 「力の均衡」と「技術進歩」
column
── ソ連は覇権国だったのか 259

索 引 274
執筆者紹介 281

国際政治とは何か

永山 博之

≫この章の課題

　この章で考えていく問題は、「国際政治、国際関係とは何か」ということである。

　あわせて、それを対象とする学問である、「国際政治学、国際関係論とはどういう性質を持った学問なのか」ということについても、考える。特に国際政治の重要な性質である「アナーキー」（無政府状態）の意味と、それがもたらす結果について、考える。

　国際政治は、わたしたちが普通考える政治（国内社会の政治）とは、基本的に異なる性質を持っている。このことを理解するのが、国際政治を理解するために必要な第一歩である。

≫キーワード

- ☐ 国際政治
- ☐ 国際関係
- ☐ 政治
- ☐ 戦争
- ☐ 制度
- ☐ アナーキー

▶§1 国際政治とその学問の起源

　「**国際政治**」はいつからあったのか。また、国際政治を考える学問はいつからできたのか。国際政治と国際関係という言葉は、人によっては微妙に異なる意味で使う場合がある。「**国際関係**」という言葉は、経済、環境、人権などの分野とそれぞれの分野が使う別の学問的方法を含む、総合的な学問の対象だと考える人々がいるからである。しかし、この本では国際政治といっても、狭い意味での政治だけではない、広い対象を扱うので、**国際政治と国際関係はほぼ同じものとして扱う**。

　まず国際政治は、初期の国家、つまり王や戦士（統治や戦争を仕事とする専門家）が成立し、国家が王を中心とする官僚、戦士から成り立つ機構としてできた時点からあった。国家間関係は、基本的には戦争と通商だった。力と利益は国家が追求する目標であり、国際政治はそれを求める国家の間に成り立っていた。

　紀元前5世紀に活躍した古代ギリシアの歴史家**トゥキュディデス**は、その著『**戦史**』（2013）の中で、国家の行動を左右する基本的な要因として、「恐怖」、「名誉」、「利益」の3つを指摘した。また、ペロポネソス戦争の基本的な原因として、アテネの力の増大とそれに対するスパルタの恐怖を挙げて、今日のリアリズムにつながる考え方の原型を作り上げた（⇒第3章§2）。国際政治学の基本的な発想は、初期の歴史家にあったことになる。また、春秋戦国時代の中国（紀元前6〜4世紀）において、孫武のような兵家、蘇秦、張儀のような縦横家らが、軍事、外交戦略を語ったことも、地域や文化の違いを超えて、国際政治に対する思索があったことを示す。

　複数の国家が並立し、それぞれが軍を保有し、互いの安全が脅かされている状況は、人間の歴史において普遍的にあった状況である。国際政治学は、そうした状況で、自国の安全を守り、他国との関係を取り結ぶための、人間の思索が結晶した結果としてできたのである。しかし、トゥキュディデスや孫武らの著作が、発表当時に「国際政治学」と言われたわけではない（『孫子』はむしろ戦略理論の祖というべきだろうが）。それらは単に「歴史」の一部だと見なされていた。歴史こそ、社会と人間についての知恵を蓄積した学問の基礎だったので

ある。国際政治についての思索が学問として体系化され「国際政治学」、「国際関係論」という名前で呼ばれるようになったのは、むしろ新しく、20世紀になってからのことだった。

　イギリスの外交官、歴史家である**E.H.カー**は、『**危機の二十年**』（2011）の中で、「国際関係論」「国際政治学」に言及している。カー自身が、外交官としての経歴を持ち、ウェールズ大学アベリストウィス校の国際政治学講座（International Politics）担当教授であった。この職位は1919年に設けられた。第一次世界大戦が終わった翌年である。欧米諸国にとって破滅的な経験だった第一次世界大戦の結果、このような大惨事を回避するための方法を考えるということが、国際政治学が「歴史」から自立する機会となったのである。

　戦間期（第一次世界大戦と第二次世界大戦の間の時期）に国際政治学は、主にイギリスとアメリカで、大学の学部をつくれる規模に発展していった。さらに第二次世界大戦後、そうした動きはいっそう広がった。**モーゲンソー**の『**国際政治**』（2013）の出版は、一つの区切りとなった。

　最初の時期は、歴史、国際法などの寄せ鍋状態だった国際政治学だが、歴史（⇒第2章）、固有の理論（⇒第3章）、安全保障（⇒第7、第8章）、経済（⇒第10章）、などの個別の問題領域ごとの研究、地域研究（地域や国家の仕組みや動きを掘り下げた研究）、対外政策、国内政治との関連（⇒第4、第5、第6章）、グローバリゼーション、グローバル・ガバナンスのような国家を越えた地球レベルの問題（⇒第9、第11、第12、第13、第14章）などからなる、体系的な学問に近いものとして発展していった。第二次大戦後の**冷戦期**に20年から30年ほどの時間をかけて、国際政治についての研究が現在のような形になっていったのである。

　書店で「政治学」の教科書を一冊手に入れて読めば、「政治学」の内容と、「国際政治学」の内容は、かなり違うことがわかる。これは、一般に大学で教えられる「政治学」の内容が、政治学という学問全部ではなく、その中の「比較政治」に相当する部分だけを切り出して教えられることが多いからである。

　政治学は、全体としてはおおよそ３つの部分からできている。「比較政治」、「政治思想」、「国際政治」である（「行政学」などを政治学の一部に組み込む立場もあるが、ここでは３つに限定する）。「政治思想」は、政治学のうち、「規範理論」を扱う。つまり、政治において何が正しいのか、何が追求されるべき目標なの

かということを考える学問である。これに対して、「比較政治」は、「実証理論」であり、かつ対象が「国内政治」である分野を扱う。「実証理論」とは事実を説明することを考える学問である。「国内政治」は、言葉通り、国家の内部で起こる政治のことである。

それでは「国際政治」はといえば、基本的には「実証理論」であり（わざわざ基本的には、と言ったことの意味は後述する。　⇒§2文末）、かつ対象が「国際政治」である分野を扱う。**「国際政治」とは、国家と国家の間に生じる政治のことである。**

「国内政治」と「国際政治」は、それほど違う分野なのか。そのとおり。両者は同じ政治でも非常に異なる。この違いを理解することが国際政治学を学ぶ前提としてとても大切なことなので、次節ではこのことを説明する。

▶§2　「アナーキー」とは

国際政治は、国内政治とは非常に異なる性質を持つ。それは、国際政治が「アナーキー」という特徴を持つ社会における政治だからである。**「アナーキー」**（anarchy）は、日本語では「**無政府状態**」と訳される。無政府状態とは、**社会の構成員の上にあって、構成員に命令する権威が存在しない状態**のことである。

わたしたちが生活する日本などの国内社会は通常は、アナーキーではない。国内社会では、憲法を中心にした法制度がある。法制度を基盤として、政府がある。**民主制**をとる国家では、政府は、行政権、立法権、司法権の３つに分割されている。権威主義体制をとる国家では、そのような権力分立は実質的には存在しないが、大事なことは、民主制であってもなくても、政府は、国家の構成員である国民に対して、上から命令する存在だということである。

権威主義体制をとる国家はともかく、「民主制国家では、政府は国民の意思に従うものではないか」「政府が国民に上から命令するというのはおかしいのではないか」と考える人もいるだろう。しかし、独裁だろうと民主制だろうと、国民は法律や命令（どちらも政府が決めたこと）を守らなければならない。普通は個別の立法に対して、国民がその意思を問われることはない。

議会や行政府の決めたことに国民は従わなければならないのである。憲法のような特殊な法を制定することについては、国民投票の実施が条件になって

いることがあるが、その場合でも、国民個人が「自分はその憲法に反対だから、自分の意見に関わりなく決められたことには従わない」ということは許されない。個人が刑法を守らない場合には、警察が個人を逮捕し、裁判にかけて刑罰が執行されることになる。これが、国家において政府は国民に対して上から命令するということの意味である。

それに対して、**国際社会には国家における政府に相当するものがない**。国際社会を構成するのは基本的には国家だから、国家はそれぞれ自分たちの政府を持つ。しかし、国際社会全体を統治する政府というものはない。読者の中には、国際連合（国連）があるではないかと思う人もいるだろう。しかし、国連は、国際社会全体の政府ではない。国連は、国家が話し合い、意見を調整するための場所であり、それ以上のものではない。政府の類似物ではないのである。

国際社会を構成する国家は、「**主権国家**」である。「**主権**」(sovereignty) というのは、「**自らの意思以外の何者にも従わない、最高の権威である**」ということを意味する。国家が独立しているというのは、政府は他国の意思で動かされるのではなく、自国の意思にのみ従うということである。国際社会において、主権国家は基本的には互いに、主権を承認しているので、すべての国家は法的に平等である。これを**主権平等**という。

主権国家は、自国の意思以外には従わない。他国や国際機構の命令には基本的に従わない。このことがもたらす第1の重要な帰結は、国際社会の法＝国際法が国家を拘束するのは、国家が国際法に同意した場合だけだということである。国内社会のように、国会が国民を代表して法を制定するのではない。

また、「**同意は拘束する**」という言葉のとおり、国家は自国が同意した国際法にしか拘束されない。「多数決」というものは国際法にはないのである。結果として、国際法は、国内法に比べると、国際社会のごく小さな範囲の問題しかカバーしていない。国際刑法というものは限定された範囲においてしか存在せず、国際取引法は国内法の中にある。国際法は基本的には、国家間の関係を定める法であり、国内法とは基本的な性格が異なっている。

EU（欧州連合）のように、EU法が加盟国を広い範囲で拘束することは例外であり、これもEU加盟国が、EU法に従うことにあらかじめ同意しているという前提で成立していることである。

国際社会が主権国家によって構成する社会だということの第2の重要な帰結は、国際社会では、紛争が裁判で解決される機会が少ないということである。**国際司法裁判所（ICJ）** という機関があり、その他の裁判機関も存在する。しかし、これらの裁判所は、訴訟当事国双方の同意がなければ裁判を始めることができない（別の言い方では、国際裁判所は一般に強制管轄権を持たない）。国内社会では、裁判当事者のどちらかが裁判に訴えれば裁判が始まり、訴えられた側は裁判を拒否することができないこととは対照的である。これは、**裁判で不利な立場に立つと考える国家は、裁判を拒否する可能性が大きい**ことを意味する。

　1998年に署名された国際刑事裁判所に関する**ローマ規程**により、**国際刑事裁判所（ICC※）** が設立された。これは国家間の紛争を裁く国際司法裁判所（ICJ）とは違い、いくつかの国際犯罪（侵略、集団殺害、戦争犯罪、人道に対する犯罪）について個人を裁くための裁判所である。国際司法裁判所が1945年に設立されたことに加えて、国際刑事裁判所が設立されたことにより、国際社会における法の支配が強まることを期待する人もいる。しかし、国際刑事裁判所は、被疑者の引き渡しを受けないと裁判を始めることができず、自力で被疑者を拘束して裁判を始めることはできない。

　またアメリカ、ロシア、中国、インド、多くの中東諸国がローマ規程の締約国ではなく、これらの国の国民やこれらの国で起こった事件についての裁判を行うことができないなどの限界を持っている。このように、裁判制度そのものの役割が、国際社会では小さいのである。

　さらに、2016年、国連海洋法条約に基づき、フィリピンが南シナ海問題について中国を相手に起こしていた仲裁裁判の判決が出た。国連海洋法条約は、条約の解釈や適用に関する紛争に対して司法的な解決手段をとることを認めている。フィリピンはこの条約を根拠に中国を相手にして仲裁を提起した。**国連海洋法条約（UNCLOS※※）** の規程によれば、「条約の解釈又は適用に関する紛争」を解決する手段として、司法的解決が指定されている。

　仲裁裁判は、国際海洋法裁判所、国際司法裁判所と並ぶ手段の1つに挙げられている（今回仲裁を行った**常設仲裁裁判所**もその1つ）。国際司法裁判所とは異なり、この場合には一方の当事者の要求だけで仲裁が開始されるのである。

　しかし、中国は仲裁への参加を拒否した。仲裁裁判の結果は、中国に非常

※　「International Criminal Court」の略。
※※　「United Nations Convention on the Law of the Sea」の略。正式な邦名は「海洋法に関する国際連合条約」（外務省HP）

に不利で、中国側の主張をほぼすべて否定したものであった。これに対して中国は仲裁裁判の効力を否定し、南シナ海の岩礁や暗礁の周辺を埋め立てて人工島を造成し、そこに軍事施設を設定する工事を継続している。この場合、常設仲裁裁判所の判決は国際法上拘束力を持つが、中国はそのことを無視している。しかし、フィリピンには仲裁裁判の判決を自力で執行する力がない。中国は、フィリピンの政権が変わったことを利用して、経済援助その他の手段を使い、判決をうやむやにすることを図っているものと見られる。

　国際社会が主権国家によって構成される社会であることの第3の重要な帰結は、国際社会では法を執行する機関がないということである。現在の国際社会では、侵略戦争は禁止されており、武力行使が許されるのは、侵略に対する自衛の場合と、**国連安全保障理事会（安保理**　⇒第5章§3）が認めた場合などに限定されている。しかし、実際に侵略があった場合、国内社会の警察に相当する機関が国家を侵略から守ってくれることは期待できない。

　国連は元来そうした事態に対処することを想定してつくられた**集団安全保障**のための機関だが、現実には集団安全保障はほとんど機能したことがない。国連安全保障理事会は、冷戦期には米ソの対立でほぼ機能しておらず、冷戦後も1990-91年の**湾岸戦争**を例外として機能しなかった。結局、侵略は禁止されたといっても、実際に権威ある機関が侵略を認定してくれることは期待できず、国連安全保障理事会が侵略された国を守ってくれることも期待できない。

　結局、自国を守るには、自国と同盟国の力に多くを頼るしかない。権利を不法に侵害された場合に、政府に救済を頼むことができる国内社会とは違うのである。つまり、国際社会は、紛争解決のための手段として、国際社会を構成する個々の主体＝国家の、実力＝武力に頼らざるをえない社会だということなのである。このことは、国際政治では、法に基づく制度化されたシステムを前提としてものを考えることができないことを示す。むしろ、国際政治では、紛争や戦争が存在することを前提として、ものごとを見なければならない。

　そうであれば、紛争や戦争は無制限に許されるのか、一切許されないのか、許される場合とそうでない場合があるのなら、それはどういう条件か、という問題を議論することが必要になるだろう。国際政治学が基本的には実証理論だが、規範理論としての側面を全く排除することができない理由もそこにある。

▶§3 国際政治の変化とその影響

ここまでに述べた国際社会の特徴、つまり、

- ・アナーキーであり、諸国家の上に立つ中央政府がないこと
- ・法は個別の主体が行う約束であり、国家の同意を基礎にしていること
- ・裁判の役割が弱いこと。法を執行する機関がないため、紛争解決において、実力が重要な意味を持つ社会だということ

これは、17世紀の**三十年戦争**（⇒第2章§2）以来、国際社会の基本原理である。しかしここで問題が生じる。この「基本原理」は17世紀から21世紀の今日まで変わっておらず、近い将来も変わる見込みはないと断言できるのかどうかということである。

実は、ここまで述べてきた国際社会の基本原理をどの程度重視するかということは、国際政治学者が全員一致で認めることではない。本書以外の国際政治学の教科書を書店で手にとって、序文、または第1章を、ざっと眺めてみてほしい。

おそらく、いくつかの教科書では、国際社会が特に20世紀後半以後、次第に変わりつつあること、国家に代わって市民や**非政府組織（NGO）** のような新しい主体の重要性が次第に増していること、国際社会は国家によって構成される社会というよりも、多様な主体によって構成される地球社会（**グローバル社会**）になりつつあること、国際社会は無政府状態から人権や民主制のような共通の規範を持つ社会へと変わろうとしていることを強調しているはずである。

これらの論点については、本書の中でも対応する章で言及していくが、先に述べたような国際社会におけるアナーキーの拘束力を重視する立場は、国際政治学の中でも、**リアリズム**という1つの立場（⇒第3章§2）からの見方である。

リアリズム以外の立場である、リベラリズム、コンストラクティビズム、マルクス主義などに立つのであれば、国際社会のイメージは異なったものになるだろう。

しかし、ここであえてリアリズムに傾いたイメージで国際社会を説明したのは、

第1章 ▶ 国際政治とは何か 17

- ・リアリズムが国際政治学において最も古い伝統を持つ、基本的なものの見方
  だということ
- ・最初に複数のイメージを提示するよりも、まず、基本的なイメージを持って
  から、必要に応じてそれを修正する方が、初学者にとっては国際社会の姿を
  認識しやすい

という理由に基づく。

　高校の政治・経済や、世界史の教科書を読めば、さまざまな事実、知識が豊富に盛り込まれているが、それらはバラバラで統一的なイメージを持ちにくいという印象を持つのではないだろうか。筆者も、高校生の時にそれらの教科書を読んだ時にはそう考えていた。高校教科書は、文部科学省の学習指導要領に基づかなければならず、書き方にいろいろな制約があって、執筆者の立場を明確にして一貫した視点で事実を整理することがむずかしいという事情がある。

　しかし、大学にはそういう制約はない。むしろ大学は学生自身がある程度の判断力を持っていることが前提となっているから、大学で学ぶことは公的機関の統制を受けず、教員のそれぞれの視点をはっきりさせてよいのである。もちろん、その自由は教育内容が事実に照らして公正であること、それぞれの学問分野の基本的な約束事を踏まえていることを、満たす範囲で許されているのである。

　ここで、**「国際社会は伝統的な姿を脱して、新しい姿に変わりつつある」**という主張について、もう一度考えてみよう。国際社会が、グローバリゼーションの大波を受けていることは事実である。現在の国家は、17世紀にあった国家はもちろん、20世紀初頭にあった国家とも重要な点で異なっている。国家が国境を管理し、人、モノ、情報などの流れを統制する力は弱まっている。国際社会全体において、普遍的な規範が存在するという意識は、少なくとも先進国社会の一部では強まっている。では、これらの事実に照らせば、国際社会は新しい何か（「地球社会」？）に変わりつつあり、国際政治学も、その名前（国際政治とは、国家と国家の間に成り立つ関係や政治という意味）を含めて変わるべきだと言えるのだろうか。

　そうした変化が国際社会に起こっていることは部分的には事実である。それが国際社会の性質の少なくとも一部を変えつつあることも否定はできない。しかし、そうであっても、国際社会がアナーキーを基本とする社会であり、

・国家は依然として最重要のアクターであること
・法や規範の重要性は国内社会に比べると相対的に低く、制度化はゆっくりと
　したスピードでしか進行していないこと

は、国際社会を考える際の大前提である。

　国際社会は変わっていることは事実だが、アナーキーの制約や国家の重要性、制度化が相対的に未発達であるという前提が覆ったとか、根本的な見直しが必要なレベルにまで変わっているというのは、言いすぎである。

　国際社会において、人権尊重が重視される傾向にあることは事実である。しかし、人権を実際に守るのは誰だろうか。NGOは、人権尊重の理念を先進国社会の中で伝えたり、人権侵害に対して注意を促したりすることはできる。しかし、人権を実際に保護できるのは国家の力しかない。ある国家で大規模な人権侵害が起こっているとして、それを現実にやめさせることができるのは、国家による制裁措置や武力行使などの力の行使である。国際社会に問題を訴えるだけでは解決として十分ではない。

　また、「国際社会における法の支配」という言葉を使うことがある。「法の支配」というのは、元来、政府の権力が確立している国内社会において、政府の権力行使が専制的にならないように、行使に制約を加えるための原理である。国内社会においてはそれで構わないが、国際社会において、そもそも、世界政府は存在せず、単一の政府による専制的な権力行使という事実そのものがない。国際社会に「法の支配」という異質な原理を単純に持ち込もうとすることには慎重でなければならない。国際社会において憲法に相当するものが出現することを期待できるかどうかは議論が分かれる。「国際社会における法の支配」という言葉は、多くの場合、「国際法を守るべきだ」という意味でしか使われていない。それは「法の支配」という言葉の国内社会における用法ではないことを理解する必要がある。

　国際社会には、変わりつつある要素と、変わっていない要素がある。その両者を理解し、特に国際社会において、相対的に安定している仕組みを基本として受け入れ、その上にどのような変化があるのか、その変化の重要性はどれほどのものなのかを考えること、それが本書の立場である。

第1章 ▶ 国際政治とは何か | 19

column 》》》》》 台湾は《国家》なのか

　台湾（中華民国）は、台湾島といくつかの島嶼を領有し、独自の政府と軍隊を持つ。総統（大統領）も立法議会も選挙で選ばれている民主政体である。入国にはもちろんパスポートが必要だ。しかし、日本や多くの国は、台湾を《国家》として承認していない。国際的なスポーツ大会では、「台湾」あるいは「中華民国」の名称は認められず、「中華台北（Chinese Taipei）」の名称を使うことが多い。国連の議席はなく、**経済協力開発機構（OECD）**など、いくつかの国際機関には、中華台北などの名称を使って参加しているが、国家としては認められていない。

　この理由は、台湾の政府は、もともと中国の支配権をめぐって中国共産党と戦っていた中国国民党が内戦に敗れ、台湾に逃げてつくった政府だという事情がある。中国共産党は、1949年に中華人民共和国の名前で北京を首都とする政府をつくった。当初は、台湾の国民党政府を正統な中国の政府として認めている国家が多かったのだが、実質的に中国の大部分を実効支配しているのは共産党の北京政府であるという事実は動かず、ほとんどの国はその後、北京政府が中国を代表する正統な政府であると認め、「台湾は国ではない」という立場に変わっていった。日本がこの立場を取るようになったのは、1972年の日中国交正常化後のことである。

　ややこしいのは、日本やアメリカその他の多くの国は、台湾を国家として正式には認めていないが、台湾にある政府が台湾島を実効支配しているという事実は変わらないので、台湾にある政府と実務上の関係を持っていることである。アメリカは、1979年に台湾と断交し、北京政府を承認した後も、「台湾関係法」を制定して、台湾を他の国家と同様に扱い、台湾に防衛上必要な武器を供与することを決めた。また、日本政府は、「台湾は中華人民共和国の一部であり、台湾にいるのは反乱団体にすぎない」という北京政府の立場を、そのまま認めているわけではない。日本は北京政府の立場について、「十分理解し、尊重する」としか言っていない。つまり、「北京の主張はわかっているが、それを日本が認めているかどうかについては言及しない」というものである。

　では、台湾を国家として多くの国が認めていないといっても、現実に台湾にある政府は何なのか。北京政府が「反乱団体」と主張しているとしても、北京政府も台湾に政府がある事実は認識している。だからこそ、2015年に習近平中華人民共和国主席と馬英九中華民国総統が、1949年以来初の首脳会談を行ったのである。ただし、この時も習近平と馬英九は、互いを「先生」（日本語では、「○○さん」にあたる）と呼び、相手を国家の代表としては認めないという立場を堅持したのだった。お互いを国家とは認めないという「フリ」をしたのである。

　台湾は《国家》として認められていない。だが、実質的に《国家の役割》を果たしながら存在し続ける、というわかりにくい状況は、これからも続くだろう。「国家とは何なのか」という問いの答えは簡単ではない。

§4 国際政治を学ぶ理由

　この本は「国際政治学を読者に理解してもらう」ために書かれている。それでは、国際政治学を学ぶ理由はなんだろうか。国際政治学を知ることで、何が得られるのだろうか。

　最も重要なことは、国際政治学は、他の社会科学分野の学問と同じく、**事実を整理し、事実が起こった理由を説明するためのもの**だということである。国際社会にはさまざまな事実がある。しかし、この事実を見ているだけでは、なぜその事実が起こったのかということを理解することはできない。

　新聞を、毎日たんねんに読んでいれば、「事実」と事実が起こった理由についての簡単な説明はわかる。しかし、事実についての知識をどれほど積み重ねても、それだけでは事実を広い文脈に位置づけて、大きな構図を描いて事実間の関係を明らかにすること、つまり説明することはできないのである（言うまでもないことだが、新聞は読んだほうがよい。できるだけ新聞を毎日読むことは国際政治学を学ぶために必要な基礎的な作業の１つである）。

　つまり、

　　①日々起こる事実を追いかけること
　　②歴史や、特定分野（安全保障、経済、環境など）の知識を元にして、事実
　　　を大きな枠組みの中で説明すること

は、別の作業であり、①②は両方とも必要である。

　国際政治学は、②のための方法を体系化された形で提供する学問である。また、**②の方法を知らなければ、日々起こる事実を「理解する」こともできない**のである。

　国際政治学者**ウォルツ**は、『**国際政治の理論**』（2010）の中で、国際関係において、特定のパターンが繰り返し起こっている場合に、なぜそのような繰り返しが起こるのかを説明するのが理論の役割だと述べている（特定のパターンがなく、事例が一度だけの場合は、「理論」はできないことになる）。

　わたしたちは、細かい事実の積み重ねを単なる事実の羅列としてそのまま理

第1章 ▶ 国際政治とは何か 21

解することはできない。個々の事実の間の関連性を理解し、全体としての「絵が描ける」ことで、事実をまとまりとして把握できるようになり、世界を「わかった」と思えるようになる。国際政治学を含めた社会科学や、人文学の基本的な役割はこのようなものである。

ここで、国際政治学の説明とはどういう性質を持つものなのかを考える。

第1に、**国際政治において起こるできごとは、自然科学でいう法則性を持っていない。**「ある条件がそろえば、必ずあるできごとが起こる」ということは言えない。ウォルツは、法則と理論の区別を重視し、「法則は事実を観察して見出されるが、(説明のための)理論は発明される必要がある」(ウォルツ、2010)という。そして、国際政治においては、常にアナーキーが作用するから、勢力均衡が基本的なパターンとなるという。

しかし、勢力均衡が国際政治の基本的なパターンだとしても、それをもって、特定の国家の行動や、特定の事件を説明する「強い理論」をつくるのは無理である。現実に、国際政治では、特定の事件が起こったことで、後の歴史が決定的に変わってしまうようなことがある。20世紀の二度の世界大戦、19世紀のナポレオン戦争などはそうした例だった。最近でも、2001年9月11日のアメリカに対するテロ攻撃が、その後のアメリカの政策と国際政治の状況をどれほど変えてしまったかということは、その例だろう。

第2に、**特定のできごとが大きな影響力を持つような世界では、予測はしにくい。**1985年にソ連(ソビエト社会主義共和国連邦)共産党の書記長にゴルバチョフが就任した時、近い将来**冷戦**(⇒第2章§8)は終わるとか、ソ連はなくなるとかいうことを言っても、相手にはされなかっただろう。しかし、現実にそれは起こったのである。現在でも、技術進歩の加速は早まるばかりで、先の見通しは立てにくい。経済学者のケインズは、「長期ではわれわれはみな死んでいる」と言った。遠い先のことはわからないのである。

第3に、**それでもなお、すでに起こったことを分析し、なぜそれが起こったのか、どのような要因がどの程度重要だったのかを明らかにすることは必要で**ある。国際政治学や多くの社会科学の説明とはこういうものである。つまり、「後付けの理屈」ということなのだが、後付けの理屈であっても、説明というものがなければ、自分がどこに立っているのか、いま起こっていることは何な

のか、これからどうすればいいのかということが何もわからなくなってしまう。

わかっていることを組み合わせて説明を立ててみて、新しい事実がわかったら、それを組み入れて説明を改善すること以外に、物事を理解する方法というものは簡単には見つからないのである。

国際政治学は、他の社会科学分野の学問と何が違うのか。他の学問とは違う魅力的なものがあるのか。結論からいえば、それは国際政治というものが、「力」「富」そして「正義」がナマでぶつかり合うものであり、それを直接相手にするのが国際政治学だということである。

わたしたちが暮らしている社会で、露骨に「力」を使うことはあまりないだろう。「富」も、それで直接他人の心をつかむことは簡単ではない。「正義」を振り回すことは日本社会ではどちらかといえば避けられる行為である。

しかし、国際政治では、これらの要素が直接的な形で使われる。どの国家も「力」と「富」を求め、「正義」を大声で言い立てる。例外はない。歴史を見れば、多くの国家が繁栄し、衰退し、場合によっては消滅したことがわかる。国家は、短い人間の命よりは長続きするものだが、そうであっても永遠に続くものではない。その興亡の理由と原因に思いをめぐらせること以上に、知的なスリルを味わえることは、他にはそうそうないはずである。

〈図表1-1〉 第二次世界大戦後に消滅した国家（主要なもののみ）

消滅した国名	消滅後の結果	消滅後した年
南ベトナム	北ベトナム（現ベトナム）に吸収	1975
マラヤ連邦	シンガポールが独立し、マレーシア連邦	1965
北イエメン、南イエメン	北イエメンが南を吸収、イエメン共和国	1994
アラブ連合共和国	シリアが独立し、残ったエジプトがエジプト・アラブ共和国に改称	1971
ソビエト連邦	バルト三国が独立、その後12カ国が独立国家共同体になり、流れ解散	1991
東ドイツ	西ドイツ（現ドイツ）に吸収	1990
チェコスロバキア	チェコとスロバキアに分裂	1993
ユーゴスラビア	構成共和国が次々と独立し、6カ国に分裂	2006
ソマリランド	ソマリア共和国に吸収。現在は内戦で実質的に破綻状態	1960
カメルーン	英領カメルーンと合併、その後カメルーン共和国に改称	1961
マリ連邦	セネガルが独立、マリ共和国	1960
ザンジバル、タンガニーカ	合併し、タンザニア連合共和国	1964

〔出典〕（吉田一郎、2015）を参考に筆者作成

第1章 ▶ 国際政治とは何か 23

《課 題》

1）「国際政治はアナーキーである」という主張と、「そうであっても、国際社会には一定の秩序があり、その秩序は次第に強化されているので、アナーキーの重要性は薄まりつつある」という主張を比べ、その当否を比較して結論を出してください。

2）国家と国家でないものを区別する境界線はどこにあるのかという問題を、具体的な例をあげて検討してください。例は台湾、EU など、任意に選んでください。

3）国際政治において規範があるとすれば、その規範とはどのような性質を持つのかということについて、論じてください。

4）国際政治学でいう「説明」とは何なのか、その説明とは何を明らかにするものなのかについて、論じてください。

5）国際社会から戦争をなくすことはできるのかという問題について、実現可能性、そのために必要な条件を十分に検討して、論じてください。

もっと深く ◉ 知りたい人のために

①トゥキュディデス（久保正彰訳）『戦史』中央公論新社、2013.
②E.H. カー（原彬久訳）『危機の二十年 ── 理想と現実』岩波文庫、2011.
③J.S. ナイ、D.A. ウェルチ（田中明彦、村田晃嗣訳）『国際紛争 ── 理論と歴史 [原書第10版]』有斐閣、2017.
④中西寛『国際政治とは何か ── 地球社会における人間と秩序』中公新書、2003.

➤①岩波文庫から出ていた版の抄訳。全訳は長大なので、先にこちらの抄訳版を読むことを勧める。国家同士の対話や演説の中に、人間行動や国際政治についての洞察が満ちている。国家の行動の動機を「恐怖、名誉、利益」と喝破したことは、現在にも通じている。

➤②国際政治学草創期の記念碑となる書物。現実主義と理想主義の深い対話があり、理想主義を批判しながら、現実主義の問題についてもよく認識している。国際社会の制度化の限界についても、鋭く指摘している。

➤③英語圏の大学で使われている標準的な国際政治学の教科書。ひんばんにアップデートされており、基礎的な議論を踏まえながら、最新の問題を常に取り込んでいる。本書で物足りなくなったレベルの人が読むべき本。

➤④新書だが、国際政治学の中核的に重要な問題をきちんと押さえている。著者の幅広い学識が、記述に厚みを持たせている。読み応えのある本。

第2章

国際政治の歴史

河原地英武

≫この章の課題

　現代国際政治の主要なアクターは「国家」である。この国家は主権国家、あるいは国民国家と呼ばれ、近代に成立した。

　本章ではその成立過程を古代・中世から説き起こして考察する。さらに近代の国家関係が帝国主義の形を取り、植民地支配に向かったのはなぜか、そして、2つの世界大戦に至った理由は何かを探る。また冷戦時代と冷戦後の時代の国際政治を概観する。

≫キーワード

- ☐ 古代・中世の国際システム
- ☐ ウェストファリア体制と主権国家
- ☐ 近代の概念
- ☐ ナショナリズムと国民国家
- ☐ 帝国主義と植民地支配
- ☐ 第一次世界大戦
- ☐ 第二次世界大戦
- ☐ 冷戦
- ☐ 東欧革命
- ☐ 冷戦後体制

§1 古代の世界

　いわゆる「**世界システム**」の始まりは、西アジアからユーラシアにかけて、人々の生活に農耕と牧畜が定着し、河川流域に巨大集落がつくられ、いくつかの文明圏が成立してからのことである。この時代の世界システムは、比較的独立した複数の国家が共存、競合して存在するという特色を持っていた。

　それぞれの文明圏のなかではいくつもの都市国家が形成され、互いに交易をし、覇権をめぐり争いながら、統一国家の構築が目指されたのである。それらはやがて強大な帝国として統一され、また衰退するというパターンをたどった。紀元前3000年から2000年頃のことである。文字ができ、宗教が生まれ、社会秩序をもたらすための統治術、法典、軍事力が整備されていった。また治水や建築の技術、それにともなう天文学、数学、測量術などが大いに発達した。

　ティグリス川・ユーフラテス川流域のメソポタミアでは、紀元前18世紀にハンムラビ王のもとでバビロン第一王朝が最盛期を迎え、「目には目を、歯には歯を」で知られるハンムラビ法典が制定された。

　ナイル川流域のエジプトでは、王朝の交代が繰り返されつつ、ファラオ（王）の支配が行われた。彼らの墓として造営されたピラミッドは、強大な専制支配の象徴である。

　インダス川流域では青銅器文明が隆盛した。遺跡から多数の印章が出土したことから、交易が盛んであったと推測される。やがて文明の中心はガンジス川流域に移り、いくつもの王国が消長した。仏教やヒンドゥー教が興ったことも重要である。

　黄河流域では「邑（ゆう）」と呼ばれる集落を統合した王朝が生まれた。確認できる最古の王朝は殷で、その後、周、春秋・戦国時代を経て、紀元前3世紀に、秦の始皇帝が初めて中国を統一した。特に春秋・戦国時代には諸子百家（しょしひゃっか）といわれる数多くの学派が生まれた。

　以上の4つの文明圏のほかにも、たとえばエーゲ海を中心にエーゲ文明が栄えた。紀元前1200年ごろの民族移動による混乱を経て、古代ギリシャに数多くの都市国家（ポリス）が現れ、独立国家として独自の民主政を行った。

ヘロドトスの歴史書に記述されているように、これらの都市国家はそれぞれが軍事に力を入れていた。紀元前5世紀にはペルシア軍を撃退し、独立を維持したが、その後ギリシャでペロポネソス戦争が起こった。歴史家のトゥキュディデスは、その著書『歴史』において、こうした古代における勢力均衡について考察した。

他方、イタリア半島では都市国家ローマが誕生し、次々と征服地を広げ、紀元前2世紀にはマケドニアをも属国とした。内乱ののち権力を握ったカエサルは、ガリア遠征によって西ヨーロッパをローマ化した。広大な領域を版図とするローマは帝政に移行し、2世紀末ころまでの約200年間、「**パクス・ロマーナ**」と呼ばれる平和と繁栄の時期を享受した。

「ローマの平和」を意味するパクス・ロマーナでは、皇帝が頂点に君臨し、周辺民族を分割支配し、民族を超えた万民法による統治を実現したのである。ローマ帝国はテオドシウス帝が4世紀末にキリスト教を国教としたが、彼の死後、帝国の東西分裂は確定した。その後東ローマ帝国は15世紀まで存続するが、西ローマ帝国は5世紀に滅亡した。

▶§2 中世の世界

一般にヨーロッパ史における「中世」とは、ゲルマン人の侵入により西ローマ帝国が滅んだ5世紀の終わりから、ルネサンスが隆盛し宗教改革が起こる16世紀頃までを指す。この時期にヨーロッパ政治の中心は地中海地域から西ヨーロッパに移った。

中世ヨーロッパはローマ教皇を頂点とするキリスト教精神と、ゲルマンの伝統文化、それにローマ文化の融合を特徴とし、そのなかで多くの王国が競合しつつも、西ヨーロッパとしての一体感を持っていた。9世紀には古代ローマ帝国の復活を憧憬する帝国が形成され（のちに**神聖ローマ帝国**と呼ばれることになる）、名実ともに西ヨーロッパが1つに統合された。ただし、それは決して強固な中央集権体制ではなく、諸王国に分権化され、さらに王国内の諸侯が封建制による主従関係によってしっかり領地を掌握していた。

中世ヨーロッパはキリスト教に基づいた共同体であった、というところに大

きな特徴がある。つまり、各国の高位聖職者を任ずる権利である叙任権を有する教皇を頂点として、枢機卿、司教、司祭といった聖職者が社会の上層部を占め、たとえ領主であっても一般信徒に位置づけられた。政治・外交面においても教皇の権威は絶対であった。

　11世紀末に始まった十字軍遠征によって、西ヨーロッパは大きな変貌を遂げる。もともとはイスラム教徒からの失地回復を目指す「聖戦」であったが、経済力を蓄えた市民は、これを交易範囲拡大の機会と捉え、封建体制から離脱していった。彼らを庇護する王の権力が強まり、相対的に教皇の威信は低下した。イスラム世界との交流によって新しい技術や文化が導入され、ルネサンスの下地がつくられたのである。

　皇帝権の衰退と王権の拡大および**絶対王政**への移行、ルネサンスによる価値観の転換、腐敗したローマ教会に対する痛烈な批判（宗教改革）、そしてヨーロッパを越えた交易範囲の拡大などが重なり、ヨーロッパにおける中世の秩序は崩れていった。

　このような時代の変化には、経済的要因が大きく関わっている。中世は農業を基本とする封建体制が敷かれていたが、やがて商業資本が蓄積され、都市のブルジョアがより広い交易地を求めるようになると、彼らを庇護し、自らの支配領域を拡大しようとする王と利害が一致し、こうして主権国家がつくられたのである。主権者は王であったので、この時代の主権国家は絶対王政のかたちをとった。

　15世紀の後半以降、地理学や航海術などの発展にともない、商人たちはアジア、アフリカ、アメリカへと経済進出し、王たちはこれを助け、さらにこれらの大陸をしばしば武力で制圧したのである。このようにしてヨーロッパ諸国は、征服者として世界を1つに包摂していった。また、新大陸との貿易が活発化し、商人たちによってもたらされた富が膨大なものとなり、ヨーロッパに伝えられた**火薬**を用いた戦術が変化すると、諸侯たちは新たな政治秩序の担い手として君臨した。

　さらに、修道僧ルターによって提出された「95カ条の論題」は、腐敗したローマ教会を強く批判する意見書であり、長く続いてきた教皇を頂点とするピラミッド構造に一石を投じるものであった。ルターの考えに同調する諸侯が現

れ始め、ローマ帝国に対する大きな反対勢力（プロテスタント）となったのである。これがきっかけとなり、カトリック対プロテスタントの宗教戦争である「**三十年戦争**」が勃発し、領土をめぐる問題にも発展しながらヨーロッパ全土を巻き込んだ戦争となった。

この戦争の帰結が、1648年に締結された**ウェストファリア講和条約**※である。この条約により国家の主権性が認められ、皇帝権が帝国内部で、諸侯に対して優越性を失ったことを確認した。中世以来絶対的な権力を持った皇帝と教皇をピラミッドの頂点とする構造が弱体化したのである。

それゆえ、主権国家を基調とした国際システムを、「**ウェストファリア体制**」と呼ぶのである（しかし、この条約が決定的な変化をもたらしたわけではなく、むしろ17世紀から18世紀にかけて、徐々に主権国家体制が整えられていったことにも言及しておく）。

▶§3 近代 —— 主権国家の登場

近代は、ヨーロッパにおいて**主権国家**が成立したことにより幕を開ける。前述したように、ヨーロッパ全域を精神的に統一し、世俗的な勢威をふるっていたカトリックが弱体化し、個々の国家がその領土を、外部の干渉を排除し統治できる時代に入ったのである。古典復興を通じて、中世の価値観を転換へと導いた15世紀のルネサンス と、ローマ教皇への批判が噴出した16世紀の宗教改革運動は、中世から近代への推移を示す象徴的な出来事であった。

主権国家の登場は、国際政治に以下の展開をもたらした。

第1の展開は、理論による支配の正当化が定着したことである。**国家（state）や主権（sovereignty）**といった概念は、国家が国境によって明確に線引きされた領土と国民を持つ政治体であり、主権者が被治者（国民）を最終的に保護することを正当な理由として、領域内における法の制定と施行、対外的に軍事力を行使する権限と定義された。言い換えれば、主権国家は他国から干渉されることなく、国内社会における価値の配分を自由に決定し、統治する機能を持つのである。これらの概念は、マキアヴェッリとホッブズらによって精緻化され、国際政治におけるリアリズム理論の基礎をなしていく（⇒第3章§2）。

※ 「ヴェストファーレン条約」とも言う。条約が結ばれたドイツ西部の地ヴェストファーレンにちなむ。

第2章 ▶ 国際政治の歴史 | 29

　第2の展開は、主権国家同士が紛争を平和的に解決できる方法として**外交制度**が発達したことであろう（⇒第4章§1）。外交そのものは、近代以前も行われていたが、主権国家による外交では、互いに主権を侵害することがないように、国家間の利害調整を行うための**常駐大使制度**が急速にヨーロッパ主権国家間に広まっていった。これと並んで発展したのが、対等な国同士が戦争を起こす際の規制を設けた**国際法**の概念である（⇒第5章§2）。

　最後に、第3の展開として、**勢力均衡**という概念が確立したことである。この言葉が条約上、最初に使用されたのは、1701年に起こったスペイン継承戦争終結に向けてのユトレヒト条約（1713年）だとされている。

　主権国家は法的には対等であるが、国力の差は当然ながら存在する。そこで、大国の間で、各国が国益を追求しながらも、自力、ないしは他国と同盟を結ぶことにより力関係を同等に保つことで国際秩序をつくり出す方法として重視されたのが勢力均衡であり、「長い18世紀」における130年もの戦争を経験したヨーロッパ諸国によって、新たな平和を維持する基本方針として取り入れられたのである（勢力均衡を基礎とした協調体制は、**ウィーン体制**※、ないしは**ヨーロッパの協調**と呼ばれる）。

▶§4　近代後期 ── 国民国家の登場

　17世紀と18世紀のヨーロッパ諸国は覇権争いに明け暮れ、版図の拡大をめざした。拡大した領土は、1つの経済圏、1つの文化圏、そして共通の言語圏としてのまとまりを強めた。こうしてそれぞれの国家のなかに、同一民族としての国民意識が醸成されるようになった。

　18世紀後半から19世紀にかけてヨーロッパの主権国家は、絶対王政からナショナリズムに基づく**国民国家**（nation-state）へと相貌を改める。ナショナリズムとは、一国の市民が「国民」としての共通意識を持ち、主権国家を構成するという思想である。すなわち、政治の担い手が王侯貴族から市民階級へと移っていくのである。それを最も劇的に示したのが1789年に始まる**フランス革命**であった。この革命のなかで国民議会は人権宣言を制定し、市民の自由と平等、国民主権など、現代民主主義の礎となる理念を打ち立てた。

　　※　ナポレオン戦争(1803－1815)後のヨーロッパ再建について、各国代表が協議したウィーン会議にちなむ。

革命は周辺諸国を巻き込む戦争へ発展したが、軍隊の組織も一新した。傭兵主体の軍から、**国民皆兵**の徴兵制へと切り替わり、国民軍に変貌したのである。1804年にナポレオンが皇帝に即位したが、これとても国民投票によるものだった。ナポレオンの没落とフランスの敗戦後、ヨーロッパにおける民主主義は一時的に退潮し、王政が復古したものの、諸国民の社会意識の高揚と民主主義への要求は抑えがたいものとなっていた。

民主主義が台頭する背景には、経済システムの一大転換があった。特にイギリスではいち早く産業革命が起こり、工業化と資本主義の発達のなかで産業ブルジョアジーが力を蓄え、政治権力を欲するようになった。また貧富の差が拡大し、社会階級間の対立が高まり、フェビアン協会に代表される穏健な社会主義運動が広がりをみせるようになった。イギリスにおける社会変動は、大なり小なり他のヨーロッパ諸国にも伝播した。

ヨーロッパの外に目を向ければ、アメリカの独立戦争も重要である。アメリカの独立宣言（1776年）は、自由と平等といった基本的人権や圧政に対する革命権を唱え、フランス革命の人権宣言にも大きな影響をおよぼしたとされる。

▶§5 ナショナリズムの高まりとヨーロッパの協調の崩壊

フランス革命が契機となり、1830年の七月革命ではベルギーがオランダから独立するなど、ヨーロッパでナショナリズムが広まっていった。

さらに、1853年にロシアとトルコの間で戦争が勃発し、イギリスとフランスがトルコに味方して参戦した。いわゆる**クリミア戦争**※である。これは、ヨーロッパの協調の下で初めてとなる大国同士の戦争であり、勢力均衡に大きな影響を及ぼした。

一方、イタリア、ドイツの統一は、ヨーロッパの力関係を組み替えた。イタリアでは、統一戦争（1859‐61年）によりイタリア王国が成立した。また、プロイセンでは、ビスマルクの指揮のもとに近代的な軍事組織が整えられ、1871年にオーストリアを排除してドイツ帝国の統一が実現した。

このようにして新たなヨーロッパ列強が出そろい、勢力地図が再編された。それと同時期に、ヨーロッパ列強は世界各地に**植民地**を拡大し、**帝国主義へ**

※ クリミアは、黒海北岸の半島。「クリミア戦争」の名は、この地が主戦場だったことにちなむ。クリミア半島は、戦争当時はロシア帝国領。その後ロシア革命ののち、ソ連成立後はソ連領、ソ連崩壊後はウクライナ領と変転し、2014年以降はロシア連邦が自国への編入を主張。ウクライナはこれを認めず、2017年時点で、国際社会の多くはロシア側の主張を認めていない（⇒第15章§3）。

第2章▶国際政治の歴史　　31

と向かっていく。例えば、東南アジアではイギリスが現在のミャンマー、マレーシア、シンガポールを支配したのに対して、フランスはベトナム、カンボジア、ラオスなどを手中に収め、大国同士の植民地獲得競争は激化していったのである。

§6　第一次世界大戦

　19世紀後半から20世紀初頭のヨーロッパ諸国は、それぞれ国力の増進と植民地拡大を目指しながらも、特定の国家が突出しないよう勢力均衡を図ってきた。しかし、1890年にドイツ皇帝ヴィルヘルム2世により首相ビスマルクが辞任に追い込まれると、ヨーロッパ内の力関係に変化が生じた。フランスがロシアに接近し、1894年に露仏同盟が結成されると、ドイツは両者から挟み込まれる格好となった。そこで、ドイツはもとより同盟関係にあったオーストリア、イタリアとの三国同盟を強化したのである。これによって、ヨーロッパは2つのブロックに分断された。そして、バルカン半島におけるセルビア人の独立運動に端を発し、ドイツとこれら諸国とのあいだに戦端が開かれたのである。

　1914年6月、セルビア人がサライェヴォ訪問中のオーストリア皇太子を暗殺したことから（**サライェヴォ**※**事件**）、オーストリアはセルビアに宣戦布告した。ロシアは同じスラヴ民族からなるセルビアを支持して参戦し、フランスもロシア側についた。ドイツはオーストリアに加勢してロシアとフランスに宣戦し、フランスを撃つべくベルギーに侵入した。すると、ベルギーの中立を保障する立場にあったイギリスもドイツに対し宣戦した。こうして、ヨーロッパ列強を巻き込む大戦が開始されたのである。

　当初この戦争は数カ月で決着がつくものと楽観され、「クリスマスは故郷で」を合言葉に兵士は出征した。それが4年にわたる世界規模の戦争に至った背景要因には、同盟、連合双方の戦略的な見通しの甘さと作戦の失敗に加えて、兵器の飛躍的革新、**徴兵制**の導入、そして、本国のみならず植民地までが戦争に加わったことがある。

　すなわち戦車、機関銃、飛行機、飛行船、潜水艦、毒ガスなど、多くの現代兵器が登場し、大規模な工業国間の長期戦によって死傷者は膨大な数にのぼった。しかし、徴兵制により兵士がいくらでも供給されたことから、戦争はいた

※　「サライェヴォ」は「サラエボ」とも表記。オーストリア帝国崩壊後、ユーゴスラビア社会主義連邦共和国を構成するボスニア・ヘルツェゴビナ社会主義共和国の首都となり、ユーゴスラビア解体後は、ボスニア・ヘルツェゴビナ共和国の首都。

ずらに長引いたのである。さらに、植民地が原料補給だけでなく兵士を提供したことが戦争をグローバル化させた。

多くの成人男子が戦地に赴いたため、銃後を守る女性たちが重要な役割を担い、その社会的地位が高まったことも、この戦争がもたらした重要な側面であった。大戦後の欧米諸国では、女性参政権が認められるようになっていった。

大戦中、ロシアでは国民の間に厭戦気分が広がり、1917年に帝政が潰えた。そして同年11月、レーニンを指導者とするボリシェヴィキが権力を奪い、こうして、史上初の**社会主義政権**が誕生した（後のソビエト社会主義連邦＝ソ連）。ロシアの戦線離脱によってドイツは勢いを取り戻したものの、長期戦による疲弊は覆いがたく、アメリカの参戦によってついに力尽きた。

1919年にパリ郊外のヴェルサイユ宮殿で開かれた**パリ講和会議**では、アメリカのウィルソン大統領のイニシアチブにより、恒久平和機関として国際連盟の創設を決めた。だが、孤立主義をとるアメリカ自身は国際連盟に加盟しなかったこと、また、ドイツに莫大な賠償金を課し、困窮を余儀なくさせたことは、やがてヨーロッパの政情に暗雲をもたらし、再び国際情勢を混沌化させる原因となった。

▶§7 第二次世界大戦

1929年、アメリカのウォール街で株が大暴落すると、これがたちまち諸外国に波及し、**世界恐慌**をもたらした。こうして1930年代の国際関係は再び緊迫の度合いを強めていくのである。イギリス、フランスなど植民地を持つ国々は、植民地を高い関税で取り囲み、他国からの安い輸入品が入ってこないようにブロックする一方で、自国と植民地間では低い関税を設定し、内部での経済交流を活発化することによって、この危機を乗り切ろうとした（**ブロック経済**）。

しかし、**ヴェルサイユ条約**※によって過酷な賠償金と、植民地を含めた領土の分割によって経済力が低下したドイツは、世界恐慌の影響を深刻に受けた。ドイツは、アメリカからの投資などで戦後復興を目指していたが、世界恐慌によりアメリカ資本がドイツから撤退し、資金が回ってこなくなると、国民の生活は困窮を極めた。

※ 1919年6月、パリ講和会議の結果、英・仏・米など連合国と、ドイツとの間で結ばれた、第一次世界大戦終結と、その後の領土割譲を決めた条約。なお、ドイツが失った海外領土のうち、南太平洋の多くの島々は、日本が委任統治領として獲得した。

第2章 ▶ 国際政治の歴史 33

このような中、ドイツではヒトラーを党首とする、国民社会主義ドイツ労働者党※（ナチス）が政権を握り、個人の自由を否定して国家の全体性を優先する**全体主義**（ファシズム）体制によって危機を乗り切ろうとした。ヒトラー率いるナチスは再軍備に乗り出し、失った領土を次々に取り戻した。

同様にアジアでは、日本が中国への侵略を開始し、1931年には**満州事変**※※を起こし、1933年に国際連盟を脱退した。1936年、日本とドイツは日独防共協定を結び（翌年にはイタリアも加盟）、洋の東西でそれぞれの生存圏拡大を図った。

通説に従えば、1939年9月にドイツがポーランドに侵攻し、イギリスとフランスがドイツに宣戦布告したことをもって第二次世界大戦の開始とする。しかし、アジアでは1937年7月に日中戦争が始まり、ヨーロッパでも1936年からスペイン戦争（スペイン内戦）が行われていた。このようなかたちで世界大戦の下地はできあがっていたのである。さらに、1941年6月にドイツがソ連に侵攻し、同年12月、日本がアメリカとの交戦に突入した（太平洋戦争の開始）。こうして戦争は、名実ともに世界規模に拡大したのである。

この大戦は米英仏ソを中心とする連合国と、ファシズム国家である日独伊三国同盟の戦いとして図式化できる。そして、足掛け6年にわたる総力戦の末、前者が勝利したのである。この戦争は、全世界に及び、数千万人という未曽有の死傷者をもたらした。兵器の殺傷能力の向上も著しかったが、わけても広島・長崎に投下された原子爆弾は計り知れぬ破壊力を示した。この戦争によりヨーロッパ諸国は疲弊し、日本は壊滅的打撃を受けた。

サンフランシスコにおいて50カ国の代表が世界の紛争を調停できる国際機構の創設について話し合い、1945年10月に**国際連合**（⇒第5章§2）が設立された。さらに、戦後の世界経済を安定させ、自由貿易をより堅固なものにするための**ブレトンウッズ体制**（⇒第10章§2）が確立し、戦後復興において大きな役割をはたすこととなる。

▶§8 冷戦時代

「**冷戦**」（Cold War）とは、アメリカを盟主とする西側（自由民主主義）陣営と、ソ連を盟主とする東側（社会主義）陣営とのきわめて特異な対立関係を指す。

※　「国家社会主義ドイツ労働党」とも訳される。「ナチス」は、ドイツ語「Nationalsozialistische Deutsche Arbeiterpartei」の略称。
※※　1931年9月、満州（現在の中国東北部）の中心都市・奉天（現在の瀋陽）郊外で起きた、鉄道爆破（柳条湖事件）をきっかけに始まった日本軍による中国侵攻。翌1932年、現地の日本軍が中心となって「満州国」が建国され、やがて本格的な日中戦争へと広がっていった。

両者は、1945年2月の**ヤルタ会議**※を通じて、世界を事実上分割していくことになる（冷戦が終わるまでの国際政治は、**ヤルタ体制**とも呼ばれる）。冷戦時代において両陣営は、交渉による平和的な問題解決が望めない一方で、武力により決着をつけることもできない状況に陥った。その関係は平和ではない点で戦争へと傾斜しているものの、米ソの直接衝突を伴わないために「冷たい（戦争）」と形容されるのである。

両陣営間に和解が成り立たない理由は、それぞれの盟主が政治理念を前面に掲げる国家であるためだった。相互の譲歩を前提とする交渉は、アメリカにとっては社会主義の優位を、ソ連にとっては自由民主主義の優位を、意味しかねない。それでは陣営内における信頼感が揺らいでしまう。米ソは自陣営の結束を固めるためにも、自国の政治理念の無謬性を誇示し、イデオロギー的には一切の妥協や譲歩を 拒む必要があったのである。

米ソが、実際の戦争（熱戦）を回避したのは、**核兵器**の登場により、どちらも武力による勝利が不可能だと認識したことが大きい。ソ連が核爆弾を保有したのは1949年であったが、それ以後の米ソは、互いの核攻撃を誘発しないよう、軍事行動を自制し合うことになった。

冷戦の開始は、戦後国際秩序のあり方に関する米ソの意見対立があらわになった1946 - 47年あたりからである。その終結は、1989年の東欧革命に始まり、同年11月のベルリンの壁解体を経て、同年12月のマルタ会談において米ソ首脳により宣言された。さらに、1991年12月の**ソ連崩壊**をもって冷戦は完全に終結したのである。

冷戦が40年以上の長きにわたり続いたのは、容易に崩れることのない強固な構造をなしていたためと考えられる。政治面では、アメリカ側によるトルーマン・ドクトリンの表明（1947年）とソ連側によるコミンフォルム（cominform［共産党・労働者党情報局］）の設置（1947年）、経済面では、アメリカ側によるマーシャル・プランの発表（1947年）とソ連側によるコメコン（COMECON［経済相互援助会議］）の創設（1949年）、軍事面では、アメリカ側による**北大西洋条約機構（NATO**※）の結成（1949年）とソ連側によるワルシャワ条約機構の設立（1955年）である。このようにしてまずはヨーロッパ各国が、東西陣営のいずれかに編入された。

※　　ヤルタは、当時ソ連領だったクリミア半島の保養地。会談した首脳は、米国・ルーズベルト、英国・チャーチル、ソ連・スターリン。
※※　「North Atlantic Treaty Organization」の略。

第2章 ▶ 国際政治の歴史 35

　世界が東西に分けられると、その境界線によって分断される国家が生じた。ヨーロッパでは東西ドイツ（1949年）、アジアでは南北朝鮮（1948年）、中華人民共和国と台湾（1949年）、南北ベトナム（1955年）がそれである。特にアジアでは民族統一を求めて**朝鮮戦争**（1950 − 53年）や**ベトナム戦争**（1960※ − 75年）が起こった。

　その意味では、アジアにおける冷戦は決して「冷たい」ままだったわけではなく、熱戦に転じたのである。また、冷戦終結とはいいながら、今日も朝鮮半島は分断されたままであること、中国と台湾にそれぞれ政権が存在していることを考えれば、アジアでは冷戦はまだ終わったとはいえない。

▶§9　冷戦の時期区分

　一口に「冷戦」といっても、それがずっと同じ状態で続いたわけではない。時期によって両陣営の対立は、その度合いを強めたり弱めたりしたのが現実である。以下では、それを5つの時期に分けて概観してみよう。

（1）第二次世界大戦終結から1950年代半ばまで

　この時期は、米ソの対立が最も激化した。特にアジアにおいて1949年10月、中国共産党指導者の毛沢東が権力を掌握し、**中華人民共和国**を成立させたことは、アメリカにとって自らの外交政策の敗北を意味した。中国を自陣営に組み入れることに失敗したアメリカは、これ以上共産主義勢力の拡張を許すことができなかった。

　1950年6月に朝鮮戦争が勃発すると、トルーマン大統領は米軍を投入し、北朝鮮軍の攻撃を阻止した。これに対して東側は、ソ連のスターリンの意を体して、毛沢東が中国「義勇軍」を参戦させた（ソ連はアメリカとの核戦争を恐れ、自らは軍事行動を手控えたのである）。戦争は一進一退を繰り返しながら3年間続いた。

（2）1950年代半ばから1960年代半ばまで

　1953年3月、ソ連の指導者スターリンが死去すると、ソ連の内外政策に変化が現れた。それまでの対西側強硬策が、軟化を見せ始めたのである。ソ連側の働きかけにより同年7月、朝鮮戦争は終結した。ソ連の新指導者フルシチョフ

※ ベトナム戦争の開始時期には、様々な見方がある。1960年は、ベトナムが南北に分裂後（1954年）、アメリカの支援を受けるサイゴン政権に反発したベトナム共産党とそのシンパによる南ベトナム解放民族戦線が結成した年。アメリカ軍事介入は1961年（ケネディ政権）。

はスターリン批判を行い、国内の非スターリン化と外交における**平和共存政策**を推進した。1959年には米ソ首脳会談が実現した。

他方、アメリカでも1961年にケネディ政権が成立し、国際情勢に新風をもたらした。ケネディとフルシチョフは米ソ新時代を象徴したのである。

しかし、1956年にはハンガリーの民衆蜂起（ほうき）をソ連が軍事制圧するという事件（ハンガリー動乱）、1962年には米ソ間の戦争が危惧（きぐ）された**キューバ危機**が生じ、米ソは核戦争の瀬戸際（せとぎわ）まで追い込まれた。

キューバ危機とは、ソ連が（アメリカ南部から最短でおよそ145kmしか離れていない）キューバ国内に、中距離核ミサイル基地の建設を試みたことにより、アメリカ本土の安全保障を脅（おびや）かしたため起こった危機である。最終的にはケネディ政権が「海上封鎖」を行い、ソ連に対して危機の拡大か終息かを迫ったことにより、これを乗り越えた（キューバ危機におけるアメリカの対外政策の決定過程については ⇒第4章§4「アリソンの3つのモデル」）。

このキューバ危機の反省は、部分的核実験禁止条約（1963年）や核不拡散条約（1968年）の締結、そして、1972年の米ソによる**第一次戦略兵器制限条約**（**SALT Ⅰ**※（ソルト ワン） ⇒第2章§9）など、核軍備管理の進展へとつながっていくのである。

(3) 1960年代半ばから1970年代半ばまで

アメリカでケネディが暗殺され（1963年）、ソ連ではフルシチョフが失脚し（1964年）、両国の政治状況は大きく改まったものの、二国関係は悪化することなく、**デタント**（**緊張緩和**）と呼ばれるような比較的良好な状態を保った。

その背景要因として、米ソともに敵対しているような余裕がなかったことが挙げられよう。アメリカはベトナム戦争が泥沼化し、財政が逼迫（ひっぱく）しただけでなく、その非人道的な戦争に対し、アメリカ国内はもとより、国際世論の反発を招いていた。

かたやソ連も、中国との関係を悪化させ（中ソ対立）、1969年には各地で軍事衝突を起こすに至った。1968年、チェコ・スロヴァキアで高まった民主化の機運（**プラハの春**）に対しては、ソ連がワルシャワ条約機構軍を投入し、民主化の動きを弾圧した。さらにアジア、アフリカ、ラテン・アメリカの途上国は自らを「**第三世界**」と位置づけ、東西陣営とは一線を画す動きをみせていた。

※ 「Strategic Arms Limitation Talks 1」の略。

第2章 ▶ 国際政治の歴史 | 37

このような情勢下で、米ソ両国は1972年、戦略兵器制限交渉を妥結させ、核兵器の制限に関する初めての条約に調印した（SALT Ⅰ）。また1975年には、**全欧安全保障協力会議**（**CSCE**※）が開かれ、東西間の関係改善が謳われた（ヘルシンキ宣言）。

（4）1970年代半ばから1980年代半ばまで

SALT Ⅰの締結にもかかわらず、ソ連側が一方的に核ミサイルの増産を図っていたことが発覚したため、アメリカはソ連に対する不信感を一気に強めた。さらに1979年末、ソ連がアフガニスタンに軍事侵攻したことは、西側諸国の反発を引き起こし、緊張関係に戻った。これを「**新冷戦**」と呼ぶ。アメリカはソ連への経済制裁を発動するとともに、アフガニスタンの反政府組織に軍事支援を行い、また1980年に予定されていたモスクワ・オリンピックへの参加をボイコットするよう西側諸国に呼びかけた。日本など多くの国がそれに応じ、世界は再び熾烈な冷戦時代に突入した観があった。

アメリカのレーガン大統領は、1983年、**戦略防衛構想**（**SDI**※※）を打ち出し、敵国の大陸間弾道ミサイルを大気圏外で撃破する計画に乗り出した。ソ連指導部も頑なな姿勢を崩さなかった。こうして世界情勢は、まさに核戦争前夜を思わせるほど険悪化したのである。

（5）1985年半ばから1991年まで

1985年3月、ソ連にゴルバチョフ政権が成立すると、国際政治は新たな転機を迎えた。アメリカとの軍備競争に疲弊し、国内経済を悪化させていたソ連は、**ペレストロイカ**と呼ばれる国内体制の立て直しと自由化政策を推進し、対外的には、「新思考外交」と名づけられた西側との協調策を模索し始めたのである。

当初はソ連の意図に懐疑的であったアメリカも、ゴルバチョフ政権のこのような路線が揺るぎないものであると判断し、交渉を本格化させた。こうして1987年、両国は**中距離核戦力**（**INF**※※※）**全廃条約**を締結した。1989年末にはマルタ会談において、米ソ首脳は冷戦終結に合意したのである。

ソ連のペレストロイカは、東ヨーロッパ諸国にも及んだ。1989年、これら諸国に「**東欧革命**」と総称される民主化運動が沸き起こり、次々と社会主義政

※　　　「Conference on Security and Cooperation in Europe」の略。
※※　　「Strategic Defense Initiative」の略。
※※※　「Intermediate-range Nuclear Forces」の略。

権が瓦解していったのである。同年11月の東ドイツにおけるベルリンの壁崩壊は、この激動の象徴的出来事であったといえよう。

民主化の動きはアジアをも巻き込んだ。特に中国では学生を中心に民主化運動が高揚したが、同年6月、天安門広場に結集した学生や市民が人民解放軍により武力鎮圧されるという惨事に至った（**六四天安門事件**）。

ゴルバチョフのペレストロイカは、あくまでも社会主義の枠内での改革を目指したものであったが、東ヨーロッパにおける社会主義体制崩壊の影響をまぬがれることはできず、ソ連も1991年末、ついに終焉を迎えたのであった。こうして、冷戦の担い手の一方が消滅したために、冷戦は名実ともに終結したのである。

▶§10 冷戦後の世界
——「統合」と「分裂」のプロセス

冷戦後の世界を一口で特徴づけるとすれば、「統合」と「分裂」のプロセスの同時進行ということになる。

まず、統合についてみれば、次のような局面が指摘できる。

第1に、政治・経済の**グローバル化**と、地球規模の課題が浮上した点である。冷戦の一方の極であるソ連が解体し、東欧諸国も次々と民主化を遂げたことにより、世界における社会主義的価値観の意義は急速に失せてしまった。

そして事実上、冷戦の勝者となったアメリカの価値観が世界を包摂することになった。すなわち政治的には自由民主主義、経済的には資本主義である。かつては東側陣営に属していた地域にアメリカの価値観が一気に流入した。さらに、情報通信技術の普及やインターネットの盛行はグローバル化現象を推進する原動力となった。その結果、20世紀後半になると、東西のイデオロギー対立を超え、地球規模で取り組むべき課題がクローズアップされるようになり、**グローバル・ガバナンス**の必要性が叫ばれ始めた（⇒第6章§3）。

例えば、地球温暖化問題に代表されるような、地球環境そのものへの対策が問われることになったのである。また、世界人口の増大や食糧確保、南北間における貧富の格差、伝染病対策なども喫緊の課題とされた。それらに取り組む

ためには、国際連合をはじめとする国際機関や、NGOなど国境を越えて活動する組織の働きが不可欠とされたのである。

統合のプロセスにおける第2の点は、**地域統合**が進んだことである。アジア太平洋地域では1989年、アジア、北米、オセアニアの12カ国が**アジア太平洋経済協力**（APEC※）を結成し、自由貿易の拡大を目指した。現在はロシアや中南米諸国などを含む21カ国・地域が加盟し、経済のみならず政治・外交も協議されている。

1967年に設立された**東南アジア諸国連合**（ASEAN※※）も、冷戦後に加盟国を増やし、その存在感を強めている。1996年にはASEANと、**欧州連合**（EU）の対話を促すための**アジア欧州会合**（ASEM※※※）が創設された。これには日本、中国、韓国も加わり、現在、51カ国2機関がその成員とされるまでに拡大している。ヨーロッパでは冷戦時代に欧州共同体（EC）がつくられ、着実に加盟国を増やしつつ統合のプロセスを進めていたが、1993年11月に発効したマーストリヒト条約に基づき、EUを発足させた（⇒第10章§5）。

このような地域統合が進むなかで、それとは逆行する「分裂」のプロセスも見て取れる。

第1に、**民族独立**要求の活発化を挙げることができよう。例えば、ソ連の解体はそもそも、国内諸民族の独立要求の高まりによってもたらされたものであり、民族単位で構成されていた連邦内の共和国がすべて主権を獲得し、15の国家に分裂したのである。その中でも最大のロシアがソ連の地位を継承することになったが、今度はロシア内部のチェチェン共和国が独立を要求したために、それを鎮圧するため、ロシア連邦軍とチェチェン人の分離独立派との間で壮絶な戦い（チェチェン紛争）が行われた（⇒第15章§3）。

東ヨーロッパにおいても、東西ドイツが統一する一方で、チェコ・スロヴァキアはチェコ共和国とスロヴァキア共和国に分離した。

また、旧ユーゴスラヴィアも、スラヴ系諸民族を束ねた連邦国家であったが、ソ連の解体とほぼ軌を一にして、6つの国に分裂した。その中の1つボスニア=ヘルツェゴヴィナでは、セルビア人、クロアチア人、ムスリム人が主導権を争って激しい内戦を展開した。さらにセルビアでも、アルバニア系住民が大半を占めるコソヴォ自治州が独立を求め、紛争の末、事実上の独立を果した。

※　　「Asia-Pacific Economic Cooperation」の略。
※※　「Association of South-East Asian Nations」の略。
※※※「Asia-Europe Meeting」の略。

分裂のプロセス第2の点は、**イスラム過激派**の問題である。冷戦後、アメリカが推し進めるグローバリズムに対し、イスラム教徒たちの抵抗運動が強まったことも注目される。

とりわけ2001年9月11日、イスラム過激派組織「アルカイダ」が、アメリカ国内で引き起こした**同時多発テロ事件**（**9.11テロ事件**※）は世界を震撼させた。これに対して、アメリカのブッシュ政権は報復として、アフガニスタンに軍事攻撃した。さらに、2003年にはイラクが大量破壊兵器を保有している事を理由に、イラクへ軍事介入を行った。その結果、イラクの独裁的大統領フセインが捕縛され、死刑に処せられたが、それ以後、アラブ諸国の政情は混沌化した。

2010年から2012年にかけて、アラブ諸国では「**アラブの春**」と呼ばれる民主化の波が起こった（⇒第14章§4）。しかし、この運動が民主化につながらなかった結果、エジプトでは新しい権威主義体制が成立し、また、リビアやシリアは内戦へと向かっていった。

さらに、特にシリアからイラクにかけて、「**イスラム国**」（**IS**※※）と呼ばれる武装過激派集団が勢力を広げ、テロを手段として欧米に敵対した。現在のシリアは、アサド政権と反アサド諸勢力、そしてISが三つ巴になって争い、それに周辺国やアメリカ、ロシアなどが軍事介入し、危機的状況が続いている。増大するシリア難民問題も極めて深刻である。

2017年現在、先進国においても分裂のプロセスは見ることができる。EUは東ヨーロッパ諸国を含め28カ国から成る巨大な組織に発展しているが、ヨーロッパ各国で、移民の排除を強く訴える**極右政党**が台頭している。また、EUからの自立を求めるイギリスが、2016年の国民投票に基づき離脱を決めた。

こうした国際協調よりも自国の利益を優先させる「**自国第一主義**」の傾向は、トランプ政権が登場したアメリカにも見られるようになった。これらはつまり、グローバル化した世界において、自国の新たな発展の活路を自力で見出す兆候とも言えるだろう。

※ 事件の翌年の2002年、『平成14年版 外交青書』で日本の外務省が2001年を総括したうち、事件についての概説は以下のとおり。「9月11日、4機の米国国内線民間航空機がほぼ同時にハイジャックされ、米国の経済、軍事を象徴する建物に相次いで突入する自爆テロが行われた。2001年の国際社会に最も衝撃を与えた米国同時多発テロである。〔中略〕このテロによる犠牲者は合計3062名（2月25日米当局発表）に上り、うち邦人死者・行方不明者は24名、うち遺体が確認されたのは9名（3月4日現在）であった」
※※ 「Islamic State」の略。

第2章▶国際政治の歴史 41

《課題》

1）国際政治史において「中世」と「近代」を分かつ要因を挙げてください。
2）主権国家の登場は国際政治にどのような展開を与えたのか、少なくとも3つ以上事例を挙げて、論じてください。
3）国民国家とはなにか。「ナショナリズム」の概念に言及しながら論じてください。
4）第一次世界大戦と第二次世界大戦の共通点と相違点を指摘してください。
5）「冷戦は長い平和である」とはどのような意味か。アメリカとソ連の勢力均衡に触れながら論じてください。
6）冷戦後の世界は、どのように特徴づけられるのか説明してください。

第2章

もっと深く ◉ 知りたい人のために🔍

①ウィリアム・H・マクニール（増田義郎、佐々木昭夫訳）『世界史 上・下』中公文庫、2008.
②君塚直隆『近代ヨーロッパ国際政治史』有斐閣、2010.
③E.H.カー（原彬久訳）『危機の二十年──理想と現実』岩波文庫、2011.
④ジョン・L・ガディス（河合秀和、鈴木健人訳）『冷戦──その歴史と問題点』彩流社、2007.

≫①言わずと知れた世界史の大作。文明の広がりに始まり、西欧諸国の優勢、そして、最後に地球規模でのコスモポリタニズムで締めくくられている。また、地域ごとの歴史について詳しく触れられており、地域研究の基礎的文献としても有用である。
≫②近代ヨーロッパの歴史的展開について概観した書。国際法、外交、主権国家などの概念が近代ヨーロッパにおいてどのように形成されたのか、詳しく書かれている。。
≫③第一次、第二次世界大戦の国際政治を、リアリズムの視点から捉えた名著。国際連盟の創設に代表されるユートピアニズムと、力が支配する国際政治を冷徹に観察するリアリズムとの2つに注目しながら、この時代を鋭く分析した書。
≫④冷戦は「長い平和」と捉えた冷戦史の大家による著。冷戦史をコンパクトに、教科書としてまとめた本である。

第3章

国際政治学の理論

井口 正彦

≫この章の課題

国際政治学の理論にはどのようなものがあるのだろうか?

それらはどのように我々の生活に関わっており、それを通じて見える世界とはどのようなものなのだろうか?

本章では、国際政治学における主要な理論(リアリズム、リベラリズム、マルクス主義、コンストラクティビズム)について、力(パワー)・利益・従属・観念という概念を用いて説明を行う。

≫キーワード

- □ 古典リアリズム
- □ ネオリアリズム
- □ リベラリズム
- □ マルクス主義
- □ コンストラクティビズム
- □ 力(パワー)
- □ 利益
- □ 従属
- □ 観念
- □ 勢力均衡
- □ 相互依存
- □ 世界システム論
- □ アイデンティティ

第3章▶国際政治学の理論 43

▶§1 国際政治学における理論

　国際政治学における理論とは、複雑な現実の世界を、単純化して見る際の"レンズ"であるといえる。異なるレンズを通して写真を撮れば、全く異なった世界が見えるのと同じように、様々な理論を用いて世界情勢を見れば、異なる角度から世界を捉えることができる。ここで重要なのは、ある特定のレンズだけを用いて世界における諸問題を見るのではなく、様々なレンズを使い分けて観察や分析、さらには評価することである。

　例えば、地球温暖化問題（⇒第12章§7）の解決に向けた国際交渉の場では、各国が地球環境の保護という共通利益に基づいて協力し合っている一方で、環境保護は自国の経済発展を阻害しかねないために、互いにより多くの温室効果ガスの削減義務を相手に求め合うという対立関係も存在する。さらに、その過程で生まれる新しいアイデアや規範が国家の認識を一新し、交渉を前進させることも、また後退させることもあり得るのである。

　このように、特定の**グローバルイシュー**（global issue）を取り上げても、様々な視点から分析しなければ、その問題の本質は見えてこない。様々なイシューが複雑に絡み合った国際社会を理解しようとすれば、なおさらである。このような問題意識のもと、本章は、国際政治学の主要理論である**リアリズム、リベラリズム、マルクス主義、コンストラクティビズム**の４つの理論を中心に紹介することにより、本章に続く様々なグローバルイシューを多角的に分析にするための視点を提供することを目的とする。

▶§2 リアリズム

　リアリズム（realism［現実主義］）の出発点は、「人間はみな利己的な生き物である」というところから始まる。

　例えば、イタリアのルネサンス期に外交官として活躍した**ニッコロ・マキアヴェッリ**は、その著書『君主論』において、「何ごとにつけても善い行いをすると広言する人間は、よからぬ多数の人々の中にあって、破滅するしかない」、

「人はやむをえない状況から善人になっているだけであって、いずれあなたに対して、邪悪な正体を現わすだろう」、「ほかの誰かをえらくする原因をこしらえる人は、自滅する」と述べている（マキアヴェッリ、2004）。

また、イギリスの哲学者**トマス・ホッブス**も著書『リヴァイアサン』において「人間は、徹底的に利己的で自分勝手な存在であるがゆえに、それぞれの自己保存のために互いを侵害し合う。その結果、**万人の万人に対する闘争**が起きる」と述べている（ホッブス、1992）。このため、世界は絶えざる恐怖と暴力によって死の危険が存在している状態であり、このような闘争状態を回避するために、主権国家（⇒第2章§3）が必要であると論じている。

主権国家は他国から干渉されることなく、国内社会における価値の配分を自由に決定し、統治する機能を持つ。しかし、国際政治は世界政府が存在しない、**アナーキー（無秩序）** な状態にある（⇒第1章§2）。このような状態にあって、国際政治はまさに「万人の万人による闘争」であり、自国は自国の安全を**自助**（self-help）という方法で確保しなければならないのである。

ハンス・モーゲンソーは『国際政治──力と平和のための闘争』の中で、国家は、**力（パワー）** を追求することこそが最も重要な行為であると主張し、以下の6つの原則を提示した（モーゲンソー、2013）。

①国際政治には、人間性にその根源を持つ客観的な法則（＝人間はそもそも利己的である）が存在する。

②国際政治では、力（主に軍事力）がいちばん重要。

③すべての国家は、力を追い求める。

④国際政治においては倫理ももちろん重要であるが、力を追い求める行為と相反する。

⑤特定の国家の道義的願望と普遍的な道徳律（国家は力のみを追求）は、別物である。

⑥国際政治（特に安全保障）の領域は、（例えば、経済問題などとは異なり）自立している分野である。

上記を簡単に言い換えれば、リアリズムの基本的考え方は、世界政府が存在しない国際政治においては、国家は互いに侵略し合うので、国家は力の最大化を通じて安全保障を最優先にする、ということである。

しかしながら、力の追求は自国にとっては安全確保の手段であっても、他国にとっては無視できない脅威となり得る。その結果、他国も自国の安全確保のために軍備を強化すれば、自国もまた、力を追求せざるを得なくなるのである。

このことを、**安全保障のジレンマ**と呼ぶ（⇒第7章§2）。

　そのような世界にあってはどのように秩序をつくるのか。その答えのヒント
は、紀元前5世紀にギリシャ諸国を巻き込んだペロポネソス戦争の原因にまで
さかのぼり、見出すことができる。**トゥキュディデス**によれば、この戦争が起
こったのは、国家が潜在的な敵国の力の増大を未然に防ごうとして、攻撃を仕
掛けたというところに原因があるという。これは言い換えれば、それぞれの国
が、同盟や自国の力を強めることによって敵国と同等の力関係を維持すれば力
の均衡が生まれ、混沌とした国際政治に秩序をもたらすことができるのである
（トゥキュディデス、2000・2003）。

　このような、勢力の拡大をはかる国が現れたときに、それに対抗する勢力を
形成することによって、勢力を拡大しようとする国家に対して自制を促す政策
である**勢力均衡**（balance of power）は古くより行われてきた。例えば、ウィ
ーン体制におけるフランス、プロイセン、オーストリア、ロシアおよびイギリ
スといった大国が意識的に勢力均衡を目指したことや、普仏戦争後のビスマル
クによるドイツ、オーストリアを中心とする勢力均衡などがよい例であろう。

　勢力均衡の考え方を応用し、国際システムや国際構造の観点から国際政治を
読み解こうとしたのが**ケネス・ウォルツ**である。均等な力を持つ複数の国が存
在していた**多極構造**に象徴される第二次世界大戦後の終焉は、アメリカとソ連
という、力が2カ国に集中する**二極構造**をもたらした。冷戦期の真っただ中にあ
って、いかに勢力均衡を保つことができるのか、これがウォルツの出発点である。

　言い換えれば、モーゲンソーをはじめとする**古典リアリズム**が利己的な人間
性を議論の出発点にしたのに対し、国際政治の構造そのものを出発点にしたウ
ォルツのリアリズムは、**ネオリアリズム**ないしは構造的リアリズムと呼ばれる。

　ウォルツは『国際政治の理論』において、多極構造と二極構造における勢力均衡
を比較し、多極構造においては一国の力の追求行為が、どの国にとってどの程度
の脅威になるか分からないために安全保障のジレンマに陥り、大きな戦争が起き
やすいと指摘した。それに対して二極構造においては、一方の国の力の追求はも
う一方の国にのみ向けられているために安全保障のジレンマに陥りにくく、かつ核
兵器を中心とした軍備増強は、その破壊力から、自国の存続をも脅かす甚大な影
響を及ぼす可能性が高いため、力の最大化に慎重になる。したがって、ウォルツは、

冷戦期のアメリカとソ連の二極による軍備競争によって保たれていた勢力均衡の在り方こそが、最も安定したシステムであると強調するのである（ウォルツ、2010）。

このように、力を中心的概念に掲げるリアリズムの考え方は、**「なぜ戦争が起こるのか」「なぜ国家は協調できないのか」ということを説明するうえで有用な理論**である。例えば、勢力均衡が崩れたことにより勃発した第一次世界大戦勃発（1914）に始まり、国家は協調よりも自国の利益を優先することを証明した第二次世界大戦勃発（1939）と国際連盟の失敗、第二次世界大戦後に起きた冷戦構造と核兵器による脅威（1945-1989）といった歴史的背景は、リアリズムによって説明することができる。

〈図表3-1〉 リアリズムの概要

種類	国際政治を説明するもの	主張	国際政治において秩序を作るもの
・古典リアリズム ・ネオリアリズム（構造リアリズム） ・覇権理論（→第15章） ・英国学派	力の追求	①国際政治はアナーキー ②国際政治における重要な主体は国家 ③自国の安全保障が再優先課題	・勢力均衡 ・超大国による覇権

〔出典〕筆者作成

---

column ≫≫≫≫ **力（パワー）とは**

モーゲンソーによれば、力は、「他者の心と行動に対する支配」と定義される。リアリズムは、主に力＝軍事力と想定しているが、国際政治においては様々な力が存在する。

これには、大きく分けて以下の2つがある。1つめは、対外的な強制力を背景とした**ハードパワー**であり、軍事力を通じた脅しによる支配や、経済制裁などが該当する。2つめは、信頼や発言権を得ることによって他者に影響を及ぼす、**ソフトパワー**と呼ばれるものである。提唱者の**ジョセフ・ナイ**によれば、文化的魅力や政策の魅力に対する支持などを通じて他者に影響を及ぼす力であり、例えば、日本のアニメーションをはじめとするサブカルチャーが海外で人気を博している状況や、資金援助を通じたイメージアップなどが該当する。

また、これと関連して、**イアン・マナーズ**などによって強調される、アイデアや価値が伝達することによって影響力を持つ**ノーマティブ・パワー**（規範パワー）という考え方もある（Manners, 2002）。例えば、**欧州連合(EU)** がこれまで発展させてきたEU法は、EUに加盟するうえでの条件となっており、その拡大とともに東欧諸国を中心にEU法が拡散・伝達していったことなどが、良い例として挙げることができる。

▶§3 リベラリズム

リアリズムが国家の力の最大化と、それによって生じる国家間対立に焦点を当てたのに対して、**リベラリズム**（liberalism）は国家以外のアクターの役割に注目し、アナーキーな状況下にあっても、**共通利益をもとに国家間の協力関係は築くことが可能**であると主張する。

リベラリズムの基本的な考え方は、**アダム・スミス**の『国富論』(1978) まで遡ることができよう。スミスは、市場（＝自由な経済的環境）においては「神の見えざる手」によって、皆が自由に物をつくって自由に取引すれば、自然にバランスがとれ、皆にとって最適な利益の分配がなされると説いた。つまり、人々が利己的に行動しながらも、互いに対立することなく自己利益を満たしながら協調できるのである。

この考え方を応用すれば、国家間の国際貿易を拡大していけば、国家間の貿易、投資、技術移転、労働者の移動など、経済的・社会的な交流が拡大し、互いに、相手がいなくては物事が成り立たなくなるような**相互依存**関係へとつながるだろう。

この考え方を用いて、アナーキーな世界にあっても協調が可能だと主張したのが、**ロバート・コヘイン**と**ジョセフ・ナイ**の『パワーと相互依存』(2012) である。1960年代から70年代にかけて爆発的に増加した自由貿易を背景に、コヘインとナイは相互依存関係が進めば、わざわざ相互依存関係にある貿易相手に戦争を仕掛けるということは非常に大きなコストとなるため、結果として国際的な対立や戦争は避けられると主張する。このように、「市場」という共通利益が生まれやすいメカニズムに着目するリベラリズムのことを、**市場リベラリズム**と呼ぶ。

国家間協調を生み出すうえで、市場と並んで重要なのが国際法である。オランダの法学者である**フーゴー・グロティウス**は『戦争と平和の法』(1989) において、アナーキーな国際政治においても、共通の道徳に基づいて形成される国家が従うべき法があり、この国際法こそが国家行動を規律し、一定の秩序をもたらすと説いた。

〈図表3-2〉 リベラリズムの概要

種類	国際政治を説明するもの	主張	国際政治において秩序を作るもの
●市場リベラリズム ●ネオリアリズム （制度的リベラリズム） ●共和制リベラリズム （→第9章）	共通利益	国際政治はアナーキーであるが、国家は協調できる。 ① 国家以外の行為主体も重要であり、相互依存が国家協調をつくり出す（市場リベラリズム） ② 国際法や制度といった、国際レジームが国家協調をつくり出す（制度的リベラリズム） ③ 民主制の普及によって平和を構築できる（共和制リベラリズム）	●国家間の相互依存関係 ●国際レジーム

〔出典〕筆者作成

　こうした考え方は、アメリカのW. ウィルソン大統領が、「ジャングルのような国際政治を、動物園のようにして戦争を防止する」ために、国際連盟の設立を提唱し、勢力均衡から国際制度を通じた秩序形成を目指した考え方と、類似する。

　このように、国際法や国際制度（国際社会全体の利益や安定のために定められたルールや仕組み）の役割に注目するリベラリズムを**制度的リベラリズム**、ないしは、**ネオリベラリズム**と呼ぶ。この代表的論者のロバート・コヘインは『覇権後の国際政治経済学』（1998）において、世界はアナーキーな状態ではあるが、国家間協調がなされないわけではなく、安全保障のみがすべての国家に共通する利益ではないと論じた。平和こそが万国の共通の利益であり、その平和の構築をめぐる国際協調を促すものとして、国際法や国際制度に代表される**国際レジームの役割**が重要であると指摘したのである（⇒第5章§1）。

　国際レジームは、「国際関係の特定の領域に関するアクターの複数の期待が収斂するところの黙示的または明示的な原則・規範・ルール・意思決定過程の集合」と定義することができる（Krasner, 1983）。コヘインは国際レジームが国家間協力を促すことのできる理由を囚人のジレンマ（⇒次ページコラム）に求め、国際レジームという各国の権利義務が明確化され、低い取引費用で相手国と接触をもつことができる場において、国家同士が相手国の意図に関する完全情報を獲得することこそが、国際協調を生み出すと主張した。

　このように、各国間の共通利益を中心的概念とするリベラリズムの考え方は、アナーキーな状態にあっても国家間協調が起きた歴史を説明することができる。

例えば、国際連盟の失敗を受けてサンフランシスコ会議（1945）によって発足した国際連合（UN）をはじめ、欧州で起こった欧州石炭鉄鋼共同体（ECSC）の結成（1952）から始まり、マーストリヒト条約により発足した欧州連合（EU）（1993）などがなぜ設立できたのかを説明することができるのである（⇒第5章§3、第10章§5）。

column ▶▶▶▶▶ 囚人のジレンマ

　共同で犯罪を行った2人が捕まった。警官はこの2人の囚人に自白させるために、彼らの牢屋を順に訪れ、以下の条件を伝えた。

　「もし、2人とも黙秘したら、2人とも懲役2年だ。だが、共犯者が黙秘しても、あなただけが自白したら、あなただけは刑を1年に減刑しよう。ただし、共犯者の方は懲役15年だ。逆に共犯者だけが自白し、あなたが黙秘したら共犯者は刑を1年に減刑するが、あなたの方は懲役15年だ。2人とも自白したら、2人とも懲役10年だ。」

	黙秘（協力）	自白（裏切り）
黙秘（協力）	2年／2年	15年／1年
自白（裏切り）	1年／15年	10年／10年

　2人は、双方に同じ条件が提示されていることを知っており、また、2人は別室に隔離されていて、2人の間で強制力のある合意を形成できないとする。このとき、囚人たちは互いに**協調**して黙秘すべきか、それとも、共犯者を裏切って自白すべきか、という選択を迫られる。

　この場合、リアリズムの立場に立てばお互いに裏切り、自白を選択するだろう。しかし、リベラリズムの立場に立てば、この裏切り行為が起こるのはゲームが1回のみ行われた場合であり、現実には将来にわたってずっと繰り返されるものである。その場合、あと何回ゲームを繰り返せば終わりという確信がない限り、両者は裏切りではなく協力を選んだほうが得になる。

　このように、何回もゲームを繰り返す場を与えるのが、国際レジームであり、国際レジームを通じて各国が相互作用を繰り返せば繰り返すほど、協力できる可能性が高くなるのである。

▶§**4** マルクス主義

　マルクス主義（Marxism）は、その名の通り経済学、政治哲学、思想などに大きな影響を与えた**カール・マルクス**に影響を受けた理論である。「マルクス主義」と一口に言っても国際政治学の理論に与えた影響は広いが、その特徴として、**国際政治における分配の格差やそれを生み出す構造**に注目した理論であるという点で共通する。いわば、リアリズムとリベラリズムが主に大国間（先進国間）の「対立」と「協調」に焦点を当てたのに対して、マルクス主義は先進国と開発途上国間に存在する格差や不平等に焦点を当てているという点で、決定的に異なる。以下、国際政治学におけるマルクス主義の発展を見ていく。

　マルクス主義の出発点は、**階級闘争**という概念に代表されるように、商品などを生産する手段をもつ資本家と、それをもたない労働者との対立関係にある。資本主義においては、資本家は労働者を雇い、商品を生産し、利潤を追求する。労働者は資本家に労働を提供し、その対価として賃金をもらうわけである。

　しかし、社会福祉制度や労働者の権利が十分に確立していなかった19世紀初頭には、資本家が利潤を多く得るために労働者へ支払う賃金を下げ、結果、労働者は劣悪な労働条件の下に低賃金で働くことになり、貧富の格差や失業率の高さなど社会的問題が浮上した。資本家が労働者を搾取した結果、生じる社会的格差を克服するために行われる闘争が階級闘争というわけである。

　この思想は、後に**ウラジーミル・レーニン**や、**ジョン・アトキンソン・ホブスン**によって応用された（レーニン、1956；ホブスン、1951-1952）。すなわち、高度に発展した資本主義国は国内だけでは商品を売切れなくなるため、さらなる市場の拡大を目的として他国と植民地を奪い合い、その結果、世界規模の争いが起こる、という議論である。また、**アンドレ・グンダー・フランク**らは、先進国の経済発展と開発途上国の低開発をセットにして捉え、開発途上国（周辺国）がいつまでも経済的に発展しないのは、それらが先進国（中心国）から搾取される構造が存在し、従属関係にあるからであると論じた（フランク、1978）。

　イマニュエル・ウォーラーステインは、先進国（中心国）と開発途上国（周辺国）のほかに、新興国（半周辺国）の3つの分業作業からなる**世界システム**に着目

〈図表3-3〉 世界システム論における中心国・半周辺国・周辺国の関係性

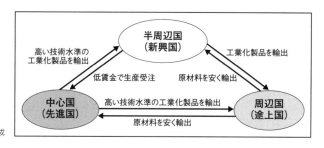

〔出典〕筆者作成

した〈図表3-3〉（ウォーラーステイン、2013）。ふだんわたしたちの生活になじみの深い車を例に挙げてみよう。車はエンジン、車体、タイヤなどから成り立つわけだが、車の原材料である鉄鉱石やゴムといった原材料は、開発途上国から安く先進国や半周辺国へ輸出される。先進国の自動車産業は、エンジンなどの高度な技術が求められるパーツを自国で生産し、比較的高度な技術力が求められない車体やタイヤといったパーツを新興国の工場で製造及び組み立てて世界各地で高価な値段で販売する。これにより、不公平な貿易構造ができあがるのである。

このように、世界各地で開発途上国の先進国への従属が進み、多数の社会的弱者が少数の強者に依存せざるを得ない不公平な社会的構造が固定化されれば、開発途上国はますます貧しくなる。平和研究で著名な**ヨハン・ガルトゥング**はこの不公平な構造を**構造的暴力**と呼び、たとえ戦争がなくても、飢えや貧困などに苦しむ人々がいる事を指摘した（ガルトゥング、1991）。

上記の理論のほかにも、マルクス主義は様々な国際政治学の理論の発展に大きな影響を与えている。例えば、マルクス主義の考え方を継承し、**アントニオ・グラムシ**の著作に影響を受けた**ネオ・グラムシ学派**は、国際政治における強者が様々な国際制度を利用し、彼らにとって都合の良い支配的イデオロギーを拡散・維持・強化することにより、どのように世界秩序が規定されてきたのかを分析の対象としている（コックス、1995）。

このように、マルクス主義は、**従属関係**を１つの中心的な概念として、主に開発途上国と先進国との不平等関係を描き出す理論である。貧困と不平等に着目するマルクス主義の視点が重要性を増した背景には、自由主義の急激な加速の結果生じた、国家間の経済格差問題がある。

column >>>>> 国際政治学理論における3つの論争

　国際政治の理論は以下の3つの論争を経て、発展してきた。これらは、1950年前後に起こった第1回論争（リアリズム vs リベラリズム（理想主義））、1950年代後半に起こった第2回論争（伝統主義 vs 科学主義）、そして1980年代の第3回論争（実証主義 vs ポスト実証主義）である。

　第1回論争は、国際政治における基本的概念を問う論争であり、国際政治の「what」の部分を争点とするものである。国家とは何か、国力とは何か、国際政治とは何かといった点についての論争である。モーゲンソーの権力論を背景としたリアリズムが、国際政治を支配しているのは力の追求だとする一方で、理想主義を基盤としたリベラリズムがアナーキーな状況下においても共通利益によって国際協調が可能だと反論した論争である。

　第2論争は、国際政治がいかなる視点・手法で研究されるべきか、その「how」を問う論争である。この背景には、1950年代より起こった「行動科学(behavioral science)」が、アメリカの社会科学を一色に染めたことがある。国際政治学も例に漏れず「科学化」と「実証化」が進み、質的な研究に基礎を置く古典リアリズムおよび理想主義は「伝統主義」として批判された。

　例えば、ネオリアリズムは力を軍事力・経済力などの数値化可能な要素に限定し、因果関係を重視した行動科学に基づいた実証主義の立場をとったのである。しかしながら、冷戦構造が終わり、旧ユーゴスラビアやアフリカ諸国で内戦が勃発すると、理論としてのネオリアリズムの有用性が低下していった。そこで古典的リアリズムを再評価しようとする動きが英国を中心に起こり、チャールズ・マニング、マーティン・ワイト、ヘドリー・ブルなどを始めとして、国際社会を中心的概念に据えた英国学派と呼ばれる流れが形成されていった（山田・大矢根、2011）。

　第3論争は、なぜ「国際政治学理論」なるものが存在するのか、その役割の「why」の部分を問う論争である。この背景には、民主制の平和論（⇒第9章§4）などの国際政治学理論が実際にアメリカの外交政策として取り入れられ、「民主制国同士は戦争をしない」という実証主義に裏打ちされた仮説の名のもとに世界各地の民主化政策を推し進めることを正当化したことがある。

　ロバート・コックスは『社会勢力、国家、世界秩序』の中で、「理論は常に誰かのための、何かの目的にあるためのものだ」としてリアリズムとリベラリズムは国家の政策を正当化するための道具として使われてきた事を批判している。このような流れは批判理論やポストモダニズムへとつながり、これまで国際政治において光が当てられてこなかった、暗黙の前提とされることを改めて考え直し、理解しなおす脱構築(de-construction)する動きにつながった。このような研究により、これまで明らかになってこなかった戦争時の暴力や人身売買など、国際政治の視野に含まれていなかった問題に焦点を当てる研究分野が確立していった。

第3章▶国際政治学の理論　　53

　1970年代になると、開発途上国から**ブレトンウッズ体制**は、むしろ先進国に有利に働いており、開発途上国の発展を構造的に難しくしているとの批判が出た。その結果、開発途上国から自国の天然資源の優先的開発などを盛り込んだ、新国際経済秩序の構想などが提案されたのである（⇒第10章§2、第11章§3）。

〈図表3-4〉　リベラリズムの概要

種類	国際政治を説明するもの	主張
従属論 世界システム論 ネオ・グラムシ学派	（開発途上国の）先進国への**従属関係**	①先進国と開発途上国間には、不平等な貿易関係が存在し、開発途上国は搾取されてきた（従属論） ②この関係は中心国、半周辺国、周辺国という3つのカテゴリーで説明できる（世界システム論） ③先進国は支配的イデオロギーの拡散・維持・強化によりその地位を保ってきた（ネオ・グラムシ学派）

〔出典〕筆者作成

§5　コンストラクティビズム

　リアリズムが「力（power）」、リベラリズムが「共通利益（common interest）」、マルクス主義が「従属関係（dependency）」という概念を用いて国際政治の仕組みを読み解こうとしているのに対して、**コンストラクティビズム**（constructivism）は「**観念（idea）**」という概念を用いる。

　観念には理念や信条、認識、規範などが含まれるが、簡単に言えば国家間が互いをどのように認識しているか、その認識や考え方そのものであり、いわば関係性である。

　つまり、これまでの理論が、軍事力、経済や国際制度を基盤とした共通利益、先進国と開発途上国間の従属といった、兵器やお金などの「物質的」なものの重要性に着目していたのに対し、コンストラクティビズムはその物質に与えた意味や価値といった、頭の中にしか存在しない観念的な要素を重視している。極端な例で言えば、1万円札は、1万円分のものと交換できるから相応の価値があるのであって、もしそのような価値がなければただの紙切れに過ぎないという見方もできる。

column >>>>>> フェミニズム

リアリズムのレンズを通して世界を見れば、力によって大国が国際政治を牛耳る世界像が見え、リベラリズムのレンズを用いれば、相互依存や国際レジームを通じた国際協調が見える。

しかしながら、いずれのレンズでも、どのような政策担当者によって国際政治が決定されているか、というところまでは見えてこない。いずれの場合にも、政策担当者のイメージとしてぼんやりと思い浮かべるのは、男性の政治家であるという人は多い。実際に、世界の90%以上の国家元首は男性であり、（近年においては女性の行政首長も増えてきているが）女性の政治家はまだまだ少ないのが現状である。

フェミニズムはこの現状こそが、国際政治そのものを男性中心なものにしていると批判し、これまで取りあげられることのなかった女性の権利やジェンダー平等といった視座を国際政治に提供した。

国際政治学理論におけるフェミニズムの第一人者であるアン・ティックナーは『国際関係論とジェンダー —— 安全保障へのフェミニズムの見方』（2005）において、リアリズムが主張する大国間の力の追求の影で、女性が弱者として虐げられてきた過去を指摘している。日本においても、従軍慰安婦問題や、沖縄米兵による婦女暴行事件など、軍事と女性が密接に関わったニュースを目にする機会は多い。

また、リベラリズムが強調する、自由貿易を通じた相互依存が国際協調をつくり出すとする言説も、実際に貿易で交換される商品の製造に従事しているほとんどが、開発途上国の貧しい女性たちであるという事実までは含まれない。これは依存論や世界システム論を始めとするマルクス主義においても同様であり、開発途上国内におけるジェンダー問題まで考慮しているわけではない。

実際には、開発途上国において、女性は家事労働力として従事しており、教育機関へ女子を就学させることに理解を得にくい状況があるばかりか、相対的に女性は男性よりも貧困状態に陥りやすいという事実もある。

従って、近年の国際開発や国際援助において、女性のエンパワーメントは非常に重要な位置を占めており、ミレニアム開発目標や、それを後継する持続可能な開発目標（⇒第11章§4）においても、ジェンダー平等と女性のエンパワーメントが、一目標として掲げられている。

第3章 ▶ 国際政治学の理論　　55

　同じように、核兵器は人類の存続を脅かすほどの兵器であるという認識があるからこそ恐れられているのであって、それ自体はカプセルの入った鉄の塊でしかないとも言える。

　リアリズムが主張する勢力均衡についても、コンストラクティビズムから見れば、勢力均衡は兵器そのものが均衡をつくるのではなく、互いに脅威を「認識」することで均衡が保たれると言うことができる。

　このように、コンストラクティビズムは、

　　①人間の行動は、互いの認識（＝関係性）によって構築

　され、また、

　　②物質（例えば、兵器やお金）そのものではなく、その物質に与えた意味や価値

　　にこそ意味がある

という2点を強調する理論である。

　アレクサンダー・ウェントは『国際政治の社会理論』において「アナーキーは国家がつくり出しているにほかならない（anarchy is what states make of it）」と述べている（Wendt, 1999：三上、2002）。つまり、ウォルツのネオリアリズム理論がアナーキー状態をまるで最初から存在していたかのように所与のものとして扱っているのに対して、ウェントはアナーキーな状態は、国家が相互作用をする中で共通認識として作り出されたものであると主張している。

　さらに、実際にはすべての国家が力を追い求めるという、全く単一的な行動をしているわけではない。それぞれの国家が他の国家と相互作用する過程でつくり出された独自のアイデンティティに基づいて行動している。例えば、同じ安全保障と言っても、アメリカのそれと、実質的な安全保障をアメリカに頼っている日本のそれとでは全く性質が異なるし、イギリスが保有する180以上の核兵器と北朝鮮の15 〜 20の核兵器とでは、どちらが日本にとって脅威となり得るかを考えたときに答えは明白である。

　コンストラクティビズムはまた、リアリズムが主張するように「国家の意思決定は究極的には政府に集約されているので、国際政治の支配的な構成単位は国家である」という前提を覆す。

　マーサ・フィネモアは『国際社会における国家利益』において、国家の対外

行動は**ブラック・ボックス**で決定されるのではなく、国内の様々な行為主体が（国内外で）相互作用し、国家のアイデンティティや利益が構成される事を実証している（Finnemore, 1996）。

　また、**ピーター・カッツェンスタイン**の『文化と国防』は、制度や規範の観点から日本の安全保障政策に注目し、軍事的に米国に大きく依存していることや、防衛庁は制度上の独立性を欠くこと、防衛経済において政府と企業は密接な関係にあることなどを指摘し、日本の安全保障は、軍事的な観点というよりは、政治的・経済的な観点から定義されてきたと結論づけている（カッツェンステイン, 2007）。

　このような、観念を通じて見えるコンストラクティビズムの世界は、決してリアリズムやリベラリズム、マルクス主義などに取って変わるグランドセオリーではなく、むしろそれらが説明できなかった部分を補う補完的な理論（アプローチ）であると捉えることができる。

〈図表3-5〉 コンストラクティビズムの概要

種類	国際政治を説明するもの	主張
・「薄い」コンストラクティビズム（実証主義寄り） ・「厚い」コンストラクティビズム（ポスト実証主義寄り）	**観念的な要素** 理念や信条、認識、規範、アイデンティティ）など	①国家の行動は、互いの認識（＝関係性）によって構築される。 ②国家の行動は、物質（例えば兵器やお金）そのものではなく、その物質に与えた意味や価値によって決定される。

〔出典〕筆者作成

第3章▶国際政治学の理論 57

《課題》

1)「自国の安全保障は、他国には脅威である」とはどのような意味か、例を用いて答えてください。

2) リベラリズムが主張するように国家は相互依存や国際レジームを通じて協調することは可能なのでしょうか。具体例をあげながら、考えを述べてください。

3)「リアリズムとリベラリズムは先進国のための理論である」という批判について、具体例をあげながら、考えを述べてください。

4) コンストラクティビズムが国際政治学に与えた影響について、事例を挙げながら、考えを述べてください。

5)「イギリスの 180 以上の核兵器よりも、北朝鮮の 15 〜 20 の核兵器のほうが、日本にとって脅威である」。この主張について、リアリズムとコンストラクティビズムの両方の観点から論じてください。

もっと深く ◉ 知りたい人のために

①進藤榮一『現代国際関係学 ── 歴史・思想・理論』有斐閣、2001.
②山田高敬・大矢根聡（編）「グローバル社会の国際関係論」有斐閣コンパクト、2006.
③ポール・R. ビオティ, マーク・V. カピ(D.J. ウェッセルズ、石坂菜穂子訳)『国際関係論 ──現実主義・多元主義・グローバリズム』彩流社、1993.（原著：Viotti, P.R., and Kauppi, M.V. *International Relations Theory*, 5*th* *Edition*. Pearson, 2012.）

≫①国際関係論の理論について、古典的な理論から批判理論、ポストモダニズムまで幅広く網羅的に書かれている。特に、理論の系譜について関連する歴史と思想を絡めながら時系列に並べて記述されている点は非常に役に立つ。

≫②リアリズム、リベラリズム、コンストラクティビズムの3つの理論を用いて安全保障、国際経済、地球環境、人権の4つのグローバルイシューを分析しているため、より深く各理論の有用性を理解することができる。

≫③欧米の大学の国際政治学のスタンダード的教科書の1つ。海外の大学への留学を目指すのであれば、本書を読んだ後に、読むべき本。

［参考文献］

（前頁に挙げた①～③を除く）

<日本語文献>

三上貴教訳「国際政治における４つの社会学――アレクサンダー・ウェント著『国際政治の社会理論』第１章」『修道法学』25巻１号、2002年. 須藤季夫『国家の対外行動』東京大学出版、2007.

<外国語の日本語訳文献>

イマニュエル・ウォーラーステイン（川北稔訳）『近代世界システム――農業資本主義と「ヨーロッパ世界経済」の成立』Ⅰ～Ⅳ、名古屋大学出版会、2013.

ケネス・ウォルツ（河野勝・岡垣知子訳）『国際政治の理論』勁草書房, 2010.

ピーター・カッツェンステイン（有賀誠訳）『文化と国防――戦後日本の警察と軍隊』日本経済評論社、2007.

ヨハン・ガルトゥング（高柳先男・塩屋保・酒井由美子訳）『構造的暴力と平和』、中央大学出版部、1991.

フーゴー・グロティウス（一又正雄訳）『戦争と平和の法』（全３巻）酒井書店、1989.

ロバート・W・コックス（遠藤誠治訳）「社会勢力、国家、世界秩序――国際関係論を超えて」坂本義和編『世界政治の構造変動 2』所収、岩波書店、1995.

ロバート・コヘイン（石黒馨・小林誠訳）『覇権後の国際政治経済学』晃洋書房、1998.

ロバート・コヘイン、ジョセフ・ナイ（滝田賢治監訳）『パワーと相互依存』ミネルヴァ書房、2012.

アダム・スミス（大河内一男監訳）『国富論』（全３巻）中公文庫、1978.

J・アン・ティックナー（進藤久美子、進藤榮一訳）『国際関係論とジェンダー――安全保障へのフェミニズムの見方』岩波書店 、2005.

トゥキュディデス（藤縄謙三、城江良和訳）『歴史』（全２巻）京都大学学術出版会、2000-2003.

アンドレ・G・フランク（西川潤訳）『世界資本主義とラテンアメリカ――ルンペン・ブルジョワジーとルンペン的発展』岩波書店, 1978.

トマス・ホッブス（水田洋訳）『リヴァイアサン』（全４巻）岩波文庫、1992.

ジョン・A・ホブスン（矢内原忠雄訳）『帝国主義論』上・下、岩波文庫、1951-1952.

ニッコロ・マキアヴェッリ（佐々木毅訳）『君主論』講談社学術文庫、2004.

ハンス・モーゲンソー（原彬久監訳）『国際政治――権力と平和』岩波文庫、2013.

ウラジーミル・レーニン（宇高基輔訳）『帝国主義論――資本主義の最高の段階としての』岩波文庫、1956.

<外国語文献>

Finnemore, M., *National Interests In International Society*. New York：Cornell University Press, 1996.

Krasner, S. D., (ed) . *International Regimes*. Ithaca, NY：Cornell University Press, 1983.

Maners, I., 'Normative Europe: A Contradiction in terms?' *JCMS*, 40 (2) , pp.235-258, 2002.

Wendt, A., *Social Theory of International Politics*, Cambridge University Press, 1999

国内政治と外交政策決定

井口 正彦

≫この章の課題

国際関係学の理論（特にリアリズム）は、国を1つの合理的なアクターと仮定し、国内政治過程をブラック・ボックスとして扱ってきた。

しかし、実際に国家の対外行動を決定づけているのは、他国との関係や、国内政治過程における政治家や官僚、利益団体、メディアといった国内の諸勢力である。つまり、真に国際政治における国家の行動について理解しようとすれば、国内政治や外交政策の決定プロセスを無視することができないのである。

本章では、まず外交とは何か、どのように変化してきたのかについて概観した後、国内政治と外交政策決定に関するアプローチを紹介する。

≫キーワード

- ☐ 外交
- ☐ マルチトラック外交
- ☐ パブリック・ディプロマシー
- ☐ 国内政治
- ☐ 利益団体
- ☐ 3つの分析レベル
- ☐ 決定の本質
- ☐ 国内観衆費用
- ☐ 2レベルゲーム

▶§1 外交とは何か

ハロルド・ニコルソンが著書『外交』で指摘しているように、**外交**（diplomacy）とは、交渉による国際関係の処理であり、その調整役を担うのが**外交官**（diplomat）である。

須藤季夫（2007）によれば、外交は次の3期を経て発展してきた。第1期は、14世紀にイタリアで始まったルネッサンス初頭以降から19世紀まで行われ、現在に至るまでの外交の基盤を形成した重要な時代である。その特徴は、国王（君主）が外交を独占するという「宮廷外交」であり、外交を担当した貴族は**大使**（Ambassador）と呼ばれた。この時代のもう1つの特徴は、1648年に締結された**ウェストファリア条約**（⇒第2章§2）により、主権を有する近代国家が誕生したことである。これにより、互いに主権を侵害することがないように国家間の利害調整が行われる先駆けとなった。

第2期は、ウィーン会議（1814～1815年）を経て確立されたウィーン体制から第一次世界大戦（1914～1918年）に至るまでの期間であり、宮廷外交から内閣や政府官僚を中心とする外交に変わったという特徴を持つ。また、15世紀からすでにあった**常駐大使制度**が本格的な発展を遂げ、一般化した。もう1つの特徴は、国家間のパワーバランスを基礎とした**勢力均衡**による外交が展開され、欧州の国際関係に安定と繁栄をもたらしたことである。

第3期は、第一次世界大戦後のヴェルサイユ会議においてアメリカのウィルソン大統領が提唱した国際連盟構想に象徴され、国際法や国際機関の役割を重視するという特徴を持つ。この時代になると、それまでの外交は**古典外交**と呼ばれ、専門的訓練を受けた外交官による秘密外交であるとしてその廃止が求められた。

代わって、世論の示す方向に従って交渉を進める**新外交**（民主外交、公開外交とも呼ばれる）が提唱されたのである。その結果、これまで一部の貴族階級や特権階級が担っていた外交への国民の関与が可能になり、外交そのものが変化してきたと言える。旧外交において、外交官は職業外交官として自立的に行動ができたが、新外交においては世論の動向を注視し、国民の支持を得るべく行

動しなければならない。つまり、世論が外交の決定要因の1つになるのである。

　世論が外交に与える影響の重要性を示すものとして、**パブリック・ディプロマシー**がある。これは、相手国の政府を媒介せずに、直接的に市民との関係を構築しようとすることを目的とした外交手段である。つまり、対象国の世論に直接働きかけることにより影響を与え、自国の価値や政策についての理解を促すことで、外交に有利な環境をつくり上げるのである。これは、J.ナイが唱えた**ソフト・パワー**という考え方にも接近するが、その歴史は古く、例えば、アメリカでは1917年の時点で、ウッドロー・ウィルソン大統領により、海外の世論を意識した外交戦略がとられている（北山、2003）。

　近年行われたパブリック・ディプロマシーの例として、イギリスのブレア政権が行った「クール・ブリタニカ」という国家ブランド戦略がある。これは、海外に対してイギリスのイメージ・アップを図ることで、海外投資や観光客誘致を図るという産業の促進のみならず、国際的に自国の存在感を高めることで、他国からのイメージを向上させ、有利な外交環境を創造することをも目的としていたのである。また同じく、アメリカでは2001年の同時多発テロ事件以降、「対テロ戦争（war on terrorism）」やテロ支援国家である「悪の枢軸（axis of evil）」に対するアメリカ的価値の発信と外交政策の説明が、パブリック・ディプロマシーとして試みられたのである（齋藤、2014）。

　このように、外交は伝統的な主権国家間の対話（トラック）にはじまり、様々な方法を模索しながら展開されてきたのである。さらに、近年では国家のみならず、有識者や非政府組織（NGO）といった市民社会も、国家間の対話に参加する**マルチトラック外交**と呼ばれる外交の在り方が浮上している。

▶§2　マルチトラック外交

　これまでの「伝統的な」国際関係の在り方においては、主権国家同士による外交を通じた国際秩序形成が行われてきた。しかし、冷戦（⇒**第2章§8**）の崩壊とともに、様々なグローバルイシューが出現し、民間を含む新たなチャンネルを通じた**マルチトラック外交**（**multi-track diplomacy**）が発展してきた（Diamond & McDonald, 1996）。

その中でも、**トラック1外交**と呼ばれるものは、主権国家間が公式ルートで進める対話を指す。いわば、伝統的な外交モデルである。例えば、アジア太平洋地域では21カ国と地域による経済協力の枠組みである**アジア太平洋経済協力（APEC※）**、東南アジアでは10カ国による経済・社会・政治・安全保障・文化に関する地域協力を目的とした**東南アジア諸国連合（ASEAN ⇒第5章§4）**や、それに日本・中国・韓国の3カ国を加えたASEAN＋3、アジア・太平洋地域の政治と安全保障を対象とした**ASEAN地域フォーラム（ARF※※）**などのメカニズムがある。

前述したとおり、トラック1外交は公式な外交ルートであり、条約や協定の最終的な決定権は、主権国家に委ねられているために権威的な外交手段であると言える。しかしその一方で、しばしば国益が対立し、対話自体が硬直化してしまい、結果、行きづまってしまうという問題もある（Volkan, 1991）。そのため、行きづまった交渉を良い方向に転換するためのアイデアや構想を生み出す目的で、外交交渉に民間の有識者が参加して意見交換を行う**トラック1.5外交**も存在する（Mapendere, 2005）。

また近年、公式な場で特定の国際問題について、有識者やNGOなどの市民社会のステークホルダー間での対話・連携が深化した結果、国家間理解を促進することで外交に貢献する**トラック2外交**が登場した。例えば、有識者を中心としたフォーラムである**アジア太平洋安全保障協力会議（CSCAP※※※）**は、アジア太平洋地域の安全保障問題に関する民間有識者間の意見交換の場となっている。

この背景には、様々なアクターの登場と、主権国家の相対的な影響力の低下を受けて、非国家主体が外交上の問題に活発に関わる社会的空間が登場したことがある。民間主導の外交のメリットとしては、トラック1外交が国益や権益など様々な要素によって縛られているのに対し、トラック2外交は民間という立場を利用して、柔軟な視点から外交問題に取り組むことができることがある。ただし、トラック2外交はトラック1外交に取って代わることはない。なぜなら、前述したとおり最終的な条約・協定締結は、主権国家によって行われるからである。従って、トラック2外交はトラック1外交を補完する役割を持つと言える。

※　　　「Asia-Pacific Economic Cooperation」の略。
※※　　「ASEAN Regional Forum」の略。
※※※　「The Council for Security Cooperation in the Asia Pacific」の略。

第4章▶国内政治と外交政策決定 63

さらに、トラック1外交を補完するのではなく、むしろ反対の表明を目的とするトラック3外交も存在する (Kratt, 2000)。これは主にNGOによる多国間ネットワークであり、トランスナショナル・アドボカシー・ネットワーク（TAN[※]）という概念に接近するものである (Keck and Sikkink, 1998)。第6章において詳しく言及がなされるが、平たく言えば、「TAN」とは「国境を超える活動家たちのつながり」である（⇒第6章§3）。

例えば、地球温暖化問題の解決に向けて、すべての国が温室効果ガスの削減に取り組むべきである、とか、すべての国において人権が尊重されるべきである、という主張・主張に基づいた活動のことを「アドボカシー」と呼び、それらの実現に向けて活動する人々を「活動家」と呼ぶ。こうした活動家が国境を超えて情報交換、協力、協働するために形成されるネットワークが、TANなのである。

この例として、アジア諸国および地域における政府の人権保護への取り組みを促進・監視する活動を行う、人権と開発のためのアジアフォーラム（Forum Asia）や、地球温暖化防止に取り組むため、政府へのロビー活動や、個人の環境保全行動を促進する行動をする気候行動ネットワーク（Climate Action Network）などがある。

第4章

---

column ⟫⟫⟫⟫⟫ 外交研究の発展

第二次世界大戦が終わると、外交を研究対象として国家の対外行動の法則性を見出す試みが行われ、大きく分けて2つの研究領域を生み出している。

第1は外交史の研究である。この研究領域は、国際社会の出来事を歴史資料や第一次資料を読み解きながら説明を試みるものである。この研究領域の名著として、ポール・ケネディの『大国の興亡』などがある。

第2は交渉を対象とした研究であり、交渉の分類、過程、理論化などを進展させた。例えば、戦略行動研究の代表として、交渉者間の妥協と取引の役割に着目したトマス・シェリングの研究などを挙げることができる。近年では、「囚人のジレンマ」（⇒第3章§3コラム）を始めとしたゲーム理論を応用した研究などの広がりを見せている。

※　「Transnational Advocacy Network」の略。

▶§3 国内政治と対外政策

　普段よく耳にするニュースや会話の中で、「日本はアメリカとの関係性を重視している」だとか、「アメリカは地球温暖化問題に対して後ろ向きである」など、わたしたちは、国をあたかも1つの人格を持つ主体のように表現することが多い。この背景には、リアリズムが指摘するように、国民の意見は政府に集約され、政府の方針は一貫性を持つものとして外交政策が決定されることがある。

　国家を人格化して捉えるほうが明快であるし、伝わりやすい。しかし、注意しなければならないのは、国家の外交政策が大きく転換した際、どのようにそれを理解し、今後の進むべき道を決定するかである。例えば、オバマ政権下でのアメリカが、**環太平洋パートナーシップ協定（TPP※）**への参加に積極的な姿勢を示していたのに対して、トランプ政権では一転して、TPP交渉からの離脱を表明した。この政策転換を説明するためには、「アメリカ」という単位で観察するには不十分であり、アメリカ国内のどのような社会勢力が、このような変化をもたらしたのか、その国内政策の決定プロセスが、外交政策に与える影響を理解する必要がある。

　国内において、外交政策に影響を与えることができるアクターには、国家のリーダー（首相、大統領）、官僚（省庁職員）、国会議員（与党、野党）、利益集団（経済団体など）、マスメディアや世論などがある。2016年時の、日本のTPP交渉の事例で説明をするならば、TPP交渉を強く推進する安倍晋三首相、およびそれを補佐する内閣官房長官を始めとする首相官邸スタッフがリーダーシップを取る。それに従って外務省、経済産業省、農林水産省などの関連省庁が関わり、経済再生担当大臣が交渉代表として大きな役割を持った。

　また、**日本経済団体連合会（日本経団連）**や、**全国農業協同組合中央会（JA全中）**といった利益集団がTPPへの支持・不支持を表明する。国会では自由民主党と、TPP推進に反対する民進党を始めとする野党が議論を行い、その様子をマスメディアが自社の見方を通じてニュースとして国民に配信し、それを受けて形成される世論が首相の支持率を左右するのである。

　ただし、一口に「国内政治」といっても、そのあり方は国によって様々である。

※　「Trans-Pacific Strategic Economic Partnership Agreement」の略。

その大きな分け方として、民主制国家と非民制国家という分け方ができる。例えば、独裁国家が戦争をする場合、そのリーダーの裁量によるところが大きくなってくる。一方で、民主制国家のリーダーはその判断のみで戦争を行うことはできない。なぜなら、そのリーダーはあくまで国民を代表する代理人であり、主権そのものは国民にあるからである。

また、民主制国家での政策における意思決定、特に戦争のような重要な外交政策については、行政、立法（議会）、司法の三権分立によるチェック・アンド・バランスが機能しているため、容易に行うことはできない。

また、「民主制国家」といっても、様々な点において各国の特徴は異なり、当然、このような違いが外交政策の形成に及ぼす影響も異なる。その最たるものが、外交政策の方針を打ち出し、政治的意思決定を行う行政部である。

民主制国家には、大きく分けて３つの政治体制がある。

・議院内閣制（イギリスで発達）
　　議会により選出され、議会により解任されうる制度であり、行政部が、議会という立法府によってコントロールされる。

・大統領制（アメリカが代表例）
　　国民により選出され、その解任は弾劾裁判で有罪とされる場合のみであり、国民が行政長官（大統領）を選出する。

・半大統領制（フランスが代表例）
　　大統領と首相が執行権を共有する。

同じ政治体制を採用する国が、同じような外交政策をとるということは、もちろんない。これは、外交政策が執行部によってのみ形成されるわけではなく、議会との関係、官僚の役割、利益団体の存在など、対外政策を決定づける要因が各国によって異なるからである。

従って、厳密に国ごとの外交政策の政策決定過程を知るためには、国ごとにその違いを見ていくしかないが、一般的には、例えば、アメリカの大統領は政策決定における最重要人物であり、日本の議院内閣制における首相と比較すれば、その権限の大きさには違いがある。極端に言えば、議院内閣制を採用する日本では、国会議員が首相を選ぶので、外交政策に失敗があると判断された場合などには、不信任決議によって首相を決め直すことができる。

一方で、アメリカにおいては大統領の任期が４年ということが保障されているので、（大統領が重大な犯罪を侵さない限りは）議会が大統領を一方的に辞めさせることはできないのである。

議会は、外交政策に関する立法や、条約の締結に際して重要な役割を果たすが、議会の役割についても各国で異なる。議会には、立法に際して第一院（下院）と、第二院（上院）による決定の一致が求められる**二院制**を採用する国や、議会がただ１つの議院によって構成される一院制を採用する国もある。

二院制を採用する場合、通常、第二院は第一院が望ましくない意思決定を行った場合に修正する役割を担うが、そのあり方は、各国によって様々である。例えば、日本においては、第二院である**参議院**は、単に衆議院の意思決定に追従するのみだとして、その役割が議論の対象となってきた。

また、イギリスの第二院である貴族院は、その名が示すように選挙によって構成されず、世襲貴族などから構成されるため、第一院である庶民院の権限が強化されている。

逆に、アメリカにおいては、各州の人口に比例した議員定数を定める第一院の代議院に対して、各州より２名ずつ選出される第二院である元老院に、外交に関する強い権限を与えている。これは、合衆国憲法において、「大統領は、上院の助言と承認を得て、条約を締結する権限を有する。ただし、この場合には出席した上院議院の３分の２の同意を有する」と規定されていることからも明白である。

議会によって決定された政策を実施・執行するのが**官僚**である。これは、官僚制度や、政策決定そのものに対する官僚が持つ影響力は各国によって異なるため、当然、外交政策にもその違いが現れる。例えば日本においては国家試験を勝ち抜き、資格任用制によって選出された少数エリートである官僚は、政策の実施に際して非常に強い力を有している。

官僚の政策に対する影響力は、政府と市場の距離にも関係する。政府や行政機関への不信感が強いアメリカでは、官僚による市場介入を嫌い、法的根拠がない限りはその決定に従うことはない。よって、アメリカにおける市場と政府の関係は、様々な**利益団体**が競合してロビー活動を通じて政府に影響を与える、**多元主義モデル**に分類される。それに対して、ドイツやオーストリア、スカン

ジナビア諸国を始めとする欧州の国では、利益集団のトップに存在する団体と企業が協調して政策に影響を与える**コーポラティズム・モデル**に分類される。

　日本の場合には、**行政指導**という言葉に代表されるように、法的根拠が曖昧であっても官僚が支持や助言、勧告を行うことにより経済発展を導いてきた。この意味で、アメリカは「規制志向型国家」と呼ばれるのに対して、日本はしばしば「発展志向型国家」と呼ばれる（ジョンソン、1982）。日本においては、1980年代以降に多元主義が定着しつつあるが、政策領域ごとに**族議員**と官僚、業界団体の三者による「鉄の三角関係」が存在する。

　このように、国によって政治体制が大きく異なるため、その国家の外交政策を決定する上で、国内政治過程は無視できないものであることがわかる。前述したように、「大統領制を採用する国の外交パターンはこうだ」とか、「議院内閣制を採用すればこうだ」といった、単純な分類はできない。外交政策は、各国ごとに異なる社会諸勢力の関係性によって、また、安全保障問題や環境問題といった異なる外交分野においても大きく異なる。こうした違いにより、深い分析の視点を与えてくれるのが、下記に紹介する対外政策のアプローチである。

▶§4　国内政治と対外政策のアプローチ

（1）ウォルツの３つの分析レベル

　国家の行動や国際政治における事象を分析する上で必要なのが、まず、どのレベルに焦点を合わせて説明を行うかである。この際有用となるのが、**ケネス・ウォルツ**が『人間・戦争・国家──国際政治の３つのイメージ』で提唱した、３つの分析レベルである。

　第１のレベルは個人レベルである。国際政治において戦争が絶えないのは、人間は利己的であり、自己保存のために侵略をし合う結果、「万人の万人に対する闘争」が起きるといった人間の本性に着目するものから、首相や大統領、外交官や官僚などの政策決定を行う上で重要な人物の考え方や役割に着目するものなどが含まれる。

　これにより、ミクロレベルでの分析が可能となり、より詳しい説明が可能となる。例えば、1991年に冷戦が終わったのは、当時のソ連のミハイル・ゴル

バチョフ大統領が停滞してしまった国家を自由化するために、ペレストロイカ（再構築）やグラスノスチ（情報公開）などの政策を導入したことがきっかけとなり、東欧民主化革命が起こり、ソ連が崩壊してしまったためである、という説明ができる。

第2のレベルは国内政治レベルである。例えば、政党、利益集団、上院・下院、官僚などが外交政策に与える役割や、国家体制（民主主義や非民主制）といった違いに着目する。これにより、国家の構造をより深く知ることができるというメリットがある。先ほどの例であれば、そもそもソ連において自由化を導入しなければならなかった背景には、一党独裁体制に基づく社会主義により、経済が停滞してしまったためである、ということが言える。

第3のレベルは国際構造レベルである。例えば、「世界政府」（⇒第5章§5）が存在しないというアナーキーな構造下においては、国家は、自助（self-help）という行動を取る、といったものである。ソ連崩壊の例で言えば、当時は冷戦下にあり、西側陣営を率いたアメリカと、東側陣営を率いたソ連という2つの大国が支配する二極構造であった。先に述べたような理由によりソ連が崩壊したことで、冷戦はアメリカを始めとする資本主義陣営の勝利に終わった、ということが言える。

(2) アリソンの3つのモデル

国内政治におけるアクターのうち、外交政策に決定的に影響を及ぼすのは国家のリーダー（首相や大統領）、官僚（外務省やその他の省庁）、国会（与党、野党）である。これらのアクターの役割に焦点を当て、一国の対外政策の本質を探ろうとしたのが**グレアム・T・アリソン**である。

アリソンは、著書『決定の本質——キューバ・ミサイル危機の分析』において、対外政策が決まる過程を、**キューバ危機**（ソ連によるキューバへの核ミサイル配備をアメリカが阻止しようとして戦争寸前の状態に至った事件）を題材に、以下の3つのモデルを立てて検討した（アリソン、2016）。この3つのモデルの提示により、キューバ危機を事例として、異なる視点から外交政策の決定を見る場合、同じ現実について全く別の見方ができることを示したのである。

第1のモデルは合理的行為者モデルと呼ばれ、国家の行動を考察するにあた

って最も伝統的に用いられてきた。このモデルは、国家のすべての意見は政府に集約され、最終的には大統領が最終的な決定を下すので、大統領が国家全体を代表するアクターとみなす。国のトップである大統領のもとには必要なすべての情報が集まり、様々な政策オプションの中から最も合理的なものを選択するのである。

　第2のモデルは組織過程モデルである。このモデルは政府を構成する個々の官僚組織の役割に注目する。これらの組織は、別々にそれぞれ問題に対処するためのマニュアルを持っており、それに沿って仕事をする。このマニュアル化された官僚組織の対応の積み重ねそのものが、政策決定を決めるのである。いわば、国内組織の権限や定型的な処理手続きが政策決定に決定的な影響を与えると指摘したのである。

　アリソンによれば、キューバ危機において、アメリカのミサイル配備への対応が遅れた理由として、諜報活動が担当組織のマニュアルに沿って慎重に行われたためであり、同じように、空軍や陸軍においても独自のマニュアルが存在し、それに沿った対応の積み重ねが、危機を一段と深刻化し、戦争状態寸前にまで至らしめたのだと指摘する。

　第3のモデルは政府内政治モデルと呼ばれ、政府を構成する各アクター（大統領、首相、政府高官、大臣など）が、政策決定過程において担う役割に着目する。これらのアクターは、それぞれ組織的利益を背負い、異なる利害と目的を持ち、それぞれの立場、信条などに基づき自己の立場を決定する。従って、政策決定は彼らの政治的駆け引き（バーゲニング）の結果であると指摘している。

　キューバ危機の例でいえば、当時、国防長官のロバート・マクナマラが空爆に反対の立場を取ったのに対し、統合参謀本部は軍事的解決を唱えたのである。つまり、このような関係閣僚の駆け引きがアメリカの対応を生み出したのだと指摘する。

　このように、3つのモデルは、様々な観点から国家の外交政策決定を説明するものであるが、実際には、第1のモデルのように、政策決定は常に国家リーダーのみが様々な政策オプションの中から最も合理的なものを選択しているとは限らない。その意味で、第2モデル、第3モデルは政策決定過程を説明する良い視点となりえる。

これらのモデルが提示しているように、国家の意思決定は様々な制約を受けているのである。ただし、実際の政策決定はもっと複雑である。例えば、国家リーダーの決定に大きな影響を及ぼす世論を形成するメディアや、ロビー活動を行う利益集団といったアクターがどのような作用を及ぼしたのかについての考察が十分になされていない点も指摘できる。

なによりも、アリソンのモデルは、国内、特にハイレベルな対外政策の決定にのみ焦点を当てており、その先の国家間同士の相互作用については触れられていない。実際の国際政治は国家間の相互作用から成り立っており、その最たる例が、国際交渉である。

この点について、コンストラクティビズム（⇒第3章§5）が指摘するように、国家の対外行動はブラック・ボックスではなく、社会的に構成されるものであり、国際政治と国内政治がどのように結びついているのかに着目しなければならない。この点から国家の対外行動を捉えたのが、**トマス・シェリング**と**ロバート・パットナム**である。

（3）シェリングの国内制約と交渉力の相関

前述したように、政策決定者といえども、国内の様々な政治的制約を受けており、自由に政策を選択できるわけではない。国際交渉を担当する交渉者に対する制約としての国内要因という構図の中で、シェリングは国内制約が交渉者の交渉力にどのような影響を与えるのかを考察した（シェリング、2008）。

一般的には、国内制約が強ければ強いほど、交渉者の行動選択の裁量の余地が小さくなるため、交渉に不利であり、交渉相手の要求に押し切られてしまうことも予想される。しかし、シェリングは、その逆であると説くのである。

つまり、交渉者が国内要因に強く縛られており、交渉の場において交渉者の裁量が小さければ小さいほど、交渉相手に譲歩できる範囲が狭まる。そのような場合、交渉者は相手に対して決然たる交渉姿勢を取ることが可能となり、結果として、その交渉力が大きくなるという「行動の自由の逆説」を唱えた（石田、2013）。

ここで言う、「国内制約」の最たる例が、世論であろう。新外交においては世論が外交を決定する際の1つの制約になると前述した。交渉者は言動の一致しない対外政策を取ってしまうと、世論の支持を失い、国内の観衆によって

罰せられることがある。これを**国内観衆費用**（audience cost）と呼ぶ（Fearon.
1994）。これらの研究は、交渉者が取る行動は国内制約に縛られており、そし
てそれこそが、交渉力の大小を決定するのである、という重要な示唆を与える
ものである。

（4）パットナムの２レベルゲーム

　パットナムは、国際交渉と国内意思決定過程の関係を、統合して分析を試み
た。その際、レベル１（国際交渉）と、レベル２（国内意思決定過程）に分けた（Putnam.
1988）。

　レベル１においては、政府の交渉者が国家利益を代表して行動し、また、国
際問題に対処するために国際合意を目指し交渉する。レベル２は、国際的な合
意を国内で支持する過程（＝批准する過程）に焦点が置かれる。

　つまり、政府は国際交渉を成功させるために、国家利益に照らし合わせて
国内諸勢力（野党や利益団体など）に支持される合意をつくろうと配慮しながら、
国際交渉を行うのである。言い換えれば、政府は２つのレベルで同時に受け入
れられるように交渉する必要がある。

　パットナムは、そのような、両者のレベルで**受け入れ可能な領域**を表すた
めに「**ウィンセット**（Win-Set）」という概念を用い、国内諸勢力が国際交渉に影
響を及ぼすと指摘した。すなわち、

  ・ウィンセットの大きさと国際交渉の成功は、深く関係する。
  ・ウィンセットが小さければ小さいほど、国際交渉は成功しない。
  ・ウィンセットが大きければ大きいほど、国際交渉が成功しやすくなる。

　この際、最も重要なのは、ウィンセットの大きさを決定しうる要因であろう。
それには、様々な要因が考えられるが、大きな影響を及ぼしうるのは、国内に
おける政策選好である。これには、利益団体の支持、野党からの反対勢力、世
論の支持などがある。これら国内諸勢力の中には、政策を覆してしまうほど強
力な「**拒否権プレイヤー**」（Tsubelis, 2002）も存在し、その数や大きさは、ウィン
セットの大きさに影響を与える。そこで、政府はウィンセットを大きくするため
に、事前に関係する国内諸勢力と調整を行うことで支持を取り付けるのである。

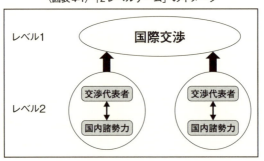

〈図表4-1〉「2レベルゲーム」のイメージ

〔出典〕筆者作成

　パットナムの2レベルゲームを、日本とタイとの間で交渉された**経済連携協定（EPA※）** を事例に説明を試みよう（石黒、2010）。日タイ経済連携協定は、2007年11月1日に日本とタイとの間に締結された、農産物、および、自動車・鉄鋼の関税削減を含む自由貿易協定である。その内容は、日本の大部分の農産物を15年以内に関税撤廃し、また、タイの鉱工業製品の関税を段階的に削減するというものである。日本はこれまで、農産物についての関税削減には慎重な姿勢を示し、また、タイは鉄鋼産業育成のために自動車産業や鉄鋼業の保護政策を取ってきたという背景がある。

　レベル1での交渉で日本は、米や砂糖を始めとした農産物については、国内農家への影響を考慮し、交渉から除外したい一方で、自動車や家電などの物品については関税引き下げを目指したいという選好を示した。逆に、タイはコメ、砂糖、タピオカ、熱帯果実、えび、鶏肉などの農産物の関税引き下げを要求し、一方で自動車や鉄鋼の関税引き下げについては、後ろ向きな姿勢を示していた。

　一方、レベル2での日本の国内政治過程において、日本の交渉姿勢に大きな影響を及ぼしていたのは、貿易自由化によって利益を得る業界（電気・情報通信・輸送機械業界や日本経済団体連合会など）を管轄している経済産業省と、反対に、貿易自由化によって損失を被る業界（農林水産業・全国農業協同組合中央会・全国漁業共同連合・日本林業協会など）を管轄する農林水産省である。

　経済産業省は包括的な貿易自由化を志向し、農林水産省は関税撤廃に慎重な姿勢を示していた。従って、日本国内での「拒否権プレイヤー」は農林水産省ということになる。

※　「Economic Partnership Agreement」の略。

第4章 ▶ 国内政治と外交政策決定 73

　しかし、タイとのEPA交渉が進むにつれ、日本国内で経済界はもとより学術界などからも農業批判の声が大きくなると、日本政府は、「ウィンセットを大きくするために農業改革を行う」という戦略を提起したのである。この戦略において、これまでの生産調整により農産物の価格安定化を図る政策から、農家の所得安定化への転換を明確にした。つまり、関税撤廃により農産物の価格が下落したとしても、農家の所得は保証されるというものである。これが、農林水産省の政策選好を自由貿易志向に傾かせる契機となり、日本政府はウィンセットを大きくすることに成功したのである。

　また、タイにおけるレベル２の交渉では、鉄鋼業育成とアジアにおける自動車の生産・輸出拠点を築くという「アジアのデトロイト計画」が構想されており、タイ自動車産業が「拒否権プレイヤー」となった。そこで、日本政府はアジアのデトロイト計画への支援を表明し、「自動車人材育成機関」プログラムを約束し、また、タイ鉄鋼産業を支援する日タイ「鉄鋼産業協力プログラム」に同意するなど、タイへの自動車・鉄鋼分野への技術協力や投資促進といった産業協力を行うことにより、タイに自動車・鉄鋼の関税削減に応じさせたのである。

　このように、これまでブラック・ボックスであった国内意思決定過程と国際交渉の２つの橋渡しをしたパットナムの功績は大きいと言える。

《課 題》

1)「パブリック・ディプロマシー」の例を挙げ、それらの有効性と限界について論じてください。

2)「マルチトラック外交」とはどのようなものか、トラック１（またはトラック1.5）外交、およびトラック２（またはトラック３）外交についての事例を挙げながらまとめてください。

3) 外交政策はどのように決定されているのか、国内諸勢力の役割に触れながら、事例を挙げてまとめてください。

4) ウォルツの３つのイメージ（個人レベル、国内政治レベル、国際構造レベル）を用いて、関心のある国際政治における事象の分析を試みてください。

5) アリソンの３つのモデルのうち、組織過程モデルと政府内政治モデルを用いて、関心のある国家の外交政策の分析を試みてください。

6) パットナムの「２レベルゲーム」を応用し、関心のある国際問題をめぐる国家間交渉の分析を試みてください。

もっと深く ● 知りたい人のために 🔍

①ヘンリー・A・キッシンジャー（岡崎久彦訳）『外交』上・下、日本経済新聞社、1996.

②細谷雄一『外交──多文明時代の対話と交渉』有斐閣、2007.

③デイヴィッド・A・ウェルチ（田所昌幸訳）『苦渋の選択──対外政策変更に関する理論』
　千倉書房，2016.

④永山博之・富崎隆・青木一益・真下英二『改訂版 政治学への扉』一藝社、2018.

➤①外交を理解するためには、歴史的知識が必要不可欠となる。上巻・下巻とあり、なかなか
　の大作だが、外交史を理解しておくうえで必要な本である。

➤②歴史的視座から外交の変化を詳細に分析した書。外交の歴史や、外交学を知る上でたい
　へん有用な本である。

➤③国家の対外行動が劇的に変化することはまれであるが、中にはそれまでの方針を大きくか
　える「苦渋の選択」があり、そういった選択が、なぜなされたのかを分析した本である。

➤④外交政策を考察する際には国内政治の仕組みを理解しておく必要がある。本書は、国内政
　治について様々な側面から、政治学の重要な基礎概念を紹介している良質な入門書である。

[参考文献]

（上に挙げた①～④を除く）

<日本語文献>

石黒馨『FTA/EPA交渉と官僚制多元主義──JTEPAの2レベルゲーム分析』国民経済雑誌，201(5)，
　　pp.31-49, 2010.

石田淳「対外政策の選択」中西寛・石田淳・田所昌幸『国際政治学』(New Liberal Arts Selection) 有斐閣、2013.

北山馨「パブリック・ディプロマシー──アメリカの外交戦略」レファレンス、2003.

齋藤嘉臣「新しいパブリック・ディプロマシーの系譜」吉川元編『グローバル・ガヴァナンス論』法律文化社，
　　2014.

須藤季夫『国家の対外行動』東京大学出版、2007.

<外国語の日本語訳文献>

グレアム・アリソン（漆嶋稔訳）『決定の本質──キューバ・ミサイル危機の分析〔第2版〕』I・II、日経BP社、2016.

ケネス・ウォルツ（渡邊昭夫・岡垣知子訳）『人間・戦争・国家──国際政治の3つのイメージ』勁草書房、2013.

ポール・ケネディ（鈴木主税訳）『決定版 大国の興亡──1500年から2000年までの経済の変遷と軍事闘争』上・下、
　　草思社、1993.

チャルマーズ・ジョンソン（矢野俊比古監訳）『通産省と日本の奇跡』ティビーエス・ブリタニカ、1982.

トーマス・シェリング（河野勝訳）『紛争の戦略──ゲーム理論のエッセンス』勁草書房、2008.

ハロルド・ニコルソン（斎藤眞・深谷満雄訳）『外交』東京大学出版会、1968.

第4章▶国内政治と外交政策決定　75

<外国語文献>

Diamond, L. & McDonald, J., *Multi track diplomacy* (3rd ed) . Connecticut: Kumarian Press, Inc., 1996.

Fearon, J. D., 'Domestic political audiences and the escalation of international disputes'. *American Political Science Review*, vol. 88 (03) , pp.577-592, 1994.

Keck, M.E., and Sikkink, K. *Activists beyond borders*. Ithaca: Cornell University Press, 1998.

Kratt, H., J., 'Track Three Diplomacy and Human Rights in Southeast Asia: the Case of the Asia Pacific Coalition in East Timor'. Paper presented at the Global Development Network 2000 Conference, Tokyo, 13 Dec. 2000.

Mapendere, J., 'Track one and a half diplomacy and the complementarity of tracks'. *Culture of Peace Online Journal*, 2 (1) , pp.66-81, 2005.

Putnam, R.D., 'Diplomacy and Domestic Politics: The Logic of Two-level Games'. *International organization*, 42, pp.427-460, 1988.

Tsubelis, G., *Veto Players: How Political Institutions Work*. Princeton University Pres, 2002.

Volkan, D.V., 'Official and unofficial diplomacy: An overview'. In V. D. Volkan M.D., J. Montville, & D. A. Julius (Eds.) , *The Psychodynamics of International Relations*: Vol. 2. Unofficial diplomacy at work (pp.1-16) . Massachusetts: Lexington Books, 1991.

.

第5章

国際制度

早川 有香

≫この章の課題

　国際法の祖と呼ばれるオランダの法学者のフーゴー・グロティウスは、著書『戦争と平和の法』の中で、国際政治においても各国が従うべき法があり、その法によって国際社会に秩序をもたらすことができると説いた。

　では、世界政府の存在しない、アナーキーな国際社会において、国際制度はどのように秩序形成に貢献するのか。

　その一方で、国際連合をはじめとした国際機構には、どのような限界があるのか。本章では、こうした課題を明らかにする。

≫キーワード

- □ 国際制度
- □ 国際機構
- □ 国際法
- □ 条約
- □ 国際慣習法
- □ 国際レジーム
- □ 国際連盟
- □ 国際連合
- □ 安全保障理事会
- □ 国際司法裁判所
- □ 世界政府

§1 国際制度とは何か

　国際制度（international institutions）は、しばしば国際機構（international organizations）、**国際レジーム**（**international regimes**）、国際会議（international conventions）などと混同して使われることが多い。

　これは、国際制度が包括的概念であり、これら全てを含むものであるからである。そもそも制度とは、広義には「社会的な決まりごとや規則、仕組み」を意味する。従って、国際制度とは、国際社会の決まりごとや規則、仕組みを意味する。

　スティーブン・クラズナーによれば、それらの決まりごとや規則、仕組みの中でも、「国際関係の特定の領域に関するアクターの複数の期待が収斂するところの黙示的または明示的な原則・規範・ルール・意思決定過程の集合」のことを国際レジームと呼ぶ（Krasner, 1983）。

　つまり、国際レジームとは、特定のイシューについて主に国家間で交渉するための枠組み、および明示的な決まりごとや規則、仕組みを持つ制度のことである。例えば「地球温暖化問題に関する国際レジーム」とは、地球温暖化問題の解決という共通の目的のために定期的に開催される国際会議という国家間交渉の枠組み、決定された規則、仕組み全てのことを指す。

　こうした国際レジームに従って、それを運営していく組織が国際機構である。国際機構とは、独自の予算と要員、機構を持って活動する国際組織を指す。例えば、国際連合や欧州連合（EU）などがこれに該当する。

　国家の行為を、法的に拘束する国際的な決まりごとが国際法である。前述の国際連合やEUも、基本的に国際法により成立している。国際法の法源には、**条約**と**国際慣習法**が含まれる。条約とは、国家間交渉の結果、締結される合意文書であり、それに合意した国（締約国と呼ぶ）を法的に拘束する力を持つ。例えば、ヨーロッパ各国が互いの主権を承認し、主権国家が国際社会の基本単位であることを確認したウェストファリア条約（⇒第1章§2）、日本とアメリカにおける安全保障に関する日米安全保障条約や、国際的な温室効果ガスの削減義務を目指した国連気候変動枠組条約（⇒第12章§7）などがある。

一方、国際慣習法とは、多くの国によって一般慣行と広く認められ、条約として明文化されていなくとも、各国が守るべき暗黙のルールとして機能するものである。第1章で指摘したように、主権国家は自国の意思以外には従わない。つまり、他国が出す命令には基本的には従わないが、「同意は拘束する」という言葉のとおり、国家が同意したルールには拘束されるということである。

現在、すべての国が締約国である条約が存在しない中で、国際紛争の解決において重要となるのが国際慣習法なのである。**国際司法裁判所**（ICJ：International Court of Justice ⇒本章§3）も、関係当事国間に適用すべき条約が存在しない場合、しばしば国際慣習法を適用してきた。例として、1986年の**対ニカラグア軍事行動事件ICJ判決**が挙げられる。

この紛争は、ニカラグアが自国に対するアメリカの軍事的活動などの違法性を主張し、損害賠償などを求めてICJに提訴したというものである。これに対してICJは、武力不行使原則の慣習法に基づいて、アメリカの行動の違法性を認めた（しかし、結果としてアメリカの賠償がないまま、ニカラグアの請求は取り下げられ、裁判が終了している）。

このように、国際制度や国際法は基本的に主権国家の同意により成立するものであり、アメリカがオバマ政権下で参加を表明した温暖化対策をめぐるパリ協定に、トランプ政権が「離脱」を表明したように、国際条約への参加は国家の意思次第であるということになる。こうした問題が指摘され、時にはその機能が「麻痺」しているとさえ揶揄される。

しかしながら、ネオリベラリズム（⇒第3章§3）が強調するように、国際制度は国際協調を生み出す装置の1つであり、その役割と限界について考察することには意義がある。

▶§2 国際連盟から国際連合へ

国際社会が組織化され、多くの国際制度が生まれた19世紀は、産業革命の進展により交通や通信技術が飛躍的に向上し、国際交流が活気づいた一方で、多くの国際問題が浮上した時代であった。こうした共通の国際問題についての国際会議の継続的な開催が、次第に国際制度の形成へとつながっていったので

ある（松本・大畠・中原、1990）。

　例えば、1816年に、複数の国を流れる河川の共同管理を目的とするライン川航行中央委員会の設置をはじめとして、19世紀後半には無線通信と電気通信分野の標準化を目指した万国通信連合（現在の国際電気通信連合）、国際郵便制度に関わる万国郵便連合、メートル法の標準化を目的とする国際度量衡委員会、知的財産権に関する知的所有権保護合同国際事務局などが設立された。また、同じく19世紀にはYMCA世界同盟、国際労働者協会、国際オリンピック委員会などの民間の国際会議も活発に開催されたのである。

　さらに、戦争を防止し、世界に平和をもたらすことを目的とした国際平和会議が1899年にオランダのハーグで開催された。26カ国が参加したこの会議では、「国際紛争の平和的処理に関する条約」が採択され、これに基づき1901年に、初めての国際的な司法機関として、常設仲裁裁判所が設立された。この裁判所には国際事務局が常設されたが、常勤の裁判官はおらず、各国が任命した裁判官の名簿が常備されるにとどまった。それでも、国際裁判所の誕生は当時、画期的なことであった。

　第一次世界大戦（1914～1918年）が終結すると、平和を実現しようとする機運が高まった。第一次世界大戦末期にアメリカのウッドロー・ウィルソン大統領によって提唱された「14カ条の平和原則」によって、政治的独立と領土保全を相互に保証するための国際機構の設立が訴えられたのである。結果、1919年にヴェルサイユ条約（⇒第2章§7）発効とともに**国際連盟**（League of Nations）が設立され、軍備縮小、紛争の平和的解決、集団安全保障によって世界平和の達成を試みたのである。

　しかし、アメリカが議会の反対により国際連盟に加盟せず、1933年には日本とドイツが、1937年にはイタリアが脱退、さらには1939年にフィンランドへ侵攻を始めたソ連が除名されたことなどにより、第二次世界大戦の勃発を防ぐことができなかった。

　この反省を踏まえ、第二次世界大戦終結直前の1941年8月に、アメリカのフランクリン・ルーズベルト大統領とイギリスのウィンストン・チャーチル首相が会談し、世界平和を実現するための新たな国際制度として、国際連合の基礎となる構想を記した**大西洋憲章**※を採択した。

　　※　ルーズベルトとチャーチルが会談したのが、北大西洋上に停泊した米・英それぞれの軍艦の上だったことに由来。

さらに、1944年の**ダンバートン・オークス会議**※ではアメリカ、イギリス、ソ連、中国（中華民国）の4カ国によって国連憲章の草案が作成された。この草案では、大国を中心に構成される安全保障理事会の構想が盛り込まれた。

　1945年に開催されたヤルタ会議（⇒第2章§8）では、**常任理事国**すべてが賛成しなければならないという大国一致の原則を、**安全保障理事会**の意思決定に適用することが合意された（⇒**本章§3**）。これはつまり、常任理事国が1カ国でも反対すれば、その決議は否決されるという**拒否権**（⇒**本章§3**）が認められるということである。

　1945年4月26日から6月26日に開催された、「国際機関に関する**連合国**※※会議」（通称、サンフランシスコ会議　⇒第9章§2）において、**国際連合**の設立が決定され、51ヵ国が国連憲章に署名した。そして、同年10月24日に国際連合が正式にスタートすることになったのである。

　第二次世界大戦後に、冷戦（⇒第2章§8）が始まると、常任理事国であるアメリカとソ連が、安全保障理事会において相互の議案に対して拒否権を発動するようになり、国連は実質的に機能しなくなっていった。この問題に対処するため、1950年には、拒否権の発動により安全保障理事会が行動を取れないときには、安全保障理事会の9カ国の賛成投票による要請、または、加盟国の過半数の要請により、事務総長が緊急特別総会を開催し、3分の2以上の多数決で平和と安全のための措置を勧告することができることを定めた「平和のための結集」が採択された。

　さらに、旧植民地が独立したことに伴い、国連加盟国の数も増加した（日本は1956年に加盟）。1955年には、ヨーロッパおよびアジアの16カ国が一括加盟し、1961年には原加盟国の2倍を超える104カ国となった。これに伴い、安全保障理事会の理事国は11カ国から15カ国に拡大され、手続き以外の重要事項の決定に必要な賛成票は、7票から9票になった。さらに冷戦が終わると、旧ソ連や旧ユーゴスラヴィアに属していた共和国が参加し、加盟国は179カ国となった。2017年8月現在の加盟国は193カ国である。

※　アメリカの首都ワシントンD.C.近郊の地。アメリカの外交官ロバート・ウッズ・ブリスの邸宅が使われた。
※※　「連合国」の英語表記は「United Nations」。つまり、「国際連合」の英語表記と同じ。なお、中国語ではどちらも「聯合國」。

▶§3 国際連合の機能

　国際連合（**国連**［United Nations：ÛN］）は、第二次世界大戦後の国際秩序のために設立された、普遍的かつ包括的な多国間組織である。

　その目的は、国連憲章第1条に定められているように、国際の平和および安全の維持、諸国間の友好関係を発展し世界平和を強化すること、また、人権、性、言語または宗教による差別なくすべての者のために人権および基本的自由を尊重するよう助長奨励すること、そして、上記の目標の達成にあたり、諸国の行動を調和するための中心となることである。

　また、国連憲章第2条1項に規定されているとおり、国連は「そのすべての加盟国の主権平等の原則に基礎を置いている」。すなわち、国連は統一された**「世界政府」**ではなく、あくまでも、個々に主権を有する国家が集まった「国家間機関」なのである。この原則に基づき、総会では、国の大小にかかわらず、すべての加盟国が平等に1票を有する。国連事務総長も、「世界の大統領」ではなく、多国間組織としての国連の運営をサポートする「行政職員の長」に過ぎない。

　一方で、国連では世界のほとんどの国が一堂に会して意思決定を行うことから、国連の決定は国際社会の総意の反映としての権威（正当性）を持つ。また、国連の意思決定の結果として採択される決議や宣言、声明などが、もともとは当面する問題への対応策として採択されたものであっても、それらに基づく慣行が積み重なることにより、国際社会の規範が体系化され、発展していくのである。

　このように、国連は国際社会の諸問題を解決し、世界平和を実現することを目的としているが、どのような組織体系になっているのだろうか。そして、国連による決定は、国際社会全体の公共の利益のために、どの程度貢献しているのだろうか。以下、国連を構成する5つの主要機関に焦点を当てて、考察する（信託統治理事会［Trusteeship Council］については、1994年11月1日、最後の信託統治地域となったパラオが同年10月1日に独立したことを受けて、信託統治理事会はその機能を停止しているため、割愛する）。

(1) 事務局 (Secretariat)

事務局は国連の他の機関を補助し、これらの機関が立てた計画や政策を実施する機関であり、事務総長と国連職員によって構成されている。

事務総長の任期は5年で再選も可能であり、慣例的に出身地域が偏らないように配慮されている（下記の一覧参照）。**事務総長**は行政職員の長であるが、国際平和および安全の維持を脅かすと認められる事項について安全保障理事会の注意を促す権限も与えられており、その役割は広範囲に及ぶ。

◎歴代国連事務総長一覧

※代、名前、任期、出身の順。

初代　トリグブ・リー　1946年2月1日～1952年11月10日、ノルウェー
2代　ダグ・ハマーショルド　1953年4月10日～1961年9月18日、スウェーデン
3代　ウ・タント　1962年1月1日～1971年12月31日、ビルマ（現ミャンマー）
4代　クルト・ヴァルトハイム　1972年1月1日～1981年12月31日、オーストリア
5代　ハビエル・ペレス＝デ＝クエヤル　1982年1月1日～1991年12月31日、ペルー
6代　ブトロス・ブトロス＝ガーリ　1992年1月1日～1996年12月31日、エジプト
7代　コフィー・アナン　1997年1月1日～2006年12月31日、ガーナ
8代　潘基文　2007年1月1日～2016年12月31日、韓国
9代　アントニオ・グテーレス　2017年1月1日～現在、ポルトガル

また、国連職員は国際公務員として、国連全体のために働き、いかなる国からの指示も受けないことが求められる。その職務は、**平和維持活動（PKO[※]）** の管理、世界的関心ごとである諸問題に関する国際会議の開催、世界経済および社会の動向と問題点の調査、人権や軍縮などの問題に関する研究、そして報道機関に対する国連関連情報の提供である。

(2) 総会 (General Assembly)

総会は、国連のすべての加盟国（193ヵ国、2017年8月現在）で構成され、国際社会全体の意見を集約する「世界の世論の共鳴板」や「世界の鏡」とも呼ばれている。前述のとおり、その意思決定方法は1国1票制で、出席して投票した国の過半数以上により議決される。ただし、重要案件（国際の平和と安全の維持に関する勧告、新加盟国の承認、予算問題など）については3分の2以上の賛成

※ 「Peacekeeping Operations」の略。

第5章 ▶ 国際制度 | 83

が必要となる。

　この制度により、国家間の平等性は確保される一方、多くの小国が団結して投票すれば、少数の大国の意見をも覆すことができるため、これを「多数の横暴」ないしは、「衆愚の危険性を孕む」という見方もある。加盟国の経済力に応じて配分されている国連予算の分担金の負担率と、総会の意思決定に与えることのできる影響力が比例していないため、分担率の低い国々が主導権を握っていることに対する批判である。

（3）安全保障理事会（Security Council）

　安全保障理事会（安保理）は、**常任理事国**5カ国（アメリカ、イギリス、フランス、ロシア、中国）と、**非常任理事国**[※]10カ国の合計15カ国から構成される。国際平和を脅かす紛争などに関して、他の国連機関の決定は「勧告」に過ぎないが、安保理による決定は、すべての加盟国が受諾し、履行しなければならない。

　安保理の意思決定方法は、手続き事項と実質事項の2つがある。手続き事項とは、議題について安保理で議論すべきかどうかに関する事項（アジェンダ設定）であり、「9理事国の賛成投票によって決定」（憲章第27条第2項）される。

　これに対し、実質事項とは、実質的に安保理で決定される事項であり、「常任理事国の同意投票を含む9理事国の賛成投票によって決定」（憲章第27条第3項）されるのである。つまり、常任理事国のうち1カ国でも反対すれば決定できないことを意味し、これを「**拒否権**」という。結果、実質的な決定には、常任理事国すべての賛成と、4カ国以上の非常任理事国の賛成が必要であり、たとえ14カ国が賛成投票を投じても、常任理事国が1国でも反対すればその議事は否決されてしまうのである。

　冷戦時においては、常任理事国であるアメリカとソ連が拒否権を多発したことにより、安保理が機能不全に陥り、深刻な問題となった。そのため、しばしば大国は、単独行動主義を取る場合がある。この例として、アメリカの対イラク戦争（2003～2011年）開始をめぐる議論では、もし安保理の議題にすれば常任理事国であるフランスとロシアの反対が明白であったことから、アメリカは単独でイラクに対して戦争の開始を宣言した。

　このような問題を受け、安保理の改革案も近年出されるようになった。安

※　10カ国のうち毎年5カ国が改選される。地域ごとに候補国が選ばれ、国連総会で3分の2以上の支持を得て、承認される仕組み。任期は2年で、継続して再任はできない。日本は、1958年以来11回選ばれており、アジア地域では最多。

保理の問題点として、国連加盟国に対する理事国の数が少なく、加盟国の意見が安保理決議に正確に反映されないという指摘がある。前述したように、国連創設時の加盟国は51カ国、理事国は11カ国（比率が22%）であったのに対して、現在は加盟国193カ国、理事国15カ国（比率は7%程度）となっている。さらに、非常任理事国の地理的配分は、西欧2、東欧1、ラテンアメリカ2、アジア・アフリカ5となっており、アジアとアフリカに不利な配分とされている。

安保理改革をめぐる国連での政府間交渉は、2009年2月より開始され、非常任理事国数、および拒否権の付与を争点に、いくつかの改革案が示されている。日本、インド、ブラジル、ドイツ（**G4**[※]）は、新たに常任理事国を6カ国（アフリカ2、アジア2、ラテンアメリカ・カリブ11、西欧その他1）、非常任理事国を4カ国（アフリカ1、アジア1、ラテンアメリカ・カリブ1、東欧諸国1）追加し、新常任理事国は、当面拒否権を行使しないことを提案している。**アフリカ連合（AU**[※※]**）**は、常任理事国を6カ国追加するという点ではG4と同様の提案をしているが、新常任理事国にも拒否権を付与すること、そして、非常任理事国には新たにアフリカ2カ国を含む5カ国を追加することを提案している（望月、2016）。

国連のこれまでの成果として、国際社会における**集団安全保障**を挙げることができる。1990年、イラクが隣国クウェートに侵略したことを受け、国連はイラクに対し、即時無条件撤退を要求するとともに、全加盟国による対イラクへの輸出入を全面的に禁じた。さらに、翌年1月15日までにクウェートから撤退しない場合、必要なあらゆる措置をとることを認める決議を採択した。

この決議に基づいて、アメリカを中心とする多国籍軍はイラクへの爆撃を開始し、紛争の終結へと導いた。この事例において、アメリカの単独行動による影響は大きかったものの、安保理の決議に基づいて国際社会が統一的行動を取ったという意味では、集団安全保障が機能したとも言える（ただし、集団安全保障が実質的に機能したのは、この1回のみであった）。

（4）**国際司法裁判所**（International Court of Justice：ICJ）

国際司法裁判所（ICJ）は、オランダのハーグ（平和宮）に所在し、国家間の紛争を解決し、国連とその専門機関に勧告的意見を提供する機関である。ICJに提訴できるのは国家のみであり、個人や民間組織などには開放されていない。

[※]　「Group of Four」の略。
[※※]　「African Union」の略。アフリカ大陸の独立国55カ国（このうち「サハラ・アラブ民主共和国」は日本や欧米各国は未承認）が加盟する世界最大級の地域機関。

第5章 ▶ 国際制度 85

ICJはまた、国際法における権威であり、「世界裁判所」とも呼ばれる。ICJの出した判決や意見に当事国が判決に従わない場合は、安保理が履行を「勧告」する場合もある。さらに、冷戦後、ICJでの裁判を求める件数は増えていることから、その役割が注目されている。ただし、裁判の成立要件として、紛争の当事国がICJに問題を委ねると合意しなければならない。つまり、ICJは訴訟当事国双方の同意がなければ、裁判を始めることができないのである。

これまでにICJが解決した事例をいくつか挙げる。まず、ICJは様々な領土問題において判決を下してきた。例えば、1962年のプレア・ジヘア寺院事件（カンボジア・タイの間での領土問題：カンボジア領との判決）、2002年のリギタン島とシバダン島をめぐる議論（マレーシア・インドネシア間の領土問題：マレーシア領との判決）、2008年のベドラ・ブランカ島をめぐる議論（シンガポール・マレーシア間の領土問題：シンガポール領との判決）など、多くの問題を解決に導いた。

さらに、1996年の国連総会では「核兵器による威嚇または使用は許されるか」という問いに対して、ICJが一般的に国際法違反という見解を示したことにより、国際的な規範形成にも大きく貢献した。ただし、これは単なる勧告的意見であり、国際法上の拘束力はないことにも注意が必要である。また、国家の存亡がかかった事態における核兵器使用の合法性については判断を避けたものとして、特に核兵器保有国からは無視されている。

日本もICJと無縁ではない。北方領土問題、竹島問題、捕鯨問題などでICJと関わっているのである。例えば、領有権をめぐって日本と韓国が対立している竹島問題について、日本はICJに付託することを韓国にたびたび提案したが、韓国が拒んだため、裁判にできなかったという経緯がある。

このように、ICJは国際法における権威であるが、国際法が国際社会において持つ影響力以上のものは持てない。しかし、ICJが扱う案件が増えれば増えるほど、国際社会に存在する問題が周知され、さらなる国際規範の形成に寄与するのである。

（5）経済社会理事会（Economic and Social Council：ECOSOC）

経済社会理事会は、国連およびその専門機関の経済活動を調整する機関であり、開発、世界貿易、産業化、天然資源などの分野に関して勧告し、活動を発

議する機能を持つ。理事国は、総会によって選出される54カ国の国連加盟国
である（憲章第61条）。理事国の任期は3年であり、毎年18カ国ずつ改選される。
その決議は理事国の過半数によってなされる。

　経済社会理事会の問題点として、地理的配分を挙げることができる。現在、
西欧13カ国、東欧6カ国、アジア11カ国、アフリカ14カ国、ラテンアメリカ
10カ国から構成されており、このうち先進国が約17カ国、途上国約37カ国で
ある。そのため、経済社会理事会での議論が、多数派である途上国寄りになる
という懸念がある。そこで、先進国は世界経済を話し合う場として、自分たち
の意見が通りやすい**G7**※（Group of Seven）や**世界銀行**＊＊（⇒第10章§2）などを
選ぶようになったのである。

　例えば、世界銀行の決議においては、**加重表決制**（weighted voting system
／**加重投票制**）が適用されている。これは、加盟国の出資金の金額に応じて保
持できる投票数が異なるというもので、日本は総投票数の約8％を、アメリカ
は約16％を有している。つまり、出資額の多い国ほど発言権が大きくなるので
ある。

　そのメリットとしては、先進国が政策決定の場として敬遠することがなくな
り、決定した開発援助が安定した財源の基に実効性の高いものとなることがあ
る。一方、デメリットとしては、先進国が決めた方式の開発援助が、途上国の
現状に必ずしも役にたっていないということがある。

▶§4　国連レジーム論

　国連が「国際平和、安全維持、諸国間の友好関係の発展並びに世界平和の強
化」に向けた大きな方向性を議論する国際機構だとすれば、様々な国際問題に
対応すべく設立されたのが、国連の専門諸機関である。これらの専門機関は分
野別に設立され、世界の諸問題に対処している。

　例えば、開発分野で活動する**国連開発計画**（ＵＮＤＰ：United Nations
Development Programme　⇒第11章§2）は、開発途上国を主な対象として、
専門家の派遣や技術者の研修、機材の供給などを行うことにより技術協力や能

※　　主要国首脳会議の参加国、アメリカ・イギリス・フランス・ドイツ・日本・イタリア・カナダの7カ国を指す。
※※　貧困撲滅や開発支援を目的として、おもに途上国への融資を行う国連の専門機関である。2017年時点で189カ国が加盟。
　　　「世界銀行グループ」は5つの機関から構成されており、単に「世界銀行」と言った場合は「国際復興開発銀行と国際開発
　　　協会を意味する」（世界銀行および国連広報センターHPより）。

第5章▶国際制度　87

力開発を目指す機関である。さらに、2001年に途上国のより豊かで健康的な暮らしを実現するために採択されたミレニアム開発目標の達成に向け中心的な役割を果たした。

エネルギー分野では、原子力が軍事的利用に転用されることを防ぎ、平和的な利用を目指す**国際原子力機関**（IĀĒĀ[※1]）が存在し、加盟国の原子力発電所を対象に保障措置などを行っている（⇒第13章§5）。環境分野においては、**国連環境計画**（ŪNĒP ⇒第12章§3）が、オゾン層破壊問題に関する環境条約の事務局を務めたり、生物多様性問題に関連する条約の管理を通じて、地球環境問題の解決に寄与している。

保健衛生分野では伝染病や風土病の撲滅や国際保健に関する条約や協定の提案、勧告、研究促進を目的に活動する**世界保健機関**（WHO[※2]）、子供の栄養の改善、飲料水の提供、子供の権利を守る**国連児童基金**（UNICEF[※3]）などが存在する。また、飢餓の撲滅を目指し、栄養と生活水準の向上を目的とした**国連食糧農業機関**（FAO[※4]）や、災害や戦争・内戦で食糧不足となっている地域に緊急食糧援助を行う**国連世界食糧計画**（WFP[※5]）がある。

人権分野では、世界の難民の保護と支援を行う**国連難民高等弁務官事務所**（UNHCR[※6]）や、ジェンダー平等と女性のエンパワーメントを目的とした**UNウィメン**[※7]、世界の労働者の労働条件と生活水準の改善を目指した**国際労働機関**（ILO[※8]）などが存在する。教育・科学・文化での国際協力の促進を目指した**国連教育科学文化機関**（ŪNĒSCO[※9]）は、教育の普及、科学の振興、文化遺産の保護と活用などを行っている。

※1 「International Atomic Energy Agency」の略。
2 「World Health Organization」の略。
3 「United Nations Children's Fund」の略。
4 「Food and Agriculture Organization」の略。
5 「World Food Programme」の略。
6 「United Nations High Commissioner for Refugees」の略。
7 「United Nations Entity for Gender Equality and the Empowerment of Women」が正式な名称。
8 「International Labour Organization」の略。
9 「United Nations Educational, Scientific and Cultural Organization」の略。

これらの国連専門機関のほかにも、例えば経済分野における**環太平洋パートナーシップ協定**（TPP[※]）や、**東南アジア諸国連合**（ASEAN^{※※}）など、主要国首脳会議を始め、条約や協定といった国際制度も存在し、国際政治経済における秩序形成に重要な役割を果たしている。

こういった国際制度は、**冷戦**（⇒第2章§8）の終結に伴い安全保障以外の様々な国際問題が議題となったことを受けて、急激に増加した。例えば、環境問題に関する条約や協定が、1970年代には年間平均1つであったが、80年代には5つまで増加し、2000年代には200を超えている（坂口、2007）。

これらの国際制度は、特定の国際問題について主に国家間で交渉され、明示的な決まりごとや規則、仕組みを持つ制度、すなわち国際レジームである。言い換えれば、国家が利害調整を行うための話し合いの場であり、様々なルールを決めたり、必要に応じて機関を設立して問題解決に当たっている。

このように、国際レジームが各問題領域に存在すればするほど、国際政治においてより良い統治が可能になる。国際レジーム論の祖の1人である**オラン・ヤング**は、こうした国際レジームは縦の関係（vertical）で管理されているのではなく、分野横断的にそれぞれの領域のニーズに合った横の関係（horizontal）で存在しているために、アナーキーな国際政治において実質的な統治をもたらすと主張している（Young, 1999）。

このような国際政治における国際レジームの役割に着目した**国際レジーム論**と呼ばれる研究は盛んに行われており、その中で中核をなす研究分野の1つが、**国際レジームの有効性**（effectiveness）に関するものである。つまり、国際レジームがどれだけ問題解決に貢献できるのかについて測定しようとするものである。分野によってその効力の計測方法には様々なものが用いられると考えられるが、地球環境問題を例に取ると、以下の4つの計測方法をあげることができる（亀山、2010）。

第1に、国際レジームが扱う問題の改善度に注目する方法である。例えば、生物多様性の損失に対応するための生物多様性条約の効力を計測するには、生物種の絶滅する数を年ごとに測定し、絶滅種の減少が証明されれば効力があったことになり、減少しなければ効力がないということになる。

第2に、締約国の遵守の度合いに注目する方法である。国内法であれば、す

※　「Trans-Pacific Strategic Economic Partnership Agreement」の略。
※※　「Association of South-East Asian Nations」の略。

column >>>>>> 国際レジームと国際関係理論

　リベラリズムは、「何かしらの国際問題が浮上した際に、国家同士が協力することは互いの利益となり得る」とする見方である。言い換えれば、国家が互いに共通利益を見出して協調すればするほど、互いの利益が拡大していくという考え方であり、これを「**絶対利得**」と呼ぶ。

　一方で、リアリズムは、国際関係がパイのようなものであると説く。世界に存在する資源は有限であり、いかに自国が他国よりも多くを得ることができるかのみを考えている。つまり、ある国がパイの１切れを獲得すれば、その他の国の取り分が１切れ分、少なくなるのである。従って、国家は相対的に行動する。このような見方を「**相対利得**」と呼ぶ。リアリズムの視点から国際レジームについて考察をすれば、国際レジームは各国のパワーの配分を単に反映しているだけである、と指摘できる。

　つまり、国際レジームは、大国の力の最大化のために利用されているのであり、レジームそのものは大国に対抗するだけの力を有していない。例えば、GATT[※]（ガット）/WTO^{※※}（ダブリューティオー）や、IMF^{※※※}（アイエムエフ）など（⇒第10章）、経済に関する国際機構は、世界規模で戦後経済を立て直すための国際レジームであったと同時に、米ドルを世界に普及させるための国際レジームであった、という見方もできるであろう。

　また、コンストラクティビズムの視点から国際レジームを考察すれば、そもそも国際レジームが、誰によってどのような観念（アイデア・認識）に基づいて構築されてきたのか、という分析が可能になる。

　上記のようにリベラリズムおよびリアリズムは、国家間の利害関係および力関係に焦点を当てて論じることが多いが、国際レジームは国家以外の「**非国家アクター**」と呼ばれる行為主体（⇒第13章）によってアジェンダ設定が行われることで、国際交渉へとつながる事例が多々存在するのである。特に、環境問題（温暖化、オゾン層破壊、生物多様性損失など）においては、科学者やNGOが問題を提起してつくられた条約が多い。また、対人地雷禁止条約は、NGOと、賛同する諸国の協力により道が開かれた国際レジームである。

　このように、リベラリズムが主張する「利益」、リアリズムが主張する「力（パワー）」、コンストラクティビズムが主張する「観念（アイデア・認識）」という、様々な角度から国際レジームを考察すると、様々な側面が見えてくるのである。

※　「General Agreement on Tariffs and Trade」（関税および貿易に関する一般協定）の略。
※※　「World Trade Organization」（世界貿易機関）の略。
※※※　「International Monetary Fund」（国際通貨基金）の略。

べての国民が従わなければならないが、国際法は守らなくても罰則があるわけではない（ただし、戦争犯罪は国際人道法に違反した行為として処罰が可能である）。このような場合、国際法（条約や議定書）に規定されている義務を遵守した締約国が多いほど、効力があるとみなす。

　第3に、国の行動の変化に注目する方法がある。例えば、国際法が存在しなかった時ときと比べて、国の行動がより環境保全にとってよい方向に変わっているならば、その国際法は効果があったと言える。ただし、注意しなくてはならないのは、それが果たして国際法によるものなのか、それとも別の要因によるものなのかを明確に特定することは困難であるということである。

　最後に、締約国の数について、国際法をめぐる交渉に多くの国が参加すればするほど良いとする考え方もある。しかし、必ずしも国は問題解決を目的として交渉に参加しているわけではないことにも留意する必要がある。例えば、サウジアラビアは温暖化に関する合意の進展を阻止するために交渉に参加しているし、日本やノルウェーは捕鯨への承認を得ることを目的に国際捕鯨委員会に参加しているという側面もある。

▶§5 世界国家の可能性

　§4で述べたように、世界政府が存在しなくとも、問題領域ごとにそれを解決する国際レジームが設立されることによって実質的な統治が可能であると説く国際レジーム論に対して、世界政府そのものを樹立することによって世界統治を図ろうとする考え方も存在する。

　その先駆けは、ドイツの哲学者**イマヌエル・カント**の名著『永久平和のために』(1985) に見ることができる。カントによれば、共和制国家（民主主義国家）は戦争を好まない傾向にある。これは、市民が権力を握るような社会においては、市民自ら侵略のための戦争は起こさないためである。

　もう1つの重要な考え方は、**コスモポリタニズム**である。この考え方は、人権の重要性は世界共通であり、人々は「地球市民」という同胞であるとして、地球上のすべての人の人権を守ることを義務とする立場である (Linklater, 1998)。つまり、主権国家の枠組みを超えて、各個人がどの国家に属しているかを問題

第5章▶国際制度 91

にしない、という立場である。

　このような考え方は、デイビット・ヘルドの**コスモポリタン・デモクラシー**へつながっていく（ヘルド、2002：2005）。ヘルドは、個人の自立と自己決定の権利を重視し、それらが損なわれないように、政治権力が一定の制限を受けるべきであるとする。言い換えれば、ある国家が自国民に十分な権利を保証することができないのであれば、それに代わりコスモポリタニズムに基づく民主主義が国境を越えて徹底されなければならないとする考え方である。従って、ヘルドは、国連安全保障理事会の改革、市民の国際政治への直接参加を可能とする「**世界議会**」の創設、国際裁判所の権限強化・新設などを提言する。

　しかし、このようなコスモポリタニズムは理想主義にしか過ぎない、という批判も存在する。現在、世界中で共有されている価値や信条があるとは言い難く、コミュニティごとに倫理観やアイデンティティが異なるゆえに、コスモポリタニズムの実現は非現実的であるとする**コミュニタリアニズム**の議論である（サンデル、2009）。これは、「コスモポリタン」という価値観がどこから来るのかという考え方にもつながる。例えば、イスラム教徒の女性が顔を隠さなくてはいけない習慣は、西洋的な価値観では人権侵害に当たるのかもしれないし、それを廃止できない政府は、国民に十分な権利を保障できていないということになるのかもしれない。しかし、それが習慣でありアイデンティティの一部である場合には、無理に廃止する必要はあるのだろうか。

　このように、どの価値観が「人類共通」となるかは非常に重要な問いであり、西洋的価値観が世界に押し付けられると、文化帝国主義に陥るのではないかという批判も存在する。

《課題》

1) 「同意は拘束する」とは、具体的にどのような意味でしょうか。また、主権国家が国際法に参加しない場合には、国際法規則・原則には拘束されないと主張できるのか、論じてください。

2) 世界の安全保障における国際連合の役割と問題点について、安全保障理事会やPKOなどの具体例を挙げながら論じてください。

3) アナーキーな国際社会での秩序維持（ガバナンス）において、分野横断的な「国際レジーム」の果たす役割について、具体的な事例を用いながら自分の考えを述べてください。

4) 「イスラム教徒の女性が顔を隠さなくてはいけない習慣は、西洋的な価値観では人権侵害に当たる」という主張について、コスモポリタニズムとコミュニタリアニズム両方の観点から論じてください。

5) 「ある国家が自国民に十分な権利を保証することができないのであれば、それに代わり、コスモポリタニズムに基づく民主主義が国境を越えて徹底されなければならない」とするコスモポリタン・デモクラシー論の主張は、理想主義にしか過ぎないのでしょうか。事例を挙げながら論じてください。

もっと深く ◉ 知りたい人のために🔍

①最上敏樹『国連とアメリカ』岩波書店、2005.
②山本吉宣『国際レジームとガバナンス』有斐閣、2008.
③中谷和弘・植木俊哉・河野真理子・森田章夫・山本良『国際法〔第3版〕』有斐閣アルマ、2016.
④デヴィッド・ヘルド（中谷義和・柳原克行訳）『グローバル社会民主政の展望 ── 経済・政治・法のフロンティア』岩波書店、2007.

≫①国連とアメリカとの関係について、「アメリカはなぜ国連に敵対的なのか」という観点から論じている。さらに、国際連盟・国際連合の歴史を遡り、アメリカの果たした役割について詳しい分析がなされている。

≫②国際レジーム論について、グローバル・ガバナンスの視点から検討した専門書。国際レジームの理論的基礎について充実した説明がなされている他、経済並びに安全保障レジームなどについて検討されている。

≫③国際法を学ぶ上での入門的テキスト。国際法の仕組みがコンパクトに解説されているだけでなく、陸、海、空と宇宙、人、国際刑事、国際経済、国際環境、紛争等に関する国際法についても論じられている。

≫④コスモポリタン・デモクラシーを学ぶための必読書。併せてデヴィッド・ヘルド（佐々木寛・小林誠・山田竜作・遠藤誠治・土井美徳訳）『デモクラシーと世界秩序：地球市民の政治学』（NTT出版、2002.）を読むことを勧める。

第5章 ▶ 国際制度 93

[参考文献]

（前ページで挙げた①〜④を除く）

＜日本語文献＞

亀山康子『新・地球環境政策』昭和堂，2010.

坂口功「地球環境問題とグローバル・ガヴァナンス」『国際問題』562号，pp.37-50，2007.

松本三郎・中原喜一郎・大畠英樹『新版 テキストブック国際政治』有斐閣、1990

望月康恵「安保理改革の展望」『国際問題』No.654，pp.5-16，2016.

＜外国語の日本語訳文献＞

イマニュエル・カント（宇都宮芳明訳）『永久平和のために』岩波書店、1985.

マイケル・J・サンデル（菊池理夫訳）『リベラリズムと正義の限界』勁草書房、2009.

＜外国語文献＞

Linklater, A., 'Cosmopolitan Citizenship'. Citizenship studies, vol.2 (1) , pp.23-41, 1998.

Krasner, S. D., (ed) . *International Regimes*. Ithaca, NY: Cornell University Press, 1983.

Young, O. Governing in World Affairs. NY: Cornell University Press, 1999.

第5章

第6章

国家と非国家主体

井口 正彦

≫この章の課題

　グローバル化が進む国際社会においては、先進国と途上国との経済格差（⇒第11章）、地球環境問題（⇒第12章）など、一国では対応できないグローバル規模での問題が起きている。

　世界政府が存在しない中、その解決策として注目されているのが、グローバル・ガバナンスである。ガバナンスとは「統治」のことを指し、「政府」の対訳として用いられる「ガバメント」とは異なる。

　グローバル・ガバナンスの本質は、アナーキーな国際政治において秩序をもたらすことである。この点について、これまで様々な国際政治学者によって、主権国家からなる国際社会がいかに国際制度（⇒第5章）の設立を通じて秩序の形成を行ってきたのかが研究されてきた。

　近年では、グローバル・ガバナンスにおける主要な行為主体（アクター）として、国家や国際機構の他に非政府組織（以下、NGO）、多国籍企業、科学者といった「非国家主体（非国家アクター）」の役割に着目した研究が盛んに行われている。

　それでは、これらのアクターはグローバル・ガバナンスにおいてどのような役割を担っているのだろうか。これが本章で着目する点である。

≫キーワード

□ グローバル・ガバナンス
□ 統治
□ 秩序
□ NGO

□ 多国籍企業
□ エピステミック・コミュニティ
□ 主権の侵食
□ グローバル化

第6章 ▶ 国家と非国家主体　　95

▶§1　国際政治と主権国家

　民主制国家であれば、司法、行政、立法の三権分立の体制が整備されており、紛争解決の仕組みがあり、安定した統治制度が確立されている。しかしながら国際社会にあっては、三権分立どころか、統治機構そのものが未発達という、アナーキーな状態である。従って、世界政府が存在しない国際政治においていかに秩序をつくるのか、そして、その秩序を維持するための統治機構をいかに発展させるのかという課題がある。

　英国学派を代表する**ヘドリー・ブル**は、国際政治において秩序を作るのは国際社会であると説いた。ブルは、アナーキーな状態において国際社会が成立するには、次の条件が満たされている場合だとした。

　まず、複数の国家間に社会としての一定の利益と価値が共有され、共通目標を認識していることが必要となる。その上で、規則によって相互依存が規律され、共通の国際制度を機能させるとともに責任を負っているとの了解が成立している必要があるのである。これらの条件を満たした国際社会は、主権国家から構成される国際システムを維持し、共通ルールの作成と、国家の独立と対外主権の維持を通じて、国際平和を実現することを目指してきた（ブル、2000）。

　言い換えれば、国際社会が秩序を維持するためには、国家の行動を律（りつ）する原則、および定型化された国家の行動様式を定めなければならない。

　国際社会の組織化は、19世紀後半から始まった、分権的な国際社会を管理し統制しようとする試みにまで遡（さかのぼ）ることができる。その方法とは、**権力の国際化**であり、**大国有利の平和秩序の形成**である（例えば、勢力均衡、覇権理論）。この場合、実際に国際統治に必要な権力を提供し、国際秩序を形成していくのが、時の大国である。大国は、主導的な国家群とほかの国々との間に平和維持という利益の一致を見出し、そして、諸国を従わせるような国際行動規範を確立する役割を持っていた。

　19世紀半ばに起こった帝国主義が終わりを迎えると、世界大戦の時代を迎え、第一次世界大戦の後に、国際平和と安全保障に関する初の国際機構である国際連盟が誕生した（⇒**第5章§2**）。これにより、集団安全保障体制を軸とした

権力の国際化の試みがなされたが、世界恐慌やブロック経済が原因となり、国際社会は第二次世界大戦へと突入していく。

冷戦期には、東ヨーロッパにはソ連主導のプロレタリア国際主義を基調とする社会主義諸国からなる東側陣営が成立し、西ヨーロッパと北アメリカにはアメリカ主導の自由主義諸国からなる西側陣営が成立して、イデオロギー対立が続いた。その一方で相互依存が深化し、多国籍企業の台頭とともに経済のボーダレス化による国内政治経済の**相互依存関係**が進展していくにつれ、国家中心主義的な国際関係は次第に溶解するという、「**主権の侵食**」が主張されるようになった。

▶§2　主権の侵食

モノや情報が国境を越えて相互に依存し合う、相互依存関係が高度に進んだ今日の国際社会では、様々な行為主体が国家という単位を超えて、その活動を展開している。例えば、日本の自動車メーカーは**多国籍企業**として自動車の生産・販売を世界各地で行っているし、自動車のほかにも電子機器、飛行機に至るまで今や、純国産製品はあり得ない時代である。また、特に人権や環境といった分野では、NGO（⇒§3）同士が国際的なネットワークを形成し、団結することによって様々な国の政策決定に影響を与えている。

グローバル化した国際社会においては、国境を超えて移動する人、商品、資本などを管理する国家能力が低下した結果、**越境化・脱領域化**が進み、国家を基本単位とするこれまでの社会共同体の営みが変化し、「主権の侵食」が起きているのではないかということが指摘されてきた。

例えば、大前研一は著書『ボーダレス・ワールド』の中で、グローバル化傾向の中で、相互依存に一層の弾みがつき、多国籍企業のグローバル展開が加速し、もはや主権国家、領土国家、および国民国家を特徴とする近代国家像を描くことができないほどに、越境化と脱領域化が進んだ事実を指摘した（大前、1990）。

同じく、スーザン・ストレンジは『国家の退場』において、世界経済の混乱に対する、各国政府の政策対応とその効果や、国際官僚機構や国際監査法人などの新しい権威の登場を挙げ、グローバル経済において国家の権威は衰退して

第6章 ▶ 国家と非国家主体　97

column ﹥﹥﹥﹥﹥ グローバル化とナショナリズム

　グローバル化によってバーチャル国家が進むとされた20世紀は、一方でナショナリズムが台頭した時代でもあった。わたしたちがよく耳にする「ナショナリズム」には、愛国主義だとか、排他主義だとかという思想が結びついているものが多いが、そもそもは「**国民（ネーション）**」という考え方が根底にある思想である。

　それでは、国民とはなにか。ベネディクト・アンダーソンは、国民とは「イメージとして心に描かれた想像の政治共同体（imagined community）である」と定義した。注意しなければならないのは、「国民」は「民族（ethnicity）」と同義語ではないということである。「民族」とは、言語や宗教、身体的特徴の分類である。つまり、話す言葉や信じる宗教、肌の色などが異なれば「自分たちとは異なる集団」として認識されるのである。それに対し、民族的には少数派であってもその集団に帰属する意識が存在すれば「国民」となり得る。例えば、外国人であっても日本人と結婚すれば日本人になれるし、両親が中東からの移民であってもフランスで生まれればフランス人となる。

　この際、国民であることを保証するのは国家である。国家は、1つの統治機構ないしは装置である。従って、国民とはただ単に同じ民族のみで構成されている政治共同体ではなく、異なる民族であってもその一員になれるという事を示唆している。国民国家とは、確定した土地（領土）を持ち、国民を主権者とする国家体制なのである。

　しかし、国民国家の樹立過程で、民族や宗教紛争を理由として内戦が起こる場合もある。例えば、西ヨーロッパ諸国が恣意的に中東の国境線を決定してしまったがために、民族や宗教が分断されたことがきっかけとなり、内戦が起こった。

　さらに、国民国家が解体する過程で民族主義が台頭し、内戦が起こる場合もある。例えば、1918年に成立した、ユーゴスラヴィア国民として統治されていた各民族（**モザイク国家**）が、1991年のソ連の解体とともに分離独立した結果、異なる民族間で内戦が勃発した。とりわけ、セルビア系住民により、ムスリム系住民に対して「**エスニック・クレンジング（民族浄化）**」が行われたことは記憶に新しい。

　このような過激なナショナリズムとまでは行かなくとも、反グローバル的な動きは途上国のみならず、近年、先進国、特に欧米においても見ることができる。例えば、2016年にイギリスは、ヨーロッパ債務危機と、EU（欧州連合）内への移民急増を主な理由としてEUから離脱をし、それに続いてEU加盟国ではEU離脱を訴える政治家が増加している。また、2017年に誕生したアメリカのトランプ政権も、アメリカ第一主義を掲げ、各貿易協定からの離脱やアメリカ国内の移民の排除などを訴えかけているなど、世界中で内向きあるいは反グローバル化の風が吹いている。

おり、国際政治の舞台から退場したのだと論じた（ストレンジ、1998）。このような流れを受け、**リチャード・ローズクランス**は、国家の実像は、今では国家の頭脳と手足が世界各地に分散している**バーチャル国家**であるとまで述べている（ローズクランス、2000）。

こういった議論が盛んになった背景には、以下の２つの要因が存在する。

１つは、大量輸送手段の発達により、財・物資および人の、大量かつ安価で、しかも迅速な輸送や移動が可能になり、経済の相互依存関係が進展したことである。19世紀後半のロシアでシベリア鉄道が開通した当時は、モスクワからウラジオストクまで移動するのに２週間かかったとされるが、1969年以降にジャンボジェット機が就航し、今日では、飛行機で各地域の主要都市を半日ほどで移動できるまでに技術が進展した。

２つめに、情報・通信手段の技術革新により、思想伝播に要する時間が、著しく短縮したことである。かつては、人間が紙媒体で思想や情報を運ぶ時代から、ラジオ、電話、テレビ、ファクシミリなどの情報・通信手段の技術進歩や、衛星放送の発展、さらには電子メール、インターネットの普及によって、今や地球大の情報ネットワークが形成され、（日本からみた）地球の裏側の出来事を、瞬時に知ることが可能となったのである。

▶§3 「新しい中世」論とグローバル・ガバナンス

グローバル化の進展により、国家主権の相対化が進んだ時代にあって、これは、主権国家体制が成立する以前の、複数の権威が領域横断的に併存するヨーロッパ中世と同じではないだろうかという見方が出てきた。これが、「**新しい中世**」という考え方である。

田中明彦は、冷戦の終焉やアメリカ覇権の衰退に伴い、「**非国家主体（非国家アクター）**」が重要性を持ち、自由民主主義と市場経済というイデオロギーが普遍的に受け入れられ、技術革新や経済システムの発展した結果、相互依存関係が進むことによって、主権国家システムが大きく変化したことを指摘する（田中、2003）。

言い換えれば、非国家アクターの重要性が増し、かつヨーロッパ統合に見ら

れるような超国家機関の登場など、それまで国家に集中していた権威や権力が分散、重層的な関係になってきたことが挙げられる。また、ヘドリー・ブルは、新しい中世を「権威が重なり合い、かつ多元的な中世のシステム」と定義している（ブル、2000）。

このように「新しい中世」に象徴されるような、様々な行為主体と、それらが持つ複数の権威が多元的に存在する一方で、経済格差問題や地球環境問題など、一国レベルでは対応できないグローバル規模の問題が浮上している。これに伴い、従来型の国際政治の新たな課題として、こうした国際問題への国家の対応能力に限界が指摘された。その対応策として注目されたのが**グローバル・ガバナンス**であり、「世界政府」（⇒第5章§5）が存在しない中、国際機構や国家、多国籍企業やNGOといった行為主体がいかに協力して、これらの問題に取り組むことができるのかという研究領域の重要性に焦点が当てられた。

この背景には、ジェームス・ローズノーとチャンピエールの共著『**政府なきガバナンス（Governance without Government）**』という本のタイトルに現れているように、政府（government）とガバナンス（governance）は分けて考えるべきであり、世界政府なき国際政治においても、秩序を創出し、統治することは可能であるという考えがある（Rosenau and Czempiel, 1992）。

グローバル・ガバナンスには、以下の２つが存在する〈図表6-1〉。

１つめは、**パブリック・ガバナンス（公的ガバナンス）**と呼ばれ、**国際連合**などを始めとした国家間で問題解決を行う方法である（⇒第5章§3）。

〈図表6-1〉 グローバル・ガバナンスの種類

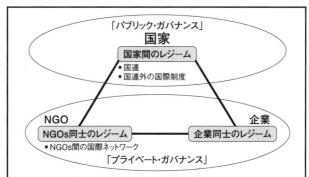

〔出典〕筆者作成

それに対し2つめは、様々な非国家アクターが、グローバル・ガバナンスにおいて果たす役割に着目したものである (Hall and Biersteker, 2003)。これは**プライベート・ガバナンス（私的ガバナンス）**と呼ばれ、国家以外の行為主体が主体となって国際問題の解決に寄与する方法である。

以下に、各非国家行為主体の役割を考察する。

（1）**非政府組織**（Non-Governmental Organization：NGO）

NGOは、**非営利組織**（Non-Profit Organization：NPO）とも呼ばれ、社会貢献活動や慈善活動を行う市民団体を指す。つまり、政府ではなく民間、それも主に市民によって運営されている。

その歴史は19世紀後半にまで遡ることができ、それ以来、保健・衛生分野の**国際赤十字**や**国境なき医師団**、人権分野の**アムネスティ・インターナショナル**や**ヒューマン・ライツ・ウォッチ**、環境分野の**グリーンピース**や**世界自然保護基金（ＷＷＦ**※）など、分野別に様々なNGOが存在する。

NGOがグローバル・ガバナンスにおいて果たす役割は、

　①**政府の活動を補完するもの**

　②**政府の（不正）行動に対して警告を鳴らし、行動変化を促すもの**

の2つがある。①は、例えば、国境なき医師団のように、貧困格差が激しい発展途上国で医師たちが自主的に途上国に赴いて治療活動をするという、その国の政府が本来供給すべきサービスを提供するという点で、政府の機能を補完している。②は、例えば、人権NGOの活動に見られるように、各国政府による人権規範の順守を監視したり、人権の重要性を訴え、人権規範の発展と進展に貢献する役割を担っている。

これらの活動を行う際に特徴的であるのは、NGOは国境を超えて情報を交換するという点である。ケックとシキンクは『国境を超える活動家』において、NGOの国際的な活動の形態として、**トランスナショナル・アドボカシー・ネットワーク（ＴＡＮ）**を組織すると指摘した (Keck and Sikkink, 1998)。「トランスナショナル」とは「国境を越えた」という意味であり、「アドボカシー」とは、「ある価値や主義・主張を提唱し、擁護する活動」を指す。つまり、TANとは、「国境を超える活動家たちのつながり」を指す。

※ 「World Wide Fund for Nature」の略。

TANの持つ機能として、以下の4つを挙げることができる。

(1) 必要な情報を瞬時に入手してそれを効果的に発信する能力
(2) シンボルや物語を用いて状況を劇的に描き出し、相手の理解を促す能力
(3) 影響力の大きい行為主体の支持を求める能力
(4) 政府による言動の不一致を問いただして行動を改めるよう求める能力

　これらの重要な能力を持ちながらも、TANがその実力を発揮するためには、強力な国家を味方につける必要がある。
　その力の作用を描き出すのが、「**ブーメラン効果**」と呼ばれるものである。ブーメラン効果は、簡単に言えば、NGOが自国の行動を改めさせる目的で、TANを通じて情報共有をし、影響力の大きい行為主体（大国や国際機構）の支持を得て、自国に圧力をかける方法である〈図表6-2〉。
　NGOがブーメラン効果を通じて国際政治に影響を与えた事例として、人権の分野におけるTANの活動を挙げることができる。人権問題は、前述したアムネスティ・インターナショナルやヒューマン・ライツ・ウォッチに代表されるように、NGOが最も活発に活動する領域の1つである。例えば、1970年代から1980年代のメキシコとアルゼンチンにおいて、両国の人権NGOは、自国内で問題となっていた人権抑圧に対して改善を求める活動を自国政府に働きかけるが、その立場の弱さから影響を与えることができずにいた。そこで、これらの人権NGOは、TANを通じてアメリカの人権NGOに国内の状況を説明し、支援を求めることによる連携を図ったのである。

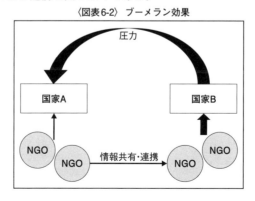

〈図表6-2〉ブーメラン効果

〔出典〕筆者作成

政府への影響力を有するアメリカの人権NGOは、アメリカ政府にラテン・アメリカでの人権が抑圧されている現状を伝え、アメリカからラテン・アメリカ諸国に圧力をかけるよう、働きかけた。アメリカ政府は、ラテン・アメリカ諸国に対して人権問題が解決されない限りは貿易制裁を解除しないという主旨の圧力を与えた。その結果、ラテン・アメリカ諸国の人権問題改善へとつながったのである（Keck and Sikkink, 1998）。

こうしたブーメラン効果は、人権分野のみならず、環境・開発分野にも見られる。例えば、**世界銀行**（⇒第10章§2）の肝煎りの開発計画であったポロノロエステ計画を紹介する。この計画では、ブラジル北西部のアマゾン流域に広がる熱帯雨林を切り開いて高速道路を開通させ、地域開発を目指した結果、3年も経たないうちに、広大な面積の森林が破壊され、その地域で自給自足の生活を営んでいた先住民が行き場を失ったという問題が生じた。

この問題を世界に向けてアピールしたのは、アメリカに拠点をおく環境NGOの世界自然保護基金（WWF）や**地球の友**（**FoE**^{エフオーイー}※）であった。これらの環境NGOは、ブラジルのローカルNGOと情報交換を行い、それを基にアメリカ議会の動員を図った。その結果、それが成功し、世界銀行はポロノロエステ計画への融資を一時停止し、ブーメラン効果が働いたのである（山田・大矢根、2011）。

（2）多国籍企業

NGOが、TANを通じて影響力の大きい行為主体の支持を得ることにより国際政治に作用しているのに対して、**多国籍企業**は、主に自主的な取り組みに基づいたガバナンスを供給している。

その歴史は、1990年代から2000年代にまで遡ることができる。最も代表的な例は、1999年の**世界経済フォーラム**※※（**ダボス会議**）の席上で、コフィー・アナン国連事務総長（当時）によって提唱され、2000年に開始された**国連グローバル・コンパクト**であろう。この取り組みは、人権や労働、環境、腐敗防止に関する10原則の実践を誓う企業が自発的に参加する取り組みであり、日本からも様々な大手企業が参加している。

10原則は、次のとおりである。

※　「Friends of the Earth」の略。
※※　スイスのジュネーブに本部を置く国際機関で、正式名称は「World Economic Forum」（WEF）。毎年1月に世界の財界人、政府関係者、研究者などを招き、スイスの保養地ダボスで総会を行う。

・人権

　【原則1】企業はその影響の及ぶ範囲内で国際的に宣言されている人権の擁護を支持し、尊重する。

　【原則2】人権侵害に加担しない。

・労働

　【原則3】組合結成の自由と団体交渉の権利を実効あるものにする。

　【原則4】あらゆる形態の強制労働を排除する。

　【原則5】児童労働を実効的に廃止する。

　【原則6】雇用と職業に関する差別を撤廃する。

・環境

　【原則7】環境問題の予防的なアプローチを支持する。

　【原則8】環境に関して一層の責任を担うためのイニシアチブをとる。

　【原則9】環境にやさしい技術の開発と普及を促進する。

・腐敗防止

　【原則10】強要と賄賂を含むあらゆる形態の腐敗を防止するために取り組む。

　もう少し具体的な例として、**ISO14001**（**国際環境規格、1996年〜**）がある。**ISO**※（International Standard Organization）とは**国際標準化機構**のことであり、ISO14001を取得した企業は、環境への取り組みの成果を環境報告書として公表することが義務付けられ、また、取引先に対してグリーン調達（製品の原料などをなるべく環境への負荷が小さい物から優先的に選択すること）を求めることも要求されている。従って、ISO14001を取得した企業は環境に配慮した経営を自主的に行っていることの1つの証明になるのである。こうした取り組みは、大手企業だけでなく、中小企業にも広がりを見せている。

　また、こうした取り組みは環境のみならず、人権の分野でも見ることができる。例えば、**労働・人権に関する国際規格SA8000**（1997年〜）は、大手小売流通企業や、アパレル産業が加盟する国際的な労働規格である。国際的な労働市場での基本的な労働者の人権の保護に関する規範を定めた規格であり、児童労働、強制労働、差別の撤廃、労働者の健康と安全などの分野について、企業が第三者機関の認証を受ける事が求められている。**SA**とはSocial Accountability（**社会的説明責任**）の略で、SA8000発足の背景には、**国際労働機関**（**ILO**※※）が児童労働撲滅のための国際規格を検討したことや、世界的シューズブランド

※　読み方は「イソ」が一般的だが、「アイソ」「アイエスオー」とも発音される。

※※　「International Labour Organization」の略。

の NIKE が東南アジアで児童労働、強制労働、低賃金労働などを行ったことを告発され、不買運動が米国を中心に展開されたことなどがある。

また、企業が NGO と共同してつくり上げるプライベート・ガバナンスも存在する。例えば**森林管理協議会**（1993年〜）は、環境 NGO、林業者、木材取引企業、先住民団体、地域林業組合などから構成される取り組みである。その目的は、環境を保護しながら森林資源を活用する「持続可能な森林の利用」を図ることで、具体的な方法として「認証制度」を通じて、森林の管理や伐採を評価し、それが行われている森林から生産された木材や紙製品などを認証・流通させており、現在、多くの国に広がっている。

このように多国籍企業が自主的な取り組みを行う背景には、以下の２つの理由をあげることができる。

第１に**企業の社会的責任**（Corporate Social Responsibility：**CSR**）が重要性を増してきたことである。企業は、財・サービスの生産・提供にとどまらず、社会のあらゆる範囲での人間活動に大きな関わり合いを持つ。言い換えれば、企業と社会とは相互に影響し合うのである。企業の存在意義や目的はその時代の価値観やニーズ、ステークホルダーの利害や意思などとの相互関係の中で導き出される。また、多くの企業は株式会社の形態をとっており、株主への利益還元を重視しなければならない。企業経営に関して株主の利益になるように、長期利益や企業価値の向上を追求する経営戦略が重要になってきたのである。そのため、企業の社会的責任とは、「求められている法律・規制で設定された以上の規則を企業が自ら守り、環境・社会的パフォーマンスの向上を行うこと」であり、企業も社会の一員として、社会的貢献をすることで、長期的利益や企業価値を高めることが重要となっている。

第２に**ポーター仮説**と**企業間競争**を指摘することができるだろう。ポーター仮説とは、環境規制と企業の国際競争力について、米国のマイケル・ポーターが1991年に提唱したものである（Porter, 1991）。その主張は、環境規制があることで技術革新が促され、環境規制が弱い地域よりも競争力の面で上回るというものである。つまり、いち早く、どこよりも厳しい環境規制の導入を目指す国家が台頭すれば、本来は企業の生産活動を制限する環境規制を逆手にとってビジネスチャンスと捉えて、世界市場のリーダーとなる企業も存在するのである。

第6章▶国家と非国家主体 105

　この良い例として、オゾン層破壊問題におけるアメリカの化学会社DuPont^{デュポン}社の取り組みがある。DuPont社は、オゾン層破壊物質とされていた**CFC**^{シーエフシー}**[※]**の代替物質として**HCFC**^{エイチシーエフシー}**[※]**という物質を開発し、アメリカ政府によるモントリオール議定書の早期締結を支持した（⇒第12章§5）。これにより、締約国間ではCFCの製造および使用が禁止され、DuPont社は他の化学メーカーに先んじてこの市場におけるシェアの拡大を行ったのである。

（3）知識共同体

　政府の政策担当者が政策を決定する際には、当然、価値判断が必要となる。しかしながら、不確実性が高く、また高度な専門性を必要とする分野において、その価値判断はどのように形成されるのであろうか。この点に注目したのが、ピーター・ハースの**知識共同体**（**Epistemic Community**）論である。知識共同体とは、「ある特定の政策分野における政策に関連した知識に対する権威を持ち、認知された経験と能力を持つ科学者ネットワーク」と定義され、国家の利益形成に影響を及ぼす行為主体として重要な役割を担っている（Haas, 1989）。つまり、知識共同体によって新しい物の見方が政策担当者に提示され（認識形成）、それが政策決定者に受容されるのである。

　知識共同体の特徴として、以下の点を挙げることができる。まず、権威のある科学者間のネットワークであるということである。つまり、科学的根拠に欠け、他から信頼されない科学者は、このネットワークに参加できないということである。次に、科学者は国境を超えてその政策指向性や価値観を共有している必要がある。つまり、科学的根拠に基づいて世界が向かうべき方向性について合意されているということである。最後に、国際交渉の場において政策決定者に働きかけ、政策オプションを提供すると当時に、環境問題など、不確実性の高いイシューにおいて影響力を持つことが求められる。

　知識共同体は、以下の点において決定的に、NGOのトランスナショナル・アドボカシー・ネットワーク（TAN）と異なる。まず、NGOではなく、科学者間のネットワークであると同時に、権威を持ち、政策決定へのインプットの機会を持っているということである。そして、決定的に異なるのは、信念ではなく、科学的知見に基づいたアドバイスを政策決定者に行うということである。

※　「Chlorofluorocarbon（クロロフルオロカーボン）」（塩素と炭素とフッ素の化合物）の略。
※※　「Hydrochlorofluorocarbon（ハイドロクロロフルオロカーボン）」（水素と塩素と炭素とフッ素の化合物）の略。

知識共同体は、特に環境問題においてその役割を確認することができる。例えば、パンダ、カバ、サイ、ゾウなど、密猟により極めて深刻な絶滅の危機にある動植物の保護を目指す**ワシントン条約**※締結の際に、知識共同体としての**国際自然保護連合**（**IUCN**※※）が※※※、絶滅の恐れのある生物種のリストである「**レッドリスト**」を作成し、希少動物の輸出入を規制する提言を政府に行い、その結果、1973年に、アメリカでワシントン条約が採択されたという事例がある。

　また、オゾン層破壊問題は、国連環境計画、アメリカ環境保護庁や科学者が、太陽光の紫外線の中でも生物にとって危険な紫外線を遮断するオゾン層が破壊されていると指摘したことにより、その解決に向けた国際交渉が始まった。さらに、英国の科学者ファーマンらによって南極に「オゾン・ホール」が空いていることが指摘されると、1987年にモントリオール議定書が採択され、1996年までにCFCを全廃することが合意されたのである。

　地球温暖化をめぐる国際交渉の進展においても、**気候変動に関する政府間パネル**（**IPCC**※※※　⇒第12章§7）の果たす役割が大きかった（IPCCは政府間組織なので、厳密に知識共同体に分類できるかについては、様々な議論もある）。IPCCは1988年に国連環境計画と世界気象機関により設立され、温暖化に関する科学的な知見を国際交渉に提供し、「地球温暖化について疑う余地がない」、「その原因は、人間による影響が極めて高い」といった警告をすることにより、交渉の前進に貢献してきたのである。

　通商の分野においても、それまで各国別々の規格が乱立していた電気通信の分野では、知識共同体により電気通信の国際規格の統一化が進められ、1865年にパリで国際会議を開催、1932年に国際電気通信連合が設立され、国際標準化が進んだのである。

▶§4 効果的なグローバル・ガバナンスの構築を求めて

　グローバル・ガバナンスにおいて、様々な行為主体の役割が重要であるのは言うまでもないが、同時に、様々な課題も抱えているとことも指摘する必要がある。例えば、途上国のNGOであってもトランスナショナル・アドボカシー・ネットワーク（TAN）を介し、ブーメラン効果によって自国政府へ影響力を持ち

※　　　正式な日本での呼び名は「絶滅のおそれのある野生動植物の種の国際取引に関する条約」（経済産業省HP）。
※※　　「International Union for Conservation of Nature and Natural Resources」の略。
※※※　「Intergovernmental Panel on Climate Change」の略。

第6章▶国家と非国家主体 107

うることは指摘したが、そのTANを構成する多くのNGOが、先進国のNGOであることは言うまでもない。

政府から様々な援助を受けて活動ができる先進国のNGOとは異なり、途上国のNGOは慢性的な資金・人材不足に悩まされているのである。特に近年、温暖化問題を始めとする様々な国際交渉の場でNGOがその意思決定に参加できる機会も増えてきている。しかし、資金難により途上国からのNGOは世界各地で開催される国際会議に出席できず、結局、TANの中でも先進国のNGOの声が大きくなってしまうという問題もある。今後、途上国のNGOをいかに強化していくかが課題となる。

また、近年増加する企業の社会的責任（CSR ⇒§3）や、自主的取り組みであるが、一方で政府からの規制を回避するという目的も存在することにも留意する必要がある。自主的取り組みとは、企業が自らの行動に一定の努力目標を設け、自主的に取り組みを行うことである。この例として、経団連（日本経済団体連合会）による**環境自主行動計画**（1997年～）を挙げることができる。経団連は、2008年から2012年度の平均における産業・エネルギー部門からの二酸化炭素排出量を1990年比で12.1％削減し、現在、2030年に向けた低炭素社会実行計画を計画するという成果が出ている。しかし、一方でこのような自主的な取り組みは法的拘束力がなく、目標を達成しなくても罰せられないため、実質的には不十分であるという意見も存在する。

新しい物の見方を政策担当者に提示し、政策担当者の認識形成を促すことで、国家の利益形成に影響を及ぼす行為主体として重要な役割を果たす知識共同体（⇒§3）であるが、必ずしもその見方が客観的であるとは限らないのではないか、という疑問も存在する。例えば、**カレン・リツフィン**（Litfin, 1995）は、知識共同体が権威のある科学者で構成されていたとしても、科学的知見という客観的な知見のほかに国際交渉の場において政策決定者に働きかけ、政策オプションを提供する時点で彼らの主観が入ってしまっているのではないかという疑問を投げかけている。この意味で、知識共同体は「**知識ブローカー（knowledge brokers）**」の側面を持つのである。

効果的なグローバル・ガバナンスの構築に向けては、国家を中心としたパブリック・ガバナンスと、非国家主体を中心としたプライベート・ガバナンスが

相互作用しながら、相乗的に醸成していく必要がある。

　それを促しうるガバナンスとして注目を集めているのが、多様なステークホルダーが利害関係を調整し、協力し合いながら、継続的な関わり合いを可能とする**マルチ・ステークホルダー・ガバナンス**である。これまで、複数のステークホルダーによる意思決定プロセスの検討は、主に持続可能な開発に関する研究分野において蓄積が進みつつあり、今後の研究成果が注目される (Hemmati, 2002; Bäckstrand, 2006; 早川、2017)。

《課　題》

1)「ガバメント」と「ガバナンス」との違いについて、国際政治の特徴を挙げながら論じてください。その上で、グローバル・ガバナンスはどの程度実現可能なのかについて、論じてください。

2)「グローバル化」が進む今日において、「脱領域化」によって国境はボーダレスになるのでしょうか。それとも、グローバル化は、ナショナリズムを促進させるのでしょうか。事例をあげながら、論じてください。

3）NGOは、社会に変革を起こすために重要なアクターなのでしょうか。興味のあるNGOの活動を挙げながら、論じてください。

4）グローバル・イシューの解決に、企業はどのように貢献できるでしょうか。興味のある企業のCSR（企業の社会的責任）活動を例に出して論じてください。

5）国際政治において科学的知見が果たす役割はどのようなものがあるか、具体例を挙げながら論じてください。

もっと深く ◉ 知りたい人のために 🔍

①渡辺昭夫・土山実男『グローバル・ガヴァナンス ── 政府なき秩序の模索』東京大学出版会、2001.

②吉川元・首藤もと子・六鹿茂夫・望月康恵編『グローバル・ガヴァナンス論』法律文化社、2014.

③田中明彦『新しい中世 ── 相互依存の世界システム』講談社学術文庫、2017.

④毛利聡子『NGOから見る国際関係 ── グローバル市民社会への視座』法律文化社、2011.

⑤梅田徹『企業倫理をどう問うか ── グローバル化時代のCSR』NHKブックス、2006.

≫①少し古い本であるが、グローバル・ガバナンスとは何かについて、理論的によく整理された本である。また、著者もそれぞれ国際政治学およびグローバル・ガバナンスの分野を牽引する学者たちであり、それだけでも読む価値は大いにある。

≫②上記の①を読んだ後に、読むことを勧める。グローバル・ガバナンスにおける様々な領域についての事例が充実している本である。

≫③「新しい中世」論についての必読書。以下の３つの圏域（近代化の後に訪れた新しい中世圏、主権国家が主な行為主体である近代圏、内戦状態にある混沌圏）が提示されており、現在の世界のあり方を考察する上で大変に有用である。

≫④国際政治におけるNGOの役割についての入門書。人権を始め様々な分野のNGOの国際的な活動が詳しく書かれている。さらに、NGOと国家、NGOと企業など、様々な側面から分析、検討がなされている。

≫⑤企業におけるCSRが主な焦点となっているが、経営学的観点ではなく、国際政治の視点からも企業倫理が議論されている。

[参考文献]

（上に挙げた①〜⑤を除く）

<日本語文献>

早川有香『マルチ・ステークホルダーによるグローバル・ガバナンス──持続可能な開発目標の策定プロセスに関する分析』グローバル・ガバナンス第３号、pp.48-59, 2017.

山田髙敬・大矢根聡『グローバル社会の国際関係論〔新版〕』有斐閣、2011.

<外国語の日本語訳文献>

大前研一（田口統吾訳）『ボーダレス・ワールド』プレジデント社、1990.

スーザン・ストレンジ（櫻井公人訳）『国家の退場──グローバル経済の新しい主役たち』岩波書店、1998.

ヘドリー・ブル（臼杵英一訳）『国際社会論──アナーキカル・ソサイエティ』岩波書店、2000.

リチャード ローズクランス（鈴木主税訳）『バーチャル国家の時代─21世紀における富とパワー』日本経済新聞社、2000.

<外国語文献>

Bäckstrand, K., 'Multi-Stakeholder Partnerships for Sustainable Development: Rethinking Legitimacy, Accountability and Effectiveness'. European Environment, Eur. Env. 16, pp. 290–306, 2006.

Haas, P., 'Do regimes matter？Epistemic communities and Mediterranean pollution control'. International Organization, vol.43（3）, pp.377-403, 1989.

Hall, R. B., and Biersteker, T. *The Emergence of Private Authority in Global Governance*. Cambridge University Press, 2003.

Hemmati, M., *Multi-stakeholder Processes for Governance and Sustainability-Beyond Deadlock and Conflict*. Earthscan, 2002.

Keck, M.E., and Sikkink, K. *Activists beyond borders*. Ithaca: Cornell University Press, 1998.

Litfin, K., Ozone Discourses: Science and Politics in Global Environmental Cooperation. Columbia University Press, 1995.

Porter, M. E., 'America's Green Strategy', *Scientific American*, vol. 264（4）, 1991.

Rosenau, J. N., and Czempiel, E.O.（eds.）, *Governance without Government：Order and Change in World Politics*. Cambridge University Press, 1992.

第7章

安全保障Ⅰ（伝統的安全保障）

永山 博之

≫この章の課題

　伝統的な安全保障の概念の中核は、「国家が、国家に対する外国からの武力攻撃を、軍事的、政治的、その他の手段を使って、抑止、防衛する」ことであった。そのための基本的な方法は、自国の軍と他国との同盟関係である。これらを使って、敵対国との間に勢力均衡を形成することが、安全保障政策の基本だった。
　20世紀後半になって、核兵器が出現したことで、安全保障政策は大きな影響を受けた。大国間戦争は避けなければならないものになり、代わりに、軍拡競争と辺境での勢力圏争奪、軍備管理、偵察、諜報などの方法が重要になった。
　近年、ネットワークやコンピュータの発達などにより、軍事技術は急速に発展し、各国軍は組織と戦略の変革に直面するようになった。このことの安全保障政策に対する影響についても考える。

≫キーワード

- □ 伝統的な安全保障観
- □ トゥキュディデス
- □ ホッブズ
- □ クラウゼヴィッツ
- □ 同盟の役割／同盟のジレンマ
- □ 抑止
- □ 自衛
- □ 国連の強制措置
- □ 集団安全保障
- □ 核戦略
- □ 相互確証破壊
- □ 軍縮
- □ 軍備管理
- □ C4ISR

▶§1 安全保障についての伝統的な概念

　安全保障という言葉は、「国際政治学」と同じように、それほど古い歴史を持つわけではない。20世紀以前は、単に「戦争」、「防衛（国防）」などの名前で呼ばれていた。その理由は、国の安全を脅かすものの中で、最も重要なものは、「**外敵の軍隊の侵攻**」だったからである。外敵は国家の場合も、傭兵隊の場合も、あるいは半ば盗賊集団のようなものの場合もあった。しかし、いずれの場合も、国家にとっての主要な脅威は、外敵と**内部の敵**（軍の反乱、支配勢力内部の暴力的分裂、反政府勢力の蜂起、住民反乱）であり、この脅威に備えることが国家の重要な役割だったのである。

　そういう意味では、安全保障という言葉の歴史は新しいが、安全保障の最も重要な機能、つまり「国を守る」という問題の歴史は、国家の歴史と同じ程度に古いといえる。国家の起源は、本来暴力的なものである。国家を構成する人間の中で、支配する者と支配される者の役割が分化したことが、国家の始まりである。支配する者は、税を徴収し、その税で支配を専業とする者、武器を持ち、敵と戦う者（敵は、国家の内部と外部とを問わない）を養うようになった。つまり軍隊（近代までは警察と分化していなかった）の歴史は、国家の歴史と同じ程度に古い。

　従って、歴史的に考えれば、安全保障というものは、昔は、ほぼ戦争の問題と同じであり、それは国家の歴史とも重なる。例えば、**トゥキュディデス**が『戦史』で、戦争と**勢力均衡**の問題をペロポネソス戦争の歴史に照らして考察したこと（⇒第1章§1）、**マキアヴェッリ**がルネサンス期のイタリアにおいて自国の生き残りと他国の征服のための方法、それに必要な軍制や君主の能力について論じたこと（⇒第3章§2）、**ホッブズ**が国家に国防や治安を含むすべての権力を集中させることが、あらゆる人間が平和と自己防衛を得るために必要だと述べたこと（⇒第3章§2）、19世紀に**クラウゼヴィッツ**が『戦争論』で、戦争の本質を「他の手段をもってする政治の継続」、「敵を強制してわれわれの意思を遂行させるために用いられる暴力行為」と述べたことは、国際政治の歴史が、ほぼ安全保障の歴史、つまり戦争の歴史だったということを示しているのである。

つまり、国際政治学における**リアリズム**（⇒第3章§2）の歴史とだいたい同じだと考えてよい。

しかし、第二次世界大戦後に、特にアメリカで、単に敵の軍事侵攻に備えるというだけでは、自国の安全は十分に確保できないという考え方が出てきた。アメリカは、真珠湾攻撃（1941年）以前には、ドイツや日本の攻撃的行動に対して、直接軍事行動を起こすことにためらいがあった。国内世論が戦争参加に強く反対していたからである。しかし、結果的に日本からもアメリカ本土からも遠く離れたハワイの真珠湾が日本の攻撃対象となった。ヨーロッパやアジアで起こっている出来事を放置していれば、いずれアメリカの安全も脅かされることが認識されるようになったのである。

では、安全保障、つまり安全が守られている状態とはどういうものなのか。敵の核ミサイルが自国に落ちてきたり、自国がテロ攻撃の対象になったりすることだけが安全保障上の脅威ではないという考え方がある。エネルギー供給が途絶する（⇒第13章）、食料が入手できなくなる、経済的な大混乱が起こる（⇒第10章）、地球温暖化により海水面が上昇して沿岸部の居住地を放棄せざるを得なくなる（⇒第12章）というような事態は、いずれも自国や自国民の安全を脅かす大問題である。しかし、本章では、安全保障の対象を「実力により、自国や外国の安全が脅かされる事態、またはそのような事態に対処するための政策」に、限定する。

この第7章と次の第8章は、ともに安全保障の問題を扱う。

まず第7章では、主に**冷戦期**（⇒第2章§8）までに問題となってきた安全保障問題を中心的に扱う。つまり、安全保障と国家、戦争の関係、対外政策（主に同盟関係）と安全保障の関係、**軍事戦略**（通常戦力と**核戦力**の両方を含む）と安全保障の関係、技術進歩（これは比較的最近問題になっている「情報革命」との関連を含むので、この部分は冷戦期以後の問題になる）と安全保障との関係である。

第8章では、主に冷戦期の後で問題となってきた安全保障問題を中心的に扱う。つまり、安全保障という概念の意味が拡散したこと、**テロ、大量破壊兵器不拡散**、新しい戦争である。

§2 武力と同盟の機能とその限界

　安全保障のために基本的に必要なことは、外敵の侵攻を許さないような条件を整えて、未然に敵の侵攻をさせないように備え、万一侵攻された場合も、敵の侵攻を撃退できる準備をしておくことである。このために、まず必要なことは、自国が十分な武力（軍隊）を持つことである。このことは基本的に重要である。

　特に日本では、「軍隊と平和は両立しない」、「軍事力で平和はつくれない」というような言説が、言論界や一般社会で公然と語られている。このような言葉は、一見、耳当たりのよいものだが、よく考えてみると何も言っていない。なぜなら、戦争を生み出すのは武器だから、武器をなくせば戦争はなくなるという考え方そのものに問題があるからである。

　映画「2001年宇宙の旅」（1968年）の冒頭場面は、ヒトザルが、謎の黒い石板「モノリス」の作用で、道具を使えるようになり、他の動物の骨を武器として使うようになるところから始まる。このヒトザルが使っている武器である骨が空に投げ上げられると、一瞬で骨が人工衛星に変わる。この人工衛星は核兵器衛星（核兵器を積んだ人工衛星であるが、宇宙条約でこの種の兵器は禁止されていることになっている）である。この場面が語っていることは、道具の歴史は武器の歴史と同じであり、道具はつねに武器になりうるものだということである。銃は狩猟の道具であり、同時に武器である。銃を禁止することができても、包丁が殺傷の道具として使えるからという理由で、包丁を禁止することができるだろうか。包丁の禁止がかりにできたとしても、棒や石が武器として使えるからという理由で棒や石を禁止することはできない。

　また、武力を行使する必要を社会からなくすことはできない。アメリカの**オバマ**大統領は、**ノーベル平和賞**の受賞演説で次のように語った (Nobelprize.org, 2009)。

> 「世界には確かに悪が存在する。非暴力運動はヒトラーの軍隊を止めることはできなかった。説得でアル・カイダの指導者に武器を放棄させることはできない。武力が必要になることがあると認めるということは、冷笑ではない。それは歴史を知ることなのである。人間は不完全であり、理性には限界があることを認識するということなのである」

念のため、この演説の中でオバマは、平和を追求する必要性、**軍縮**の重要性、**国際法**を守る必要性にも言及していることを付け加えておく。

しかし、同時に、武力とその担い手である軍隊の存在自体が安全保障を実現するための障害となってしまうことを理解する必要がある。

まず、財政、社会その他の制約がある。十分な武力が必要だといっても、それを実現するためにはカネが必要であり、人口の少ない国は、兵士を集められる数に限界がある。そこで余裕のない国が余裕のある国と隣接していた場合、その格差は努力では克服できない場合がある。現実に、第一次世界大戦でも、第二次世界大戦でも、ベルギーはドイツ軍がフランスに進撃するための「通路」になった。ベルギーが軍の建設に努力したとしても、ドイツに単独で対抗することは無理だった。

また、自国が十分な武力と軍隊を持とうとすると、隣国も同じように十分な武力と軍隊を持とうとすることになる。自国の努力だけで、「十分な軍備」ができるわけではない。他国も同じことをする以上、この道には終わりがない。すべての国が、自国の安全を確実にしようとしても、どの国の安全も確実にならず、費用だけが余分にかかるということがある。これが**安全保障のジレンマ**である（安全保障のジレンマは、第3章で述べた「**囚人のジレンマ**」の応用なので、この「囚人のジレンマ」をよく理解する必要がある。⇒第3章§3）。

さらに、このことを拡張していけば、**戦略**（ここの文脈では、武力その他の方法を手段として、自国の安全保障を達成するための考え方）というものは、基本的に相互作用なのであり、自国が他国の脅威から安全保障を獲得しようとすることは、自国の行為で完結するものではなく、終わりなく続く他国との**相互作用**の産物だということがわかる（シェリング、2008）。

この相互作用は、アナーキー（⇒第1章§2）の制約下では、究極的には不信（と互いの合理性）の産物である。互いに信じ合えば問題は解決するという考え方は個人の次元では有効かもしれないが、国家同士が相手を完全に信じるということはない。相手国の情報を先んじて獲得し、相手国の次の手を読み、出し抜き、先手を取ること。安全保障はそれを不断にできる国家のみに与えられる。何もせず、何も考えないで安心できるということはありえない。そこに究極的な安心はないのである。

第7章 ▶ 安全保障Ⅰ（伝統的安全保障）　　115

　自国の力だけで、これができるわけではない。他国の力を借りることが必要である。これが**同盟**である。同盟とは、国家間で結ばれる協力の約束をいう。同盟よりも限定的な国家間の協力の約束を**協商**ということもある。

　重要なことは、同盟は約束であり、当事国にそれを守る意思がある場合しか有効ではないということである（このことは基本的には国際法一般にも拡張できる）。同盟は、場合によっては紙に書かれた「条約」の形式を取る場合がある。しかし、同盟が条約になっているかどうかは本質的な問題ではない。条約になっていてもいなくても、同盟が守られないことはいくらでもあった。

　1882年、ドイツ、オーストリア＝ハンガリー、イタリアの間で、他の大国から攻撃された場合の共同防衛を取り決めた**三国同盟**が結ばれた。しかし、1914年に第一次世界大戦が起こると、イタリアは中立を宣言して参戦せず、その後、イギリスとフランスからの誘いを受けて、連合側に寝返ったのである。

　また、中国と北朝鮮の間には1961年に結ばれた**中朝友好協力相互援助条約**という同盟条約があり、今でも有効である。この条約では、どちらか一国が他国に攻撃された場合、もう一国は相手を自動的に助けなければならないと定められている。しかし、かりに北朝鮮がアメリカや韓国（そして日本）と戦争するようなことが起こったとしても、中国が北朝鮮を助けてアメリカや韓国と戦争するとは、今日、誰も思っていない。中国や北朝鮮の指導部さえそのようなことは考えていないだろう。紙に書いたからという理由だけで約束が守られるわけではないのである。

　同盟は、もしその約束が守られるとすれば、安全保障上、非常に大きな利益をもたらす。先に述べたように、一国だけで軍備を建設しても、それで隣国に対抗できるとは限らず、周辺諸国がみな敵に回れば、自国の立場は圧倒的に不利になる。日本の安全保障にとって、アメリカとの同盟関係がどれだけ重要なものかということを考えれば、同盟の重要性はよく理解できるだろう。

　しかし、先にも書いたように、同盟にはいいことばかりがあるわけではない。同盟の持つ問題は2つある。第1は、先に書いたとおり、「必要な時に、同盟が守られない」という問題、つまり「**見捨てられ**」と言われる問題である。同盟が約束である以上、その約束が守られるのは、究極的には自己利益からである。同盟を守って、その結果自国が戦争で滅亡してしまうようなことがあれば、

意味がない。そのような態度は、国際政治の世界では愚か者と言われても仕方がないだろう。従って、同盟国が約束を守るかどうかは、究極的な事態になってみなければわからない。

1951年に日本とアメリカが**日米安全保障条約**（旧条約）を結んだ時、条約文では、アメリカが日本を防衛する義務は明確になっておらず、アメリカは日本国内の内乱に介入する権利を持っていた（これらの点は、1960年の新条約である程度改善された）。しかし首相の吉田茂は、このような問題点は本質的なことではないと考えていた。アメリカが条約を守るかどうかは、紙に書いてある文言で決まるのではない。アメリカは日本防衛が自国の利益にかなうと判断すれば日本を守るし、そう判断しなければ守らない。その保証は紙の上の言葉ではなく、アメリカが軍を日本に駐留させ、**在日米軍基地**を自由に使用できることである。このことの利益が十分大きければ、アメリカは日本を守るだろう。だから、米軍基地の存在を認め、その使用を自由にさせている限り、アメリカが日本を防衛する確率は高いだろう。吉田らはこのように考えていたのである（田中、1997）。

第2は、「同盟があるために、自国が必要のない紛争に巻き込まれてしまう可能性がある」という問題、つまり「**巻き込まれ**」と言われる問題である。同盟は約束であるから、守ることが前提である。しかし、約束を守ったために、本来自国を守るためには必要でないと思われる戦争に、自国が巻き込まれてしまうことがある。

日本では、**日米同盟**が「日本を戦争に巻き込むことになる」という、同盟に対する反対意見が常に根強く存在した。アメリカがベトナム戦争を戦っていた時にこのことを言っていたのは社会党や共産党を中心とする人々だった。湾岸戦争、アフガニスタンに対する対テロ戦争、イラク戦争の時にも同じことを言う人々がいた。現在も、イスラム過激派によるアメリカやヨーロッパに対するテロ攻撃に関して、同じことを言う人々がいる。この意見は、基本的は日本の歴代政権が受け入れるものではなかったが、故のないことと切り捨ててよいものでもない。

現実に、**朝鮮戦争**（1950 - 53）において、アメリカは、日本に**掃海艇**（所属は海上保安庁）部隊の参加を要求し、日本政府は秘密裡に掃海部隊を朝鮮半島

に送り、沿岸の機雷掃海作戦を実行していたのである（鈴木、2005）。当時占領下にあった日本にはアメリカの要求を断る選択肢はなかったが、日本も朝鮮戦争には参加していたのである。このことが公になったのは、1954年に新聞報道をもとに、社会党議員が国会で政府を追及した時だった。これが再軍備反対、自衛隊反対の声を高めたのである。1960年のいわゆる**新安保条約**においては、付属交換公文によって、米軍の在日米軍基地からの出撃、部隊や装備の大幅な変更（核兵器持ち込みなど）については、アメリカは日本と事前協議することになり、「巻き込まれ」の危険は、若干ではあるが、緩和されたのであった。

　このような同盟の2つの問題を、**同盟のジレンマ**という（Snyder, 1961）。ここで大切なことは、同盟のジレンマというものは、同時に両方の危険を減らすことができないものだということである。つまり「巻き込まれ」の危険を減らそうとすれば「見捨てられ」の危険は高まる。

　その逆も言える。日本とアメリカの場合に即して言えば、日本が「巻き込まれ」の危険を避けるため、あるいは他の理由で、在日米軍基地の縮小を迫る、あるいは、在日米軍基地を使いにくくするという政策を取れば、アメリカにとって在日米軍基地の有用性は下がり、そうなればアメリカが戦時に日本を防衛する約束の信頼性も下がるということである。また、日本が「見捨てられ」の危険を避けるために、アメリカの戦争に常に協力する政策を取れば、それだけ日本がアメリカの戦争に巻き込まれる危険も上がるということも言える。

　どこに最適解があるのかということは、一般論ではいえない。ただし、第15章で述べるように、日本を取り巻く国際情勢は必ずしも日本にとって安心できるわけではなく、北朝鮮は、日本にとっての明確な軍事的脅威であること、中国は脅威となる可能性が高まっていること、ロシアも完全に脅威でなくなったというわけではないこと、テロ攻撃の可能性も存在していることには注意しておくべきだろう。

　このような、同盟により自国の安全保障を確保しようとする戦略とは異なり、国際社会の協力により、自国の安全保障を実現しようという方法もある。国際連盟や国際連合がめざしていた（現にめざしている）**集団安全保障**という仕組みがそれである。集団安全保障は、「仲間をつくって、仲間同士の助け合いで敵に対抗する」という同盟とは異なる。集団安全保障は、敵か味方かを問わ

ず、国際社会のほとんどの国が集団安全保障の約束に同意することを前提とする。集団安全保障は、もしどこかの国家による侵略行為が起きた場合には、侵略国以外の国が協調して、侵略国に対して共同して武力行使を含む**強制措置**をとるという仕組みである。

しかし、国際連盟は、日本による満州侵攻（1931年）やイタリアによるエチオピア侵攻（1935年）に対して実効的措置が取れないままで終わり、第二次世界大戦時には機能しなくなっていた。国際連盟の失敗を改善するために、国際連合は武力による強制措置の詳細を定めたルールをつくったが、国連の集団安全保障が実際に発動されたのは、1950年の朝鮮戦争や1990年の**湾岸戦争**などの数少ない例しかなく、あまり実効性があるとはいえない。これには理由がある。

アナーキーを重要な性格とする国際社会においては、ルールを決める場合も、大国が決めなければならない（⇒**第1章§2**）。一切の武力行使を禁止するルールを仮につくったとしよう。そのルールを現実に守らせることができるとすれば、大国が常に協調して武力を行使した国家を罰しなければならない。しかし、アナーキーな状況で、大国が必ず一致してルールを守るということがあり得るだろうか。大国は、常に「自国にとって都合のよい場合には武力を行使し、そうでない場合には他国の武力行使を非難する」動機を持つ。そして、大国がそのような行動をとった場合に、大国を罰することができるのは、他の大国の武力を含む強制力である。

しかし、他の大国はそのような強制力を使うことを好まない場合がある。そのような措置は大国間戦争になる危険があり、そうした危険が避けられる場合でも、武力行使を行う国を罰すること以外の選択肢はより多くの利益をもたらすことがあるかもしれない。結局、大国は集団安全保障というルールを守ろうとする理由が薄いのである。

現在の国際法では、戦争、武力による威嚇、武力の行使は、国際紛争を解決する手段としては一般的に禁止され、原則として、**自衛**と**国連安全保障理事会**（⇒**第5章§3**）による強制措置の場合だけが、武力行使の正当化事由になるとされている。しかし、特定の行為を侵略と認定することは、国連安全保障理事会に委ねられており、この機関が大国一致の原則（⇒**第5章§3**）で動く限り、常任理事国5カ国が一致しなければ、何を侵略とするかは決められないことにな

る。戦争や武力行使の開始をルールによって規制しようとすることは、このような困難を抱えているのである。

§3 核兵器は安全保障戦略を変えたのか

核兵器は、1939年に核分裂の原理が実際に実現可能なものであることが実証されると、つくりうるものだということが明らかになった。

今までに核兵器は1945年に2回、広島と長崎に対して使用されたが、その後は実戦使用されていない。2017年現在、核兵器を保有していると見られている国は9カ国で、アメリカ、ロシア、イギリス、フランス、中国とイスラエル、インド、パキスタン、北朝鮮だと考えられている。このうち、アメリカとロシアが保有している核兵器の数と威力はその他の国を圧倒している。計算方法にもよるが、核弾頭（兵器として使用できる核爆弾のこと）数で、アメリカとロシアは7000個内外を持つのに対して、それ以外の国は300個以下の数しか持っていないと見られる。

〈図表7-1〉 国別の核弾頭保有数（2017）

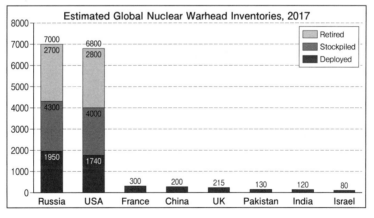

〔注〕「Deployed」は、命令があれば即時使用可能な状態にある核弾頭、「Stockpiled」は、平時には複数の部品に分離されるなど即時使用可能ではない状態にある核弾頭、「Retired」は、退役予定で管理は不十分であり、相当の時間をかけなければ使用可能にすることができない核弾頭をいう。

〔出典〕Federation of American Scientists　https://fas.org/issues/nuclear-weapons/status-world-nuclear-forces/

核兵器が使用された時の強力な破壊力をみれば、アメリカとロシアが核兵器を相互に使用する戦争を行った場合の結果は、両国にとって破滅的だと考えられる。しかし、第二次世界大戦以後、核兵器が実戦使用されたことはない。これはなぜだろうか。その理由は、ある程度は偶然によるが、基本的に重要なことは、核兵器の意義は、それが**抑止**のための道具だということにある。

　ブロディは、核兵器が登場した直後に、核兵器の意味は、それが戦争に勝つための道具ではなく、それを保有していることが相手に脅威を与えることにあると考えた (Brodie, 1946)。その後ブロディは、核兵器の価値に関する研究をさらに発展させて、核兵器がどのようにして戦争を抑止するかという問題の論理を考えた (Brodie, 1978)。

　核兵器が相手の攻撃を抑止できるようにするためには、単に核兵器を保有しているだけでは十分ではない。敵が核兵器で先制攻撃（**先制第一撃**）をかけてきた場合にも、自国が敵に報復攻撃をかけるために十分な核兵器が残っていなければならない。このような、敵の攻撃に生き残り、その後に敵が耐えられない規模の打撃を敵に与える能力を**第二撃能力**という。このような能力を、敵と自国が相互に保有しているならば、先制攻撃をかけたとしても、必ず自国も耐えられない打撃を受けるという状態が、双方に成立する。この時、どちらも先制攻撃をかけることはできなくなり、両国の関係は安定化する。

　このような状態を**相互確証破壊**（**MAD**[※]）といい、これが成立している場合には、戦略的状況は安定すると考えられた。この状態を実現するためには、核兵器を非脆弱にしておくこと（例えば、ミサイルを潜水艦に搭載して探知されにくい海中で警戒任務にあてる、地上発射のミサイルを移動式発射台に搭載して常に場所を変更する、先制第一撃を受けた場合でも生き残れる指揮統制システムを確保するなどの方策）が必要であり、多くの核保有国ではこのようなシステムに対して膨大な投資を行っている。

　一方、こうした核兵器システムの非脆弱性は、敵の核兵器保有数と自国の核兵器保有数のバランスに左右される。自国が核弾頭100個を持ち、敵が核弾頭1000個を持つのなら、敵は先制攻撃の誘惑にかられるかもしれない。従って、敵が核兵器を増やせば、自国も核兵器を増やす必要があることになる。先に述べたように、このような競争には本質的には終わりがない。安全保障のジレン

※　「Mutual Assured Destruction」の略。

マ状況である。そこで、核兵器の保有数を相互に制限するという考え方が出てきた。

第一次戦略兵器制限条約（SALT Ⅰ※、1972年）、第二次戦略兵器制限条約（SALT Ⅱ、1979、ただし批准されず）、**中距離核戦力全廃条約**（INF※※条約、1987年）、**第一次戦略兵器削減条約**（START Ⅰ※※※、1991年）、第二次戦略兵器削減条約（START Ⅱ、1993年、ただし批准されず）、**モスクワ条約**（SORT※※※※、2003年）、**新戦略兵器削減条約**（New START、2011年）などの軍備管理条約（ここでは、軍縮条約も軍備管理協定と同じカテゴリーに入れる）は、このような核兵器保有数の制限が、米ロ（米ソ）両国に利益があるという考え方に基づいてできた。

しかし、冷戦期にはほとんどできなかった核兵器の削減が冷戦後、急に進展しているのは、ソ連（ソビエト社会主義共和国連邦）が解体し、後継国家のロシアが経済的縮小や社会的混乱により核兵器システムを維持することが難しくなったため、それに合わせて核兵器削減が実現したという側面が大きい。

軍備管理条約は、戦争が起こらないようにすることが協定の当事国にとって利益になるという考え方に基づくが、もう1つの重要な点は、**軍備管理条約の目的は、「戦争をしないで、敵の軍備を自国に比べて相対的に大きく削り取る」**ということだからである。このように、自国の利益を単なる絶対値で見る（絶対利得）のではなく、他国との比較で相対的に見るという立場を「**相対利得**」という。軍備管理条約では、常にこの相対利得をより大きく獲得することが追求される。軍備管理条約は、単に世界を平和にするというようなことのために結ばれるものではないのである。

核兵器による抑止は、核保有国だけではなく、核保有国が「この国に攻撃を仕掛ければ、核兵器で報復する」と明示、または黙示でその意思を示した国にも及ぶ。従って、アメリカの核兵器は、理屈の上ではアメリカだけでなく、同盟国への攻撃も抑止している。このことを**拡大抑止**、または「**核の傘**」という（拡大抑止は、本来は、核兵器だけに限定されるわけではないので、アメリカの同盟国には、核兵器以外の通常兵器による拡大抑止も作用している）。

問題は、拡大抑止が敵の攻撃に対して本当に発動されるかどうかは、究極的にはわからないということである。これは先に述べた、同盟のジレンマにおける、「見捨てられ」の危険と同じである。しかし核兵器の拡大抑止の信頼性問

※　　　　「Strategic Arms Limitation Talks 1」の略。
※※　　　「Intermediate-range Nuclear Forces」の略。
※※※　　「Strategic Arms Reduction Treaty 1」の略。
※※※※　「the Treaty Between the United States of America and the Russian Federation on Strategic Offensive Reductions」の略。
　　　　　正式な邦訳名は「アメリカ合衆国とロシア連邦との間の戦略的攻撃（能力）の削減に関する条約」（外務省HP）

題はこれよりもさらに深刻である。冷戦期に、（西）ヨーロッパ諸国が直面していた問題は、以下のようなものだった。

ソ連が侵攻してきた場合、**北大西洋条約機構（NATO***）同盟軍の通常戦力**（核兵器以外の軍備）では、ソ連の侵攻を止められない可能性があり、その場合、核兵器を使用せざるを得なくなる。しかし、その場合にアメリカが同盟国のために核兵器を使用するかどうかについて、NATOのヨーロッパ諸国は簡単には確信できなかった。限定的な核使用により、ソ連のヨーロッパ部が破壊されれば、ソ連はアメリカ本土に対して核攻撃を行わざるをえないだろう。

それが事前に予測できるとすれば、アメリカは侵攻してきたソ連軍に対して核使用を決断できるだろうか。前線部隊に対しての使用から、後方や都市に核使用がエスカレートしようとした時、アメリカはその決断ができないのではないだろうか。このことはヨーロッパ諸国にとって非常に不安だった。冷戦期の米欧関係の大きな問題がこれに関わっていたのである。

ソ連が解体した今日、この問題は若干緩和されている。しかし、**日本と中国の間に紛争が起こったとして、その時アメリカが同盟国の日本を援助するかどうかという問題**は、基本的な構造としては、このことと同じなのである。

では、核兵器の登場は、戦争の構造を変えたのか。この問いに対する答えは、イエスでもあり、ノーでもある。核兵器が戦争の構造を変えたと言える理由は、現に、核兵器が1945年に使用された後、核兵器が実戦使用されたことはないという、この事実である。特に**大国間戦争**が70年以上起こっていないことの理由として最も重要なことは、主要な大国が、核保有国またはその緊密な同盟国であり、それらの国家間の戦争は、核使用を引き起こす可能性があること、いったん核使用が行われれば、それが大規模な使用にエスカレートしないという保証はどこにもないことである。実際、アメリカとロシアは核戦力水準において、ある程度均衡しているが、通常戦力におけるロシアの冷戦時代の優位はなくなっている。アメリカと中国は核戦力ではアメリカが圧倒的に優位な立場にある。このことは、米ロ、米中戦争が起こる可能性を引き下げている。しかし、それが確実ではないことは、第15章で述べる。

一方、核兵器が登場しても、戦争の構造は変わっていないという考え方も依然有効である。なぜなら、核兵器が登場しても、相変わらず大国間戦争以外の

※　「North Atlantic Treaty Organization」の略。

第7章 ▶ 安全保障I（伝統的安全保障） 123

戦争は起こっているのであり、核兵器にはあらゆる戦争を抑止する力はないことがわかっているからである。核兵器の強大な威力とその使用の予想される結果は、逆に、核兵器による威嚇を行っても、実際にはその威嚇は実行できないブラフ（はったり）だとみなされることがあり得ることにつながる。

アメリカとソ連が直接対峙したヨーロッパと極東（朝鮮戦争が休戦した1953年以後に限る）では大規模な戦争は起こらなかったが、米ソ直接対決の危険が低いと考えられた辺境地域では、戦争は起こった。そのような戦争では核兵器は使われず、通常戦力は相変わらず重要だった。従って、核兵器が登場した後も、通常戦力の重要性が低くなったわけではないのである。

▶§4 情報革命と安全保障

第7章

技術革新は、国際政治と戦争の歴史を変えてきた。近代以後に、特に重要だったのは、**火器**（銃と大砲）の開発である。銃は、最初は弓よりも射程が短く、使い勝手も悪く、高価だった。しかし、使用に熟練が必要な弓とは違い、銃は比較的簡単な訓練で使うことができ、初期の命中精度の低さは集中使用によって補うことができた。このことを利用し、大量の銃を調達し、歩兵の数をそろえ、戦列を組む訓練を施すことによって、火力で敵を圧倒できるようになった。冶金技術の発達がこれを可能にした。

また、大砲が発達したことで、敵の城塞を破壊し、都市を攻略することが容易になった。豊富な資金と大量の資源を効率的に調達し、兵員の数をそろえ、訓練を行い、将校や下士官に教育を施し、**兵站**を組織化できる軍隊が戦争に勝つことができたのである。海軍も、より大型で外洋航海可能な帆船が発達し、大砲を搭載し、統一的な指揮の下で戦えるようになっていった。このことこそが、ヨーロッパで、近代国家、つまり官僚制を基盤とした、集権的な国家の登場を支えたのである。

主権国家や、国民国家の概念はいずれも、このような近代国家と組み合わされて発展したのだった（⇒第2章§3、§4）。中華帝国やイスラム帝国に比べて、中世には学問や技術で劣り、人口も少なく、経済的に貧しかったヨーロッパが、近代以降にこれらの地域を圧倒できるようになったのは、このような近代

国家の登場と並行する軍事、技術、社会の大きな変化があったからである。この変化のことを、「**軍事革命**」（Military Revolution＝ＭＲ）と呼んでいる（バーカー、1995／ブリュア、2003）。

近年起こりつつある軍事上の変革は、このような軍事革命とは異なり、「**軍事における革命**」（Revolution in Military Affairs＝ＲＭＡ）と呼ばれる変化の１つである（中村、2001／ノックス、マーレー、2004）。これは、軍事革命のような社会的大変革と連動した軍事上の革命というよりも、**技術革新に伴って起こった軍事上の変革**のことである。このような軍事における革命も、単に兵器の技術的進歩だけによるのではなく、軍のドクトリン（軍隊の運用に関する基本的な考え方）、兵器、組織、訓練、兵站などのシステムとしての変革に多くを依存する。

第二次世界大戦において、ドイツは、戦車、機械化部隊、空軍の支援などを組み合わせた新しい戦法を生み出し、それがドイツ軍の戦争初期の快進撃を支えていた。この新しい戦法を電撃戦という。この電撃戦の実態についてはさまざまな議論があるが（デイトン、1994／フリーザー、2003）、機械化された地上部隊と発達した航空部隊を組み合わせて、敵軍の神経を麻痺させて勝利するという戦法の基本的な考え方は、その後現在にまで受け継がれているのである（Romjue, 1984）。このような電撃戦も、一種のＲＭＡだと言える。

現在起こっているＲＭＡは、情報技術の進歩と、軍の改革を組み合わせて新しい戦争の方法をつくり上げようとするものである。この考え方は、1970年代のソ連軍において発案されたが（Matz and Kievit, 1995）、その後アメリカで発展し、現在は主要国の軍に広く普及しつつある。

この考え方は、情報通信技術を中心に、すべてのセンサー、武器、各級部隊と司令部、兵站組織などをつなぎ、ネットワーク化しようとする。これに、ロボット、宇宙などの新しい技術が加わってくるのである。具体的なイメージが湧きにくいので、アナロジーを使いながら説明する。

現在、コンピュータは、単独で使ってもほとんど意味はなく、ネットワークの端末として使って、はじめて価値があることは誰もがわかるだろう。この場合のコンピュータとは、パソコンだけではなく、スマートフォン、POS（ネットワーク化されたレジを端末とする販売情報管理システム）、電子タグ、スマートメーター、家電製品などのコンピュータチップを使って、外部と通信するものすべて

が含まれる。これを、軍も行うのである。前線で何が起こっているかを知るためには、偵察衛星、有人航空機や艦船のセンサー、無人機のセンサー、前線の兵士が持つセンサーなどが、ネットワークでつながっていることが重要になる。

これがネットワークでつながっていれば、後方の司令部も、前線の兵士も、相互に「敵がどこにいて、何をしているのか」、「今、自分と友軍部隊はどこにいるのか」、「どのように自軍部隊を動かし、配置すれば、最適な態勢を取れるのか」、「どこをどのような部隊を使って攻撃すればよいのか」がわかるのである。

長い間、戦争で軍は、敵がどこにいるのか、自軍はどこにいるのか、どこに行こうとしているのかということを、リアルタイムで把握することができなかった。この情報不足とそれがもたらす不確実性のことを、クラウゼヴィッツは、**「戦場の霧」**と呼んだ（クラウゼヴィッツ、2001）。この情報と不確実性、それが意思決定に与える問題を、ネットワーク化を通じて軽減しようとすることが、現在のRMAの本質である。「ネットワーク中心の戦争」（**NCW**[※]）という言葉もよく使われる。

もちろん、ネットワーク化ですべてのことがわかるわけではない。また、戦争は相手があるものなので、敵のネットワークに侵入して、これを妨害しようとする努力が当然行われる（**サイバー戦**、⇒第8章）。従って、RMAが「戦場の霧」を払拭できるという簡単な結論は出ないのだが、このシステムを使える側と使えない側では、態勢に圧倒的な差ができることになる（大熊、2006）。

ここで述べた、すべてのもののネットワーク化を、軍事においては、**C4ISR**^{※※}（**指揮、統制、通信、コンピュータ、情報、監視、偵察**を合わせた複合語。なお、このような言葉は時期によって組み合わせる要素が違っているので、すぐに変わることに注意）という。航空機や、艦船、ミサイル、センサー、兵士などの存在は、単体ではなく、このようなC4ISRシステムにつながった要素としてはじめて意味があるようになっていく。軍隊もネットワーク化しつつある。このようなシステムをどのように作るか、それを現実に使えるようにするために何が必要なのかということが、今日の主要国の軍が考えていることである（井上、2017）。

われわれが、今日の戦争を見る時に、単体としての兵器や戦場で起こっている個別の出来事だけを見ていたのでは、もはや重要な事はわからないようになってきている。**無人機**（**ドローン、UAV**^{※※※}）による攻撃について、日本では

※　　　「Network-Centric Warfare」の略。
※※　　「Command、Control、Communication、Computer」の4つの「C」と、「Intelligence」の「I」、「Surveillance and Reconnaissance」の「SR」の意味。
※※※　「Unmanned Aerial Vehicle」の略。

ほとんどその倫理的な意味しか問題にされない（無人機爆撃の倫理性は、確かに重要なことであるが）のは、結局、それを議論している人が、技術や戦争全体のことを理解していないからだということが多いのである。

---

column >>>>>> 通常兵器は核兵器に取って代わりうるものなのか

　今日、核兵器は「使えない」兵器だと考える人が多い。これは、現在の時点では核兵器の使用可能性が低いということであって、将来はわからない、としか言えないのだが、それでも、核兵器が非常に使いにくい兵器であることは事実である。その威力の大きさが核兵器をかえって政治的に使いにくい兵器にしているのである。核兵器使用に対する道徳的な抵抗感情も、そのことに間接的に貢献しているといえる。

　しかし一方で、核兵器の強大な威力が重大な意味を持つことも確かである。大事なことは、核兵器は、**核不拡散条約（NPT※）** で保有を認められた核兵器国5カ国（⇒第8章）の独占物ではなく、北朝鮮やイランの核開発問題に見られるように、他国も開発可能だということである。最初の核実験は1945年7月。それから70年以上が経っている。北朝鮮が核兵器を開発できるのは、それが古い技術だからなのである。「**相対利得**」（⇒§3）が重要なのであれば、核兵器国がいつまでも核兵器だけに固執する理由はない。他の核兵器国や潜在的核保有国に差をつけることが重要である。

　核兵器を使わずに、核兵器による攻撃に対抗する方法として開発されているのが、**ミサイル防衛（MD※※）** であり、他国も同様のシステムを持つ。しかし、これは防衛用である。敵を、核兵器ではない手段で攻撃する有効な方法として模索されている計画の1つが、アメリカが開発中の「**迅速グローバル打撃**」（**PGS※※※**）と呼ばれるシステムである。これは、地上、海上、海中、空中、宇宙発射のミサイルで、世界のあらゆる場所を1時間以内に正確に攻撃することを目指している（防衛省、2015／栗田、2013／岡部、2009）。

　このミサイルをどのようなものとして開発するかについては、まだ計画が固まっているとはいえないが、その1つとして提案されているのが、極超音速で飛ぶミサイルである。現在の弾道ミサイルとは違い、地表に比較的近い宇宙空間を飛ぶ。非常に速度が早いので、爆弾を搭載する必要はなく、金属弾頭（基本的にただの金属の塊）が直撃すれば、その運動エネルギーだけで目標を破壊できる。開発途上ではあるが、敵がミサイルで先制攻撃をかけてくる前に、発射機やシステムをこのような兵器で攻撃できるようになるかもしれないのである。もちろん、ロシアや中国も同種のシステムを研究している。このような兵器が核兵器を代替できるかどうかは別として、技術の進歩を止めることはできないのである。

※　　「Treaty on the Non-Proliferation of Nuclear Weapons」の略。「核拡散防止条約」ともいう。
※※　「Missile Defense」の略。
※※※「Prompt Global Strike」の略。

第7章 ▶ 安全保障Ⅰ（伝統的安全保障） | 127

《課 題》

1）アナーキーな環境において、戦争をなくす、または、その可能性を減らすために、具体的な方策があるのかどうか。あるとすれば、それは実現可能なものなのかどうかについて、考えてください。

2）武力の必要性と、武力が平和の障害になることの両方の問題を考慮して、武力が存在するとすれば、どのようなものであることが望ましいかについて、論じてください。

3）戦争または武力紛争を国際的に規制することが、なぜ困難なのかについて、具体例を挙げて論じてください。

4）軍備管理交渉が、当事国にもたらす利益に言及しながら、軍備管理交渉がなぜ困難なのかということについて、論じてください。

5）情報通信技術の発展を軍の建設や整備に利用するための財政的、技術的な能力がない国が、その能力を持つ国に対して、対抗する方法があるのかどうか、あるとすれば何かについて論じてください。

もっと深く ◉ 知りたい人のために 🔍

①加藤秀治郎編訳『クラウゼヴィッツ語録──「戦争論」のエッセンス』一藝社、2017.
②トマス・シェリング（河野勝監訳）『紛争の戦略──ゲーム理論のエッセンス』勁草書房、2008.
③佐道明広『自衛隊史──防衛政策の七〇年』ちくま新書、2015.
④ポール・ポースト（山形浩生訳）『戦争の経済学』バジリコ、2007.
⑤船橋洋一『同盟漂流　上・下』岩波現代文庫、2006.

➤①戦争と戦略について議論する時に、ナポレオンと闘ったクラウゼヴィッツの『戦争論』を避けて通ることはできない。複数の既刊の全訳が長大で読みにくいという問題への答えがこの本。わかりやすく、訳も正確で、原著のエッセンスをつかむことができる。

➤②現代における戦略研究の古典としての地位を確立している本。ゲーム理論を使いながら、基本的な戦略の考え方、つまり、「敵の行動を読んで、自分の最適な選択を考える」という問題を考え抜いた本。これも必読書である。

➤③本章では紙幅の都合などの諸事情で、日本の安全保障政策の問題を独立させて取り上げることをしなかった。しかし、日本でこの問題を考える場合には、日本の安全保障政策の歴史を知らないわけにはいかない。この本は、これを明快に、過不足なくまとめた貴重な本。

➤④やはり紙幅の都合で、本章では触れることができなかったが、戦争を経済学的に分析した本。ある意味では、②のシェリングの本とも通じている。戦争についての通俗的な観念を、学問的な視点から打ち破る良書。訳者による付論もおもしろい。

➤⑤同盟研究は膨大な蓄積があり、日米同盟に限っても多くの本があるが、この本の重要性は今でもゆるぎない。1990年代に、日米同盟関係がどのような困難に直面していたかを知ることは、日本の安全保障政策を理解するために中心的に重要なことである。

[参考文献]

(前頁に挙げた①～⑤を除く)

<日本語文献>

井上孝司『戦うコンピュータ(V)3──軍隊を変えた情報・通信テクノロジーの進化』潮書房光人社、2017.

梅本哲也『核兵器と国際政治　1945-1995』日本国際問題研究所、1996.

大熊康之『軍事システムエンジニアリング──イージスからネットワーク中心の戦闘まで、いかにシステムコンセプトは創出されたか』かや書房、2006.

大熊康之『戦略・ドクトリン統合防衛革命－マハンからセブロウスキーまで米軍事革命思想家のアプローチに学ぶ』かや書房、2011.

岡部いさく「宇宙から金属弾頭の豪雨が降る 弾道弾に代わる非核攻撃ミサイルCSM」『軍事研究』44(10)、2009.

栗田真広「長距離打撃能力による「敵地攻撃」構想──米国と韓国の事例から」『レファレンス』平成25年9月号、2013.

栗田真広「同盟と抑止──集団的自衛権議論の前提として」『レファレンス』平成27年3月号、2015.

坂元一哉『日米同盟の絆──安保条約と相互性の模索』有斐閣、2000.

鈴木英隆「朝鮮海域に出撃した日本特別掃海隊その光と影」『戦史研究年報』(8)、2005.

世界平和研究所編、北岡伸一・久保文明監修『希望の日米同盟－アジア太平洋の海上安全保障』中央公論新社、2016.

田中明彦『安全保障──戦後50年の模索』読売新聞社、1997.

土山實男『安全保障の国際政治学──焦りと傲り〔第2版〕』有斐閣、2014.

中村好寿『軍事革命(RMA)──“情報”が戦争を変える』中公新書、2001.

日本国際問題研究所編『日米関係の今後の展開と日本の外交』日本国際問題研究所、2011.

船橋洋一編『同盟の比較研究──冷戦後秩序を求めて』日本評論社、2001.

防衛省『防衛白書　平成27年度版』2015.

渡邊啓貴『米欧同盟の協調と対立──二十一世紀国際社会の構造』有斐閣、2008.

<外国語の日本語訳文献>

ジョン・エリス(越智道雄訳)『機関銃の社会史』平凡社、2008.

レン・デイトン(喜多迅鷹訳)『電撃戦』早川書房、1994.

マクレガー・ノックス、ウィリアムソン・マーレー編(今村伸哉訳)『軍事革命とRMAの戦略史──軍事革命の史的変遷 1300～2050年』芙蓉書房出版、2004.

ジェフリ・パーカー(大久保桂子訳)『長篠合戦の世界史－ヨーロッパ軍事革命の衝撃1500～1800年』同文館出版、1995.

ジョン・ブリュア(大久保桂子訳)『財政＝軍事国家の衝撃－戦争・カネ・イギリス国家1688-1783』名古屋大学出版会、2003.

カール＝ハインツ・フリーザー(大木毅、安藤公一訳)『電撃戦という幻　上・下』中央公論新社、2003.

ウィリアム・H・マクニール(高橋均訳)『戦争の世界史──技術と軍隊と社会　上・下』中央公論新社、2014.

<外国語文献>

Brodie, B., *The Absolute Weapon : Atomic Power and World Order*, Ayer Co Pub., 1946

Brodie, B., *The Development of Nuclear Strategy*, International Security, 2/4 (Spring, 1978)

Matz, S. and Kievit, J., STRATEGY AND THE REVOLUTION IN MILITARY AFFAIRS : FROM THEORY TO POLICY, 1995. Nobelprize.org, 2009

https://www.nobelprize.org/nobel_prizes/peace/laureates/2009/obama-lecture_en.html (2017.5.20アクセス)

Romjue, J. L., *The Evolution of the Airland Battle Concept*, Air University Review, May-June 1984.

Snyder,G. H., *Deterrence and Defense : Toward a Theory of National Security,* Princeton University Press, 1961.

第8章 安全保障Ⅱ（新しい安全保障）

永山 博之

≫この章の課題

　近年、特に冷戦後に現れた安全保障についての新しい問題について考える。ソ連崩壊と共産主義体制の終わりによって、大規模な国家間戦争の可能性は、当面は下がった。

　代わって出現したのが、「ならず者国家」、テロ、大量破壊兵器拡散、破綻国家の再建と平和構築、人道的介入などの新しい課題である。これらの問題は、冷戦期に想定されていた大戦争に代わって、現代における安全保障の中核的な問題として重視されるようになった。

　これらの問題が注目されるようになった理由と、それが従来の安全保障に対する考え方とどこで共通点を持ち、どこが違うのかを検討することで、安全保障についての考え方の変化を考える。

≫キーワード

- [ ] テロ
- [ ] ならず者国家
- [ ] 大量破壊兵器不拡散
- [ ] 9.11テロ事件
- [ ] 国際安全保障
- [ ] 人間（じんかん）戦争
- [ ] 内戦
- [ ] 破綻国家
- [ ] PKO
- [ ] 平和構築
- [ ] 人間の安全保障
- [ ] 人道的介入
- [ ] 保護する責任
- [ ] 非対称戦争
- [ ] 社会の安全保障化
- [ ] ハイブリッド戦争

▶§1 安全保障についての多様な考え方

　この章では、第7章の初めに説明したとおり、主に**冷戦期**(⇒第2章§8,9章) の後で取り上げられるようになった安全保障の問題を扱う。そこで、まず安全保障という言葉が、現代ではどのような意味で使われているかということを考えてみよう。

　冷戦期のアメリカと、その主要同盟国にとって、安全保障上の脅威は、ソ連（ソビエト社会主義共和国連邦）であった。中国も脅威だったが、その脅威は間接的なものであり、中国は台湾にすら、本格的な侵攻を行う能力に欠けていた。中国の脅威は、日本その他の国に直接侵攻してくるということではなく、他国内部の反政府勢力を支援して混乱や政権転覆を引き起こすこと(**非安定化工作**)が中心だっただったからである。

　しかし、単純ではないのは、ソ連が脅威だとはいえ、単純にソ連を弱くし、ソ連を自国の力で滅ぼせばいいというわけにはいかなかったことである。米ソがお互いに自国領ではない、キューバへのソ連の核ミサイル持ち込みをめぐって、核戦争の危機に直面した**キューバ危機** (1962年 ⇒第2章§9) を経験したことにより、米ソ両国は「核戦争やその危険を高める行動はなるべく回避すべき」だと考えるようになった。このような考えを拡大し、敵であっても重大な事態を回避するために、部分的に協力すべきだという考えは、「共通の安全保障」と呼ばれる。**全欧安全保障協力会議（CSCE**※**／現・欧州安全保障協力機構＝OSCE**※※**）** が1975年に成立したことはその成果だった。

　これに対して、明確でない脅威や不信状態が紛争や危機に拡大することを防ぐために、**平時**（戦時ではない、平常時）から、対話や信頼醸成措置（偶発的な衝突を避け、相互信頼をつくるために、一定の軍事情報公開、軍事交流などを行うこと）を積み重ねて行こうとする考え方を「**協調的安全保障**」という。これは、敵味方の間でなくても可能である。先に挙げた欧州安全保障協力機構（OSCE）や、**東南アジア諸国連合地域フォーラム（ARF**※※※**）** は、それぞれヨーロッパやアジアの安全保障について、関係国が対話を図る枠組みである 。

　日本はARFの正式メンバーであり、OSCEについてもパートナー国となっている。これらの考え方は、起こってしまった紛争を解決する直接的な効果は

※　「the Conference on Security and Cooperation in Europe」の略」の略。
※※　「Organization for Security and Co-operation in Europe」の略。
※※※　「ASEAN Regional Forum」の略。

第8章▶安全保障Ⅱ（新しい安全保障）　131

薄いが、紛争予防、つまり話し合いの余地がある段階では一定の効果が認められる。従って、すでに紛争が起こってしまっている状態では、それほど役に立たない可能性 があるが、対立や紛争が避けられる段階であれば、それなりに意味があるだろう。

　これらの考え方は、戦争になる可能性を事前に下げようという立場に立っているが、戦争が終わった後で、再発防止を図るという考え方もある。このような活動を**平和維持活動（PKO※）**と呼び、この役割を果たしてきたのは主に国連であった。戦争の当事者が停戦に合意した後、第三国の軍部隊や軍要員が軽武装または非武装で現地に駐留し、停戦監視などの役割を担うものである。国連は、侵略の禁止と抑圧という本来予定されていた集団安全保障の役割をうまく果たすことができなかったが、平和維持については、重要な役割を果たしてきた。

　PKOに参加する軍や軍要員は、国連加盟国が派遣する。冷戦期には、アメリカ、ソ連とその同盟国以外の、いわゆる非同盟諸国の軍が派遣されることが多かったが、冷戦後は、国連安保理常任理事国、欧州諸国の軍も参加することが多い。日本でも、国民的な議論の後、PKO協力法が1992年に成立し、この法律に基づいて、自衛隊をPKO部隊として派遣するようになった。自衛隊のPKO部隊としての最初の活動は、**国連カンボジア暫定統治機構（UNTAC※※）**の一員として、現地で建設、水と燃料の供給、物資輸送などの任務を遂行することだった（1992 – 93年）。

　特に冷戦後は、PKOの役割を拡大する試みがなされた。単にPKO部隊が現地に存在することで紛争の再発防止を図るだけではなく、紛争後の治安維持、選挙支援、インフラ再建などの課題をPKO部隊（軍人）と、行政、治安要員、インフラ建設の専門家、NGO職員（以上は文民）が協力して、実施するということである。この場合、PKO部隊は十分な武装を求められる。

　これは従来の平和維持とは異なる性質を持つ任務であり、**平和構築**と呼ばれる。軍事、行政、警察、民生支援などの多様な仕事をまとめて行うことで、紛争地の再建を支援し、紛争が再度起こることを防止しようとするのである。この場合、紛争当事者の同意や、中立性の確保など、従来型のPKOに対して課されていた条件は緩和される。平和構築は、平和維持とは部分的に重なるが、基本的に異なる任務であることに注意しなければならない。このようなPKOの任務拡大の背景には、1992年のガリ報告、2000年のブラヒミ報告などに見

※　「Peacekeeping Operations」の略。
※※　「United Nations Transitional Authority in Cambodia」の略。

られる、国連における冷戦後の平和構築に関する議論の積み重ねがあった。

このような平和構築の任務や、冷戦後に顕在化した**破綻国家**（図表8-1参照　失敗国家、**脆弱国家**とも言う。政府の権力がまともに成立しておらず、法執行やその他の行政サービスの提供ができていない国家のこと。）の問題、そこに対する大国や国際社会の介入の背景にあるのは、次のような考え方である。

つまり、「国家は、人間の生活と権利を保障するためのものであり、国家主権は絶対的なものではなく、国家が人間の権利を保障しない、またはできない状態にあるのなら、国際社会が権利保護のために外部から介入することもありうる」ということである。このような、保障されるべきものは人間の集合体である国家ではなく、人間個人だとする考え方を**人間の安全保障**という。

こうした考え方は、主権国家間では、内政事項について介入しないという内政不干渉の原則に、重大な挑戦を投げかけており（⇒第9章）、国際社会の中でもすべての国家がこのような考え方に賛成しているわけではない。しかし、先進国を中心にこうした考え方が普及しつつあることは事実である。安全保障は、もはや国家の自衛や、国家間の協力を越えた領域にも拡張しているのである。

人間の安全保障のような考え方は、**内戦**状態にある国家や破綻国家に対する国際社会の介入を正当化する。この介入には、非人道的行為の非難や、難民に

〈図表8-1〉 脆弱国家指標（2016年）

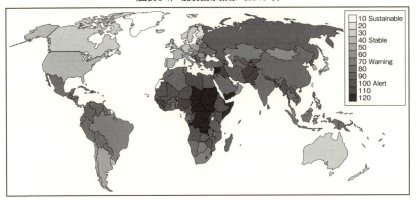

〔注〕上図は、経済管理、経済政策、社会的包摂・公正、公共部門管理の4分野で、国家の成績を点数化した「国家の成績表」である。色が濃いほど成績が悪い。脆弱国家＝破産国家は、特定地域に集中している。

〔出典〕Fund for Peace, http://fsi.fundforpeace.org/rankings-2016

第8章 ▶ 安全保障Ⅱ（新しい安全保障）　133

対する救援活動にとどまらず、場合によっては国家に対して**武力介入**を行って、**非人道的行為**をやめさせ、内戦を収拾してその後の国家再建にまで関わることが含まれる。例えば、2017年にアメリカは、シリアのアサド政権の航空基地にミサイル攻撃を行った。この理由は、アサド政権が**化学兵器**を使用して自国民（アサド政権の敵対勢力の市民）を攻撃したというものである。

　また、1999年、当時はユーゴスラビア連邦の自治州であったコソボで、セルビア人勢力とアルバニア人勢力との間で内戦が起こっていた状態で、NATO軍はコソボのセルビア人勢力の拠点と部隊を爆撃した。この**コソボ介入**には（**シリア介入**も）、**国連安全保障理事会**の承認はなく、介入したアメリカや連合国の自衛のためでもない。「国際的な人道危機」あるいは、「アサド政権による自国民に対する残虐行為」を理由として正当化されたのである。このような軍事力行使を「**人道的介入**」と呼ぶが、従来の国際法にはない理由付けで実力行使が正当化され、少なくとも先進国（アメリカを中心とした同盟国）はこれを支持、容認した。結果からみれば、実力行使を正当化する新しい理由が「創設」されたという見方もできる（⇒第9章§3）。

　人道的介入の概念は、次第に拡大された。国連のアナン事務総長の呼びかけなどを契機として生まれた**独立委員会**（「干渉と国家主権に関する国際委員会」＝**ICISS**[※]）が、2001年に提出した報告書「保護する責任」は、国家には自国民を保護する責任があり、国家がこの責任を果たさない場合には、国際社会が介入（武力介入を含む）して、この責任を果たさなければならないと述べている。この「**保護する責任**」（**R2P**[※※]ともいう）は、国際社会は人道的危機を放置するべきでなく、むしろ介入することが国際社会の責任であるという考え方であり、国際社会（実質的には、アメリカを中心とした先進国同盟）による国家主権の侵食をさらに促進する。

　もちろん、このような考え方をすべての国家が認めているわけではなく、ロシア、中国などの国家はこうした考え方に全面的に賛成しているわけではない。それは、これらの国家が必ずしも自国内で、先進国基準での人権基準を満たしているわけではなく、そのことを理由にして外国から干渉されることを避けようとしているからだが、それでも先進国社会でこうした考え方が徐々に浸透しつつあることは事実である。

[※]　「International Commission on Intervention and State Sovereigntyn」の略。
[※※]　「Responsibility to Protect」（保護する責任）に由来する略語。「RtoP」とも言う。

§2 テロと「ならず者国家」

　安全保障問題に対する基本的な考え方を変えたきっかけの1つは間違いなく、**冷戦の終結**である（⇒第2章§10）。80年代まで、まだ冷戦が続いていた時期には、西側諸国にとっての脅威は、ソ連とその同盟国の武力侵攻であり、それに加えて、それらの国が西側諸国や第三世界諸国で行う非安定化工作（⇒本章§1）であった。

　その中にはソ連と決別して別の共産主義への道を歩んだ中国も含まれる。しかし冷戦が終わり、ソ連は崩壊して、ロシアが西側諸国に大規模な侵攻を仕掛ける可能性は非常に低くなった。中国では共産党支配は続いたが、もはや共産主義を拡大しようとする国家ではなくなった。このようなソ連・東側陣営の消滅で、世界にはより安定した秩序が生まれると考えられていたが、実際は違った。

　イラク、北朝鮮などの「**既存の秩序に従わない国家**」がそれまでよりも注目されるようになった。さらにそれらの国家や**テロ集団**が核、生物、化学、放射能兵器という「**大量破壊兵器**」を保有し、場合によっては実際に使用することが重大な脅威として注目されるようになった。

　テロ集団の活動は1990年代以前から断続的に行われていたが、2001年9月11日のアメリカに対するテロ攻撃（**9.11テロ事件**）は、テロの脅威を決定的なものにした。どの国家よりも強大な軍事力と経済力を有するアメリカの中枢部が直接攻撃され、特にニューヨークの世界貿易センタービルに加えられた旅客機による自爆テロでは3000人を超える数の民間人が犠牲となったのである。

　これに対してアメリカでは、**G.W.ブッシュ大統領**が「これはテロとの戦争である」と主張し、首謀者と見なされたオサマ・ビン・ラディンが率いるテロ組織、アル＝カイダを匿（かくま）っていると見られたアフガニスタンのタリバーン政権に対して、同年10月に「不朽の自由作戦」の名前で、アメリカに与（くみ）する連合軍とともに軍事侵攻を行った。

　それだけではなく、2003年3月には、「イラクが大量破壊兵器を隠し、国連による査察に応じない」ことを理由に、これもアメリカに与する連合軍とともに「イラクの自由作戦」の名の下に対イラク軍事侵攻を開始した。9.11テロ事件は、21世紀の国際社会の方向性を大きく変える大事件となったのである。

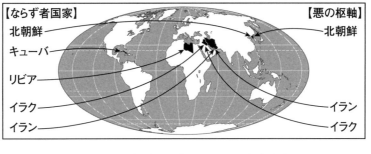

〈図表8-2〉「ならず者」(1994)と「悪の枢軸」(2002)

　アメリカは、80年代から「無法な国家を許さない」方針を明らかにしていたが、1994年、アメリカのレイク安全保障担当大統領補佐官は、北朝鮮、キューバ、イラク、イラン、リビアを「**ならず者国家**」（Rogue state）として名指しした（Lake, 1994）。さらに、9.11テロ事件後、G.W.ブッシュ大統領は、2002年1月の一般教書演説で、イラク、イラン、北朝鮮の3カ国を「**悪の枢軸**」（Axis of evil）と呼んだ。これらの国家が民主的な制度を持たず、人権を無視する独裁国家であり、テロ組織と連携し、さらに大量破壊兵器を保有して、国際社会の安全を脅かしているという理由である。「ならず者国家」「悪の枢軸」は、ほぼ同じ意味である。ただし、この考え方はアメリカが敵国を非難するために持ち出したもので、中立的な言葉ではなく、最初から政治的な使い方をされていることには注意が必要である。

　「ならず者国家」の基準としては、テロの実施やテロ組織の支援が重要な要素だと指摘されていた。「テロ」とはいったい何だろうか。テロの定義について普遍的な合意はないが、ひとまず、「政治的、社会的な目的のために、違法な暴力または暴力による威嚇を利用して、相手を動かそうとする行為」だと考えておく（清水、2007）。

　テロの基本的な目的は、暴力やその威嚇による恐怖を利用して、相手の心理に打撃を与えることである。テロの語源は、フランス革命時に革命政府側が反対派を次々と処刑して、恐怖に基づく支配を行ったことであった。暴力による恐怖の利用は、テロの本質的に重要な要素である。9.11テロ事件で、3000人以上の犠牲者が出たことは、アメリカ社会を恐怖に陥れた。真珠湾攻撃（1941年）以来、アメリカ本土が大規模な攻撃にさらされたことはなかったからである。

テロの道具は、何であってもかまわない。9.11 テロ事件の後、2001 年にアメリカでテレビ局、新聞社、上院議員事務所あてに、炭疽菌の封入された封筒が送りつけられ、5 人が死亡した。日本ではこれより早く、1989 年から 1995 年にかけてオウム真理教によるテロ事件が起こった。**化学兵器**（サリン、VX、ホスゲン）、**生物兵器**（炭疽菌、ただし失敗に終わった）、爆弾などが使われ、29 人が殺害された。特に 1995 年の地下鉄サリン事件は、13 人死亡、6000 人以上負傷という大事件となった。

生物化学兵器のような特殊な武器を使わなくても、2015 年のパリでのテロ事件では爆弾と銃で 130 人以上の死亡者が出た。2016 年のブリュッセルでのテロ事件では、爆弾と銃で 35 人の死亡者が出た。また、2016 年のベルリンでのテロ事件では、大型トラックがクリスマスに買い物客の群衆に突入し、12 人が死亡した。2017 年のストックホルムでのテロ事件ではトラックがデパートに突入し、4 人が死亡した。同 2017 年のサンクト・ベテルブルクでのテロ事件では地下鉄で爆弾が爆発し、15 人が死亡した。

何であっても武器になり得るし、人がいればどこでもテロは可能である。いつ、どこにいてもテロ攻撃を受ける可能性があるとすれば、人々は恐怖にさらされ、住民を守れない政府権力に対する信頼は失われる。これらのテロ攻撃の主体となっているイスラム過激主義者に対する反感は強まり、場合によっては、イスラム教徒全体や、イスラム圏からの移民全体に対する反感を持つ人も増えるかもしれない。

このように、暴力を使って恐怖を起こさせ、その心理的影響を政治的、社会的目的のために利用することがテロの本質である。この方法は、自国の軍で敵軍を打ち破るより安く、簡単に実行可能である。テロ実行犯は、訓練され、外国から派遣されたテロリストの場合もあるが、むしろ、

- 親が移民である家庭に生まれた
- 自分が生まれた社会で疎外感を感じた
- 成人してから過激な思想に染まった

以上のような者がテロ攻撃を行う事例（**ホームグロウン・テロ**［Homegrown terrorism]）が多いのである。この場合、隣人の誰かがテロ攻撃を行う可能性が

あるということになる。テロの心理的効果は非常に高くなる。社会に存在する、「安全に生活できる」という信頼感が打ち崩される可能性があるということになる。この心理的な影響は深刻である。

冷戦以前、敵の攻撃により、核戦争が起こる危険性は、「もし起こったとすれば、結果は深刻であるが、起こる可能性はそれほど高くない」と思われていた。しかし、現在起こっているテロ攻撃は、「もし起こったとしても、核戦争ほどには深刻な結果をもたらさないだろうが、いつでもどこでも起こりうる可能性があり、自分がそのために被害者となる可能性は現実にあり得る」と思われている。しかも、これは「テロに核兵器やその他の大量破壊兵器が使われなかった場合には、被害は相対的に少ないはず」という前提があっての話であり、かりに核兵器がテロリストの手に渡るとすれば（その可能性がたとえ低いとしても）、事態はさらに深刻になる。

テロの手段は、刃物でも自動車でもかまわないが、核兵器、生物化学兵器、放射性物質は、その威力においても、それがもたらす恐怖の程度においても、強力である。また、**コンピュータ・ネットワークを、電子的な手段で攻撃する「サイバー攻撃」**は、戦争の手段として有効だが、テロの手段としてもとりわけ有効である。現代社会、とりわけ先進国社会では、ネットワークは社会インフラの一部である。われわれは日常の連絡を電子メールに依存し、仕事や生活でネットサービスを使う。また、社会の基幹インフラ、つまり電力、ガス、水道、通信、交通、金融、物流、医療などのサービスは、直接インターネットにつながっているかどうかを問わず、すべてネットワークに依存する。

これが機能しなくなれば、社会は大混乱に陥る。サイバー攻撃は、小規模なものまで含めれば日常茶飯事となっている。多くの場合その目的は、金銭や嫌がらせなどだが、場合によっては軍事攻撃の手段の１つになり、戦争ではない場合でも、政治的、社会的目的で行えば、テロ、つまり**サイバーテロ（Cyberterrorism）**である。

2016年のアメリカ大統領選挙で、ロシアからアメリカに対して、民主党のクリントン陣営に打撃を与えるサイバー攻撃による工作活動が行われたこと、このような行為はロシアのプーチン大統領の直接の指示がなければ行えないことを、オバマ大統領が記者会見で断定した(2016年12月16日)。ロシアのサイバー

攻撃は電子投票システムにも行われ、選挙結果を攪乱しようとしたとみられる (Calabresi et.al. 2017)。国家が、外国の選挙にサイバー攻撃で介入するという事態が実際に起こったと考えて差し支えない。この攻撃は、情報操作を通じて、アメリカ人の心理に影響を与え、選挙結果を動かすために行われた。ロシアのサイバー戦態勢の整備は、戦時に備えるだけでなく、平時の活動と一体になっている (佐々木、2011)。サイバー攻撃は、戦時と平時の境界線を従来の基準よりはるかに低くしているのである。

　ロシアからだけではない。中国からも、アメリカや、日本などに対するサイバー攻撃が繰り返し行われており、その一部は、中国人民解放軍のサイバー戦部隊が行っていると見られている。2016年の「防衛白書」は、中国人民解放軍61398部隊がアメリカなどに最も活発にサイバー攻撃を仕掛けている組織であること、解放軍のサイバー戦を担当する組織は13万人規模であることを指摘している。

　また、中国は中国国内のGmailアカウントを通じて、Googleのシステムに侵入しようとしており、この攻撃を主導したのは、中国共産党中央政治局常務委員の李長春と治安担当書記の周永康だと報道されている (New York Times, Dec.4, 2010)。サイバー攻撃、サイバーテロは、もはや日常的な事件となっている。

▶§3　大量破壊兵器不拡散

　冷戦期には、米ソの核軍拡と、それによる核戦争の脅威が安全保障上の主要な問題だったことは、すでに述べた。冷戦が終わると、ソ連は解体し、ソ連の継承国家であったロシア（ソ連を構成していた共和国の1つが母体）以外の国家に配備されていたソ連の核兵器は、すべてロシアが引き取ることになり、ロシアに引き渡された。冷戦後の混乱で、ソ連の保有していた核兵器の管理がどうなるかということは、安全保障上の大きな懸念事項になっていたので、このことはひとまず、国際社会を安心させた。

　このように、核兵器を保有する国家が増加すること、特に核兵器を簡単に使用しかねない国家、核兵器を十分に管理できない国家が核兵器を取得することは、核兵器が簡単に使用される事態を招きかねないため、核兵器を取得、保有する

国家の数を抑制することは、冷戦期からすでに安全保障上の課題となっていた。

　世界で初めて核兵器を保有したのは、アメリカであり、その後、ソ連、イギリス、フランス、中国の順番で核保有を達成した。しかし、このままでは核兵器保有国は増加する一方であり、そのことは核兵器使用の可能性を高めるから、核兵器保有国の増加を阻止しなければならないという考え方が、主に既存の核兵器保有国を中心として出てきた。その結果、**核不拡散条約**（**ＮＰＴ**※）が1968年に調印され、1970年に発効した（⇒第13章§3）。

　この条約は、1967年1月1日までに核爆発実験を行った国家を「**核保有国**」として承認し（これに該当する国家は、アメリカ、ソ連、イギリス、フランス、中国の5カ国のみ）、それ以外の国家は「**非核国**」として、核兵器の取得、製造を禁止される。その代わりに、非核国は、原子力平和利用の権利を保障され、核保有国は、「誠実に核軍縮交渉を行う義務」を負う。

　この義務は、「誠実に交渉を行う義務」であって、具体的に時期を特定して、**核兵器を放棄する義務は、核保有国には課されていない**。つまり、この条約は、「一部の国家にのみ、核保有を認め、他の国家には認めない不平等な条約」であることに注意する必要がある。

　このような不平等な条約に、国家の加入を促進させるための誘因となっているのは、非核国は、**国際原子力機関**（**ＩＡＥＡ**※※）により、核兵器を製造していないことを確実にするために、IAEAによる保障措置、査察を受ける義務を負うことである。この義務を履行するための保障措置協定を結ばなければ、原子力平和利用に必要な、核物質、施設、技術の提供を受けられないことに、「基本的には」なっているのである（⇒第13章§5）。

　フランスと中国は、核不拡散条約は、自国の核保有を制約しようとするものだとして、長く条約に加入しようとしなかったが、1992年に条約に加入した。核兵器を開発しようとしている、または、その疑惑があると見なされていた、南アフリカ、ブラジル、アルゼンチンなどの国々も冷戦後に条約に加入した。

　日本は、1970年に署名、76年に批准している。一方、加入しなかった国家もある。インド、パキスタンは、核不拡散条約に加入せず、それぞれ1974年、1998年に核実験を実施した。イスラエルも加入していない。イスラエルが核実験を行ったかどうかは不確実であるが、核兵器を保有していることは確実だ

※　「Treaty on the Non-Proliferation of Nuclear Weapons」の略。「核拡散防止条約」とも言う。
※※　「International Atomic Energy Agency」の略。

と見なされている（イスラエル自身は、核保有を「肯定も否定もしない」という態度）。

　いったん加入したが、脱退した国家もある。北朝鮮（朝鮮民主主義人民共和国）は、1985年に核不拡散条約に加入した。ソ連から原子炉を供与される条件に、核不拡散条約への加入が含まれていたからである。しかし、1992年から93年にかけて、北朝鮮が条約に違反して核兵器開発を行っている疑惑が強まり、国際原子力機関（IAEA）は北朝鮮に対して、保障措置協定に基づく「**特別査察**」（協定違反の可能性が強い場合にのみ実施される特殊な措置）を行うことを通告したが、北朝鮮は1993年、一方的に核不拡散条約を脱退することを通告してきた。

　この脱退は、北朝鮮とアメリカの交渉に基づき、一時的に停止状態になったが、その後2003年に、北朝鮮はアメリカの軍事的脅威を理由に、核不拡散条約から脱退することを通告した。北朝鮮は、2006年から2017年にかけて6回核実験を実施したと発表しており、核兵器開発を引き続き推進している。

　核兵器以外の大量破壊兵器については、**生物兵器禁止条約**が1971年に成立（発効は1975年）、**化学兵器禁止条約**が1993年に署名され（発効は1997年）ている。また、大量破壊兵器を目標に運ぶための手段であるミサイルについては、ミサイル本体、部品、技術などの輸出管理のために、**ミサイル技術管理レジーム**（**MTCR**※）が1987年に成立した。先進国はMTCRに参加している。MTCRだけでは、ミサイル開発や輸出を妨害することしかできないので、実際にミサイル攻撃を受けた場合にミサイルを撃墜するための手段として、アメリカは、迎撃ミサイルで敵ミサイルを撃墜する手段である、**ミサイル防衛**（**MD**※※）の開発を進めており、日本もこの開発、生産を共同で行っている。ヨーロッパ諸国、ロシア、中国、イスラエルなどの国家も同種の兵器システムを開発している。

　このように、大量破壊兵器（核、生物、化学、放射能兵器）やその運搬手段に対しては、規制は行われているが、確実ではない。確実な規制ができない以上、進歩した技術を持つ大国は、生物化学兵器を禁止し、核兵器は自国以外が持てないように拡散を妨害しながら、自国は核兵器や、ミサイル防衛のシステムを保有し、自国が攻撃されても、対抗手段を取れるようにしている。

　しかし、法的規制と防衛システムの整備だけでは、対策として十分ではない。法的規制は常に破られる危険性があり、防衛システムは100％確実なものではない。従って、大量破壊兵器に対しては、別の対策が必要である。

※　「Missile Technology Control Regime」の略。
※※　「Missile Defense」の略。

第8章 ▶ 安全保障Ⅱ（新しい安全保障） 141

column ≫≫≫≫ 生物化学兵器はどれだけ役に立つのか

生物化学兵器は、「**貧者の核兵器**」とも言われる。この意味は、「核兵器ほどの技術や資金がなくても、開発、保有できる安い兵器であるが、核兵器ほどには役に立たない」というものである。核兵器が実戦使用されたのは、過去に2回、1945年8月の広島と長崎だけである。広島では、1945年内に約14万人が死亡、長崎では、同年内に約7万人が死亡したと推定されている。

しかし、化学兵器は、それ以前に実戦で大規模に使用されていた。第一次世界大戦では、同盟側、連合側の双方が化学兵器攻撃を多用した。戦争中の化学兵器使用による死傷者は、合計120万人 を超えるとみられる（firstworldwar.com）。とはいえ、化学兵器は第一次世界大戦の勝敗において、決定的な兵器ではなかった。化学兵器の効果は、風向きや雨のような天候に左右され、マスクなどの防護手段もあった。化学兵器は、主に敵を塹壕（ざんごう）から追い出して、砲撃にさらすための補助的な手段として使われていたのである。

生物兵器としては、古くから、病原体で死んだ遺体や、その使用品を敵の城内に投げ込むなどの、初歩的な手段によって使用されていた。病原体の研究が進み、兵器として利用できるようになったのは近代医学発達後のことだが、研究や実験的使用は行われたものの、実戦使用は部分的に留まっていると見られる。化学兵器に比べても、生物兵器は、その効果が、天候、感染経路などの偶然に左右される度合いが大きく、確実性に欠ける。また、使用した側が被害を受けないためには、あらかじめ自軍が防護対策を取る必要があるが、このコストが高く、防護の確実性は絶対ではない。

現代では、進歩した技術を持つ国家の軍隊は、密閉され、フィルターつきのエアコンを持つ車両、艦船などを使っており、それらに対しては、生物化学兵器は効果が薄い。従って、生物化学兵器は、防護措置を取っている軍に対しては、相対的に使用価値が低い。しかし、防護措置がない目標、つまり、一般市民相手であれば、話は別である。特に第二次世界大戦以後に化学兵器が使用されたのは、ほぼ一般市民に対してだけである。イラクの自国民に対する化学兵器攻撃（1988年）や、シリアの自国民に対する化学兵器攻撃（2013年、2017年）は、その例である。日本の**オウム真理教テロ事件**（1994-95年）でも、目標は一般市民であり、サリン、VX、炭疽菌（たんそきん）などが実際に使用された（一部は失敗）。

生物化学兵器の禁止条約ができた大きな理由は、「近代化された軍に対しては、比較的効果が低いが、技術や資金をあまり持たない国家や、テロ組織でも製造が容易」だという理由による。生物化学兵器の効果は近代軍に対しては不確実で、取扱いも難しい。核兵器保有国は、一般市民に対して生物化学兵器を使用する理由が薄く、仮に禁止条約が破られ、自国が大規模な生物化学兵器による攻撃を受けた場合も、核兵器で報復することができるので、相対的に禁止によるメリットが大きいのである。

その第1が**抑止**である。同種の兵器、つまりこの場合には核兵器を保有し、敵の大量破壊兵器（核兵器を含む）による攻撃に対して、常に報復できるような状態を維持することが必要である。非核国は、核保有国からの脅威が重大な場合には、核保有国と同盟し、その抑止による保護を受ける（拡大抑止の対象となる、または「**核の傘**」に入るともいう）ことが必要である。

第2の対策として、抑止が通用しないおそれがある敵に対しては、敵の大量破壊兵器保有を積極的に妨害する必要がある。このために有効な手段が、**諜報活動**やサイバー攻撃である。2010年に、イランの核開発施設に対して、マイクロソフト・ウィンドウズ の脆弱性を利用したコンピュータワーム（悪意を持った攻撃ソフトウェア）である**スタクスネット**（Stuxnet）による攻撃が行われたことが明らかになった。この攻撃により、イランが稼働させていた遠心分離機（核開発の材料になる濃縮ウランの製造機器）が多数破壊され、イランの核開発は遅れたと考えられている。この攻撃の主体について、ニューヨーク・タイムズ紙は、アメリカとイスラエルの諜報機関が合同してこの作戦を実施したと述べた（New York Times, Jun.1, 2012）。

さらに、軍事侵攻を行って、大量破壊兵器の開発主体である国家を直接潰すという考え方も存在する。2003年に、G.W.ブッシュ政権がアメリカを中心とする連合軍を形成して、イラクに侵攻した「**イラクの自由作戦**」が、それである。この時は、イラクが大量破壊兵器を**国連安全保障理事会**（**安保理** ⇒第5章§3）の決議に違反して製造・保有しており、その疑惑に対する査察をイラク政府が妨害しているということが、侵攻の主要な理由になっていた。

結局、連合軍がイラクに侵攻した後、イラク国内を徹底的に調査した後も、侵攻時点で大量破壊兵器を製造・保有している証拠は見つからなかったのだが、現実には大量破壊兵器の保有や、そのことに対する国連安保理決議違反が、戦争の理由とされたのである。2017年からのアメリカと北朝鮮との**核危機**も、この延長戦上にあることを理解すべきである。

「ならず者国家」や、テロリストが大量破壊兵器を取得し、実際に使用することは、安全保障に対する現実の危険である。しかし、そのことをどのように防ぐかという方法は簡単なものではない。

▶§4 新しい戦争と社会の安全保障化

　これまで述べてきた、安全保障に対する見方の変化や新しい問題の登場は、冷戦期以前の安全保障や戦争に対する考え方をどのように、どの程度、変えるのだろうか。元イギリス陸軍大将で、NATO欧州連合軍副最高司令官を務めたルパート・スミスは、『軍事力の効用』(2014) の中で、以下のように断言する。

> 「工業化された国家同士の戦争は終わり、人々の間での戦争（**人間戦争**
> [War among people]）の時代が始まった。」

　18世紀頃から20世紀半ばまでの戦争は、主に、組織化された軍(その主体は国家) 同士の戦争であった。第一次世界大戦、第二次世界大戦は、その絶頂期だった。しかし、冷戦期から、すでにそのような時代は終わりつつあるのではないかと見られていた。米ソ間の対立は、核戦争はもちろん、両国間の直接的な軍事衝突にはならなかったからである。

　1962年の**キューバ危機** (⇒§1) は、戦争まであと一歩の危機だったが、結果的に戦争は回避された。米ソ両国とその同盟国は、核戦力を含む膨大な軍を整備してにらみ合っていたが、この局面では実戦は起こらなかった。実際に起こった戦争は、米ソの勢力圏からは辺境にあたる地域での、比較的小さな戦争であった。**朝鮮戦争** (1950-53) は、局地的ながら大規模な通常戦争（大量破壊兵器を使わない戦争）だったが、戦域は朝鮮半島にほぼ限定された。

　ベトナム戦争(1960-75) は、ジャングルでのゲリラ戦を伴う通常戦争であったが、これも戦域はベトナムとその周辺（カンボジアとラオス）に限定された。戦争はゲリラ戦、空爆、南ベトナム住民の囲い込み、正規軍同士の戦闘、特殊部隊による工作活動、南北ベトナムや周辺国家への宣伝戦、国際社会に対する宣伝戦、アメリカ国内での宣伝戦などの多様な要素を含むものだった。アメリカがベトナム撤退を決断した最も重要な理由は、長引く戦争に対して国民の厭戦感情が強まり、国内政治的に戦争を継続することができなくなったからだった。

　アジア、アフリカ、ラテンアメリカでの戦争の多くは、敵の軍を撃破して降伏に追い込むというものではなかった。軍は、一般市民の中に紛れ込んだ敵

と戦い、明確な戦争の終わりというものはなく、敵に勝つことよりも自陣営の力を温存して長く戦い続け、敵が戦いをあきらめるのを待つという作戦を行わなければならなかった。戦いの主体は、組織化された正規軍の場合よりも、反政府武装勢力、テロ組織、麻薬組織の私兵、地域や宗教で結びついた武装勢力、軍閥などである場合が多かった。

　テロやゲリラ戦を含む、「組織化された軍隊同士の戦争ではない戦い」に対しては、先ほど紹介した「人間戦争」のほか、**「不正規戦」「低強度紛争」「新しい戦争」「ハイブリッド戦争」**など、様々な名前がつけられている（これらの言葉の意味は少しずつ違うことに注意）。名前は様々だが、基本的な戦いのパターンは似ている。目的は、敵軍の撃破ではなく、政府指導者や市民の意思を動かすことである。

　テロや戦争がいつ終わるかわからない状態でダラダラと続けば、市民は「善悪などどうでもいいので、とにかく早く戦争をやめるべき。テロリストであっても話し合うべき」という方向に意見を変えるかもしれない。そうなれば、政府指導者の態度も変わらざるをえない。民主制国家の政府は選挙で選ばれている。市民の意見が変われば、政府の態度も変わる。

　2001年の**9.11テロ事件**の後、アメリカのG.W.ブッシュ政権は、アフガニスタン、ついでイラクに大規模な軍事侵攻を行ったが、アフガニスタンやイラクの政情が安定せず、アメリカや連合軍の死傷者が増えてくると、オバマ政権のアメリカは、新しい方針に転換した。アル・カイダの指導者、**オサマ・ビン・ラディン**を特殊部隊で殺害し、これをきっかけにしてアフガニスタンからの撤退を図った。また、2009年にイラク派遣部隊の大半を、派遣期限を前倒しして、イラクから撤収させることを発表した。

　シリアでは、アサド政権による化学兵器の使用は「レッドライン」、つまりアメリカの軍事介入の理由となることを宣言しながら、2013年にアサド政権が化学兵器を自国民に使用した際にも、結局軍事介入は行わなかった。アメリカ国民はイラクで**「戦争疲れ」**に陥っており、オバマ大統領もこのことを無視できなかったのである。

　このような戦争において大切なことは、**勝つよりも負けないこと**であり、負けない状態で戦いを継続すれば、相手は疲れて戦いを放棄する可能性がある。

だから、アメリカや同盟国軍のような技術的に進歩し、装備も優れ、訓練の行き届いた近代軍が、それらの点ではるかに劣っているはずの民兵やテロ組織、ゲリラ部隊に、勝てないままで結局撤退せざるを得ないということが現実に起こるのである。テロも、敵を紛争地域に引きずり込み、消耗させるための大きな戦いの一環として、戦略的に実行されている。

　このような戦いは、戦場だけで起こるのではない。テロはどこでも起こりうる。サイバー攻撃も、時と場所を選ばず行うことができる。攻撃側にかかるコストは防御側に比べて低い。テロ、ゲリラ戦、サイバー攻撃などは、いずれも「攻撃側が主導し、防御側に高いコストを強要して消耗させる」という、戦争の古くからの歴史で、当然のように使われてきた方法の1つなのである。

　安全保障がつねに、どこでも、脅威にさらされる環境では、社会を守るために、脅威に対して強靭な社会とそのための備えが必要になる。テロリストの攻撃を未然に防ぎ、テロ実行後もテロリストを逮捕するためには、社会の至るところに設置されている防犯カメラが重要である。そして、

- ・出入国管理の強化
- ・サイバー攻撃対策としての情報セキュリティ強化
- ・国境や海洋の常時監視体制の整備、通信傍受
- ・諜報活動や対諜報活動、軍や治安機関のネットワーク強化
- ・テロ対策法制の整備

などが、安全保障を強化する手段になる。

　これらの局面では、先進国を中心とする国家間の協力も重要である。先進国が協調して安全保障を実現することを重視するのであれば、安全は一国だけで守れるものではなく、国際社会での各国の協力なしでは守れないということになる。国際安全保障が重要だということである。

　このような**社会の安全保障化**は、政府による市民の監視強化という側面も持つから、安全保障の強化が、市民の自由、権利を場合によっては侵害する可能性もある。国家、社会の安全保障を実現し、先進国の自由な社会を守っていくことは、非常に困難な課題なのである。

《課 題》

1) PKOの役割は何か、それはどのように変化してきたのか、その理由は何か、という3点の答えを述べてください。

2)「ならず者国家」による大量破壊兵器の保有、または、その使用の危機が切迫している場合、軍事攻撃に訴えて事前にその脅威を排除することは認められるのでしょうか。具体的な例を示して述べてください。

3)「生物兵器、化学兵器の禁止条約はできたので、核兵器についても禁止条約をつくることは可能であり、実現すべきである」という主張の是非を論じてください。

4)「新しい戦争」において、近代化された軍事組織（先進国の軍）は、どのような対応を取ることができるのかについて、論じてください。

5) テロに対して、テロリストかどうかわからない人間を含めた監視活動を強化することについて、必要性と問題点を共に考慮した上で、その是非を論じてください。

もっと深く ● 知りたい人のために

①武田康裕、神谷万丈（責任編集）、防衛大学校安全保障学研究会編著『安全保障学入門〔新訂第5版〕』亜紀書房、2018.

②ジョン・ベイリス、ジョームズ・ウィルツ、コリン・グレイ編（石津朋之監訳）『戦略論——現代世界の軍事と戦争』勁草書房、2012.

③松本光弘『イスラム聖戦テロの脅威——日本はジハード主義と戦えるのか』講談社＋α新書、2015.

④エドワード・ルトワック（奥山真司訳）『戦争にチャンスを与えよ』文春新書、2017.

➤①安全保障問題についての包括的な入門書。この問題について概観するために役立つ。ただし、軍事戦略の部分は基本的にはない。

➤②軍事戦略を含めた安全保障問題についての、欧米圏で使われている標準的な入門書。原著は大部だが、序章とパート1からの抄訳。それでもこの分野の基本を知るために価値のある本。

➤③警察のテロ対策専門家による、イスラム過激主義テロの解説。テロリスト側の思想や世界観から組織、対策まで、非常に手際よくまとまっている。

➤④著者は、欧米圏で政府や軍のアドバイザーとして活動する戦略家。この本は、訳者による著者へのインタビューをまとめたもの。戦争のメカニズムや心理的要因に対する深い洞察に満ちている。

第8章 ▶ 安全保障Ⅱ（新しい安全保障）　147

[参考文献]
　　（前頁に挙げた①～④を除く）

＜日本語文献＞

秋山信将編『NPT──核のグローバル・ガバナンス』岩波書店、2015.

片山善雄『テロリズムと現代の安全保障──テロ対策と民主主義』亜紀書房、2016.

川上高司編著『「新しい戦争」とは何か──方法と戦略』ミネルヴァ書房、2016

佐々木孝博「多面的なロシアのサイバー戦──組織・戦略・能力」『ディフェンス』30（1）、2011.

清水隆雄「テロリズムの定義──国際犯罪化への試み」『レファレンス』2005.10

黒澤満編著『軍縮問題入門』（第4版）、東信堂、2012

テロ対策を考える会編著、宮坂直史責任編集『「テロ対策」入門──遍在する危機への対処法』亜紀書房、2006.

防衛省『防衛白書　平成28年版』2016.

＜外国語の日本語訳文献＞

ルパート・スミス（山口昇監修、佐藤友紀訳）『軍事力の効用──新時代「戦争論」』原書房、2014.

＜外国語文献＞

Calabresi, Massimo, Brewster, Jack, Talkoff, Emma, "The Secret History of Election 2016," Time, 7/31/2017, Vol. 190, Issue 5.

Firstworldwar.com http://www.firstworldwar.com/weaponry/gas.htm　（2017.5.15アクセス）

Office of DNI, "Background to "Assessing Russian Activities and Intentions in Recent US Elections" : The Analytic Process and Cyber Incident Attribution," https://www.dni.gov/files/documents/ICA_2017_01.pdf, 2017.4.1アクセス

Anthony Lake, "Confronting Backlash States," Foreign Affairs, March-April 1994.

New York Times, Dec.4, 2010.

New York Times, Jun.1, 2012.

第**9**章

人権と民主化

永山 博之

≫この章の課題

　国際社会における規範問題として重要な、人権と民主化を取り上げる。基本的に、主権国家から国際社会ができていることを前提とすれば、国内でどのような政治が行われるか、国家の政治体制をどうするかは、それぞれの国家が独自に決めればよいはずである。

　しかし、特定の問題についてはそうとは言い切れない。その代表例が、人権と民主制である。「国家は人権を保障しなければならない」という規範があるのはなぜなのか、それが守られない場合があるとすれば、どうするのか、民主制がどこの国家にも拡張されるべきだという考え方はどこから出てきたのか、という問題について考える。

≫キーワード

- □ 人権
- □ 国際人権法
- □ 4つの自由
- □ ニュルンベルク裁判
- □ 国連憲章
- □ 世界人権宣言
- □ 国際人権規約
- □ A規約／B規約
- □ 欧州人権条約
- □ 欧州人権裁判所

- □ ジャクソン＝バニク条項
- □ 国連人権理事会
- □ 民主制の平和
- □ コンディショナリティ
- □ 開発協力大綱
- □ 民主化ドミノ
- □ 東欧革命
- □ 色の革命
- □ アラブの春
- □ 和平演変

▶§1 人権と国際規範

人には、生まれながらに**人権**があり、それは奪うことができない権利であるという考え方は、古くからあった。裁判を受ける権利や王の課税権への制限を定め、今日のイギリス憲法の一部となっている**マグナ・カルタ**は1215年に制定された。生命、自由、幸福追求の権利を定めた**アメリカ独立宣言**は、1776年に採択された。自由と平等、財産権の保障、権力分立などを定めた**フランス人権宣言**は、1789年に採択された。

これらの文書は、専制的な王（政府）に対して、国民の権利を守ろうとする立場に立つ。もちろん、このことはすでに政府が存在し、治安維持や対外防衛などのサービスが提供されており、それによって国民やその財産の安全が守られるということが前提にされている。

従って、人権は国民が国家に対して「法による国民の権利の保障」を求める根拠になる概念である。この概念は、基本的に国内問題である。これが、19世紀になると、主に「外国にいる自国民の権利保護を外国政府に要求する」ことに拡張された。日本などが欧米諸国からの領事裁判権の要求を拒否できなかったのは、欧米諸国が認めるような「適正な裁判制度」が日本にないため、欧米諸国の要求を断ることができなかったことが理由の１つにあった。

第一次世界大戦が終わると、国際連盟(1920年)や**国際労働機関（ILO**※**）**(1919年)が設立された。連盟は良心と宗教の自由、人身売買の禁止などを定めた規約（1919年）に基づいて設立されたをつくった。ILOは、ILO条約（1919年／労働時間条約、失業条約など、複数の条約からなる）を採択し、労働者権利保護について、国際的な基準を設定し、違反に対する監視活動を行った。

しかし、人権に対する国際的保障という考え方が基本的に変わったのは、第二次世界大戦によってである。第二次世界大戦の最中の1941年1月、アメリカ大統領**F.D.ローズヴェルト**は、一般教書演説で「**4つの自由**」（**表現の自由、信仰の自由、欠乏からの自由、恐怖からの自由**）を唱えた。連合国側の戦争目的が自由と権利の擁護であることを主張し、枢軸国（中心は日本、ドイツ、イタリア）に対する連合国（中心はアメリカ、イギリス）の道徳的優越を宣伝したのである。

※ 「International Labour Organization」の略。

大戦後、**ニュルンベルク国際軍事裁判**（1945-46年）で、ドイツの大量虐殺行為（現在の言葉では「**ホロコースト**」⇒§3のコラム）が認定された。ここで問題になったのは、外国における虐殺はそれまでの戦時国際法でも責任を追及することができるが、ドイツ国内で行われた虐殺行為の責任をどのような法に照らして追及できるのかという根拠が明確でなかったことである。ここで、連合国は、「**平和に対する罪**」（侵略戦争の計画と遂行）と並んで、「**人道に対する罪**」（大量殺人、追放、奴隷化）という罪を「創設」した。

このように、行為が行われた後で法をつくって罪を問うことは、**法の不遡及**（実行時に罪ではなかったことを、後で罪に問うことはできないという法の原則）に反するという強い批判が現在でもあるが、連合国側は反対を押し切った。ちなみに、日本側の罪を裁いた**東京裁判**（極東国際軍事裁判、1946-48年）では、平和に対する罪と通常の戦争犯罪のみが罪に問われ、人道に対する罪は対象にはされなかった。平和に対する罪についても、不遡及に反するという批判はある。

この裁判の正当性についての議論は現在もあるが、ここから後は、国内での行為であって、その国の国内法で違法ではなくても、大量殺人などの非人道的行為を国際社会が罪に問うことができるという原則が確立されたと考えられている。

▶§2 冷戦期の人権問題

第二次世界大戦がまだ続いている最中の、1945年4月から5月かけて「**国際機関に関する連合国会議※**」（サンフランシスコ会議）が開かれ、ここで、**国際連合（国連）**が発足した（⇒第5章§2）。国連憲章第55条には、「人種、性、言語又は宗教による差別のないすべての者のための人権及び基本的自由の普遍的な尊重および遵守」を促進することが定められた。人権と自由の尊重が国際社会の一般的な課題として規範化されたのはこれが初めてである。人権が国際社会の規範として機能するようになった、直接の出発点はここにあるといえる。

国連では経済社会理事会の下に人権委員会（2006年に国際連合人権理事会の設立により、廃止）が設置され、ここで保護されるべき人権の具体的な内容を詰めることになった。ここで、人権の内容を示す「**国際人権章典**」に相当する文書、人権保障を義務とするための「規約」、人権保障の具体的手続きを定める「実

※　英文では「United Nations Conference on International Organization」であり、「連合国」を意味する「United Nations」が、そのまま「国際連盟」の母体となった。なお日本が、連合国と、第二次世界大戦についての平和条約を結んだのは、1951年9月の「**サンフランシスコ講和会議**」であるので、混同しないように注意。この平和（講和）条約は1952年4月に発効し、日本は戦争状態を終結、主権を回復した。日本の国連加盟は1956年。

施措置」を決めることになった（浅田、2013）。この「国際人権章典」に相当する文書が、1948年に採択された「**世界人権宣言**」である。この文書は、国際社会において守られるべき人権の内容を示す。自由権と社会権、参政権、一般規程からなる。これ自体は、国際法上の効力を持たないものと考えられていたが、この文書が現実に、人権規範の内容を示すものとして広範に使われているため、実質的に慣習国際法の一部となっているという見解もある。

　この内容を規範化、条約化したのが、**国際人権規約**である。これは複数の条約的文書からなり、

　　　・社会権規約（**A規約**）

　　　・自由権規約（**B規約**）

　および、

　　　・「市民的及び政治的権利に関する国際規約の選択議定書」

　　　（自由権規約選択議定書＝**第 1 選択議定書**）

が、1966年に国連総会で採択された。

　その後、**死刑廃止議定書**（第 2 選択議定書）が1989年に採択され、「経済的、社会的及び文化的権利に関する国際規約の選択議定書」（**社会権規約選択議定書**）が、2008年に採択された（社会権選択議定書は未発効）。

　この条約的文書の採択にあたっては、アメリカを中心とした西側諸国と、ソ連を中心とした東側諸国の間で激しい議論があった。西側諸国は、国際的な人権規範として**自由権**を中心に考えており、逆に東側諸国は、**社会権**を中心に考えていた。ここでいう社会権には民族自決の権利、天然資源に対する産出国の権利、労働、社会保障、家族と結婚、食料分配、健康、教育、文化的生活の権利などが含まれる。

　もちろん、これらの権利が東側諸国で「実際に、西側諸国よりも高い水準で」享受できていたわけではなかった。しかし、東側諸国は、自国ではこれらの権利が高度な水準で保障されていると主張しており、このことを自国と、社会主義の優越を示す材料として、宣伝に使っていたのである。当時まだ多く残っていた**植民地**の**宗主国**は、イギリス、フランスなどの西側民主主義諸国がほとんどであり、民族自決や天然資源への産出国の権利は、植民地宗主国への圧力として有効に機能したのである。

A規約は、社会主義諸国にとっての武器であった。2017年現在でも、アメリカはA規約に署名しているが、批准はしていない。ちなみに日本は、社会権規約、自由権規約には1978年に署名、1979年に批准しているが、2017年現在、社会権規約選択議定書、自由権規約第1選択議定書、自由権第2選択議定書（死刑廃止選択議定書）については、署名も批准もしていない。

一方、B規約は、人としての平等、生命への権利、適正手続の保障、拷問、奴隷、強制労働の禁止、居住、出国の自由、裁判を受ける権利、法の不遡及（⇒§1）、思想、良心、信教の自由、表現、集会、結社の自由、参政権、法の下の平等などを定めている。これは民主主義諸国が実際に保障していた権利であり、社会主義諸国にとっては、たとえそのような権利を憲法上保障していたとしても、実際に保障を実行しておらず、政治的に都合のよいものではなかった。2017年現在でも、中国はB規約に署名しているが、批准はしていない。

このように、冷戦期には、人権の規範化は進んだが、西側、東側諸国は、人権を自陣営の国際社会における道徳的、規範的優位をアピールするための手段として使っていた。また、特に西側民主主義国家では、国内政治からの人権尊重への圧力があった。ソ連や東側諸国では、出国の自由がなく、出国者には人頭税を、教育を受けた者にはさらに高率の出国税を課していた。

これは特にユダヤ人の出国に対して圧力をかけたものと考えられている。これに対して、アメリカ国内でユダヤ人差別だとする政治的反発が高まり、1974年、通商法に対して、いわゆる「**ジャクソン＝バニク修正条項**※」が追加された。これは、出国の自由を制限する共産主義国家に対して、最恵国待遇の破棄、政府による通商協定、投資保護の禁止を定めたものである。このために米ソ関係は悪化したが、アメリカは、2012年まで、この修正条項を維持したのだった（2012年以後は、人権侵害の関係者に対する制裁措置に移行）。

また、人権問題は、東側諸国だけにあったわけではなかった。西側の同盟国のいくつかは**独裁国家**であり、東側諸国と同様、人権侵害を行っていた。例えば韓国では、1961年から1979年までクーデターで政権を掌握した**朴正熙**大統領の軍事独裁が続いた（韓国の軍事政権は、1987年に**盧泰愚**大統領候補による「民主化宣言」が発せられ、それに基づく同年の大統領選挙が行われたことで終焉を迎えた）。

アメリカの**カーター**大統領（在任1977～81年）は、こうした韓国の独裁体制

※ 民主党の上院議員ヘンリー・M・ジャクソンと下院議員チャールス・A・バニクの提案がきっかけとなったことにちなむ命名。正式名称は「Jackson-Vanik Amendment」。

を嫌い、韓国がすでに経済発展のコースに入っていること、韓国の軍事力はすでに北朝鮮と同レベルにあるという判断をもとに、在韓米軍の撤退を政策として打ち出した。アメリカ政府内部の反対や、韓国、日本の反対などにより、結局この政策は放棄された（村田、1998）。在韓米軍の撤退というカーターの政策において、人権問題は理由の1つでしかなかったことは確かだが、人権問題は安全保障政策にも影響を与えていたのである。

　ただし、基本的にはアメリカは、冷戦期（⇒第2章§8）においては同盟国の人権問題に対してあまり厳しい態度は取っていなかった（ソ連は人権問題を単なる宣伝の道具と見なしていた）。西ヨーロッパや日本は別として、アメリカの同盟国のいくつかは、軍事政権や独裁政権だった。その人権問題に対してアメリカが干渉するとなれば、それらの同盟国はアメリカから離れていく可能性があった。カーターの在韓米軍撤退政策は、そのような危険の一端を示したものだった。従って、アメリカは、同盟国の人権問題に対しては、概して沈黙を守ることが多かったのである。

▶§3　人権規範は国境を超えるのか

　このような事情は、冷戦が終わった後、根本的に変わった。ソ連は崩壊し、ソ連が影響力を行使していた東側陣営は消滅した。共産党が支配する国家は、中国、北朝鮮（朝鮮民主主義人民共和国）、ベトナム、キューバなど、少数の国だけになった。その中でも、冷戦期と同じ程度の厳しさで人権を抑圧してきたのは、北朝鮮などさらに少数の国家だけであった。

　そこで、アメリカは、同盟国に人権問題で圧力をかけた場合に、同盟国がアメリカから離反する危険や、ソ連からの不安定化工作を受けるおそれがあることを考慮に入れる必要がなくなったのである。もともとアメリカは、人権をただの道具としてのみ使っていたわけではなかった。アメリカは**独立革命**（1775-83年）で、政府が奪うことができない人権の考え方を宣言した国であり、王も貴族制もない国としてつくられた。南北戦争は、直接的に奴隷制廃止を目的とした戦争ではなかったが、結果的には**奴隷解放宣言**が発せられ、アメリカの道徳的な立場は強化され、奴隷制を国際的に認めない流れが形成された。

アメリカでは、自国が「丘の上の町」(a City upon a Hill) であるという考え方、つまり「神がアメリカを特別な存在として選んだのであり、アメリカは道徳的に高い位置にある、特別な国である」という概念が早くからあった。これはアメリカがまだ英領植民地だった17世紀に（今のマサチューセッツ州一帯の）植民地総督だった**ジョン・ウィンスロップ**（1588 - 1649）が、聖書の言葉※を引用して述べた説教に見られる。独立宣言（1776年）やアメリカ憲法、そこに見られる自由と人権の擁護、民主制は、アメリカ人にとって彼らのアイデンティティとプライドの一部であり、このことがアメリカの外交政策にも少なくない影響を与えてきたのである。簡単に言えば、アメリカが人権と民主制を、他国に対して、**普遍的な正義**として強要するということである。

冷戦のきっかけの１つとなった**トルーマン大統領**の**トルーマン・ドクトリン**（1947年）は、「武装勢力や外国の征服に抵抗する自由な国民」を支援する政策の一環として、トルコとギリシャを援助するというものだった。冷戦において、アメリカ国内では、無神論で共産主義であるソ連は道徳的に許すことができない存在だという考え方が、重要な思想的な基盤となっていたのである。

一方、ヨーロッパ（冷戦期には西ヨーロッパ）においては、人権は制度の裏付けを得る形で尊重されてきた。1950年に「**人権と基本的自由の保護のための条約**」（**欧州人権条約**）が調印された。この条約は、内容としては国際人権規約ではＢ規約、つまり自由権規約に相当する。Ａ規約、つまり社会権規約に相当する（⇒§2）ものは、1961年に採択された**欧州社会憲章**である。いずれも、国際人権規約に先立って採択され、発効したことに注意する必要がある。人権の国際規範化は、国際社会全体よりも、まず（西）ヨーロッパで先行していたのである。

ヨーロッパにおける人権保障の意義は、人権保障を規範化しただけでなく、人権保障を確実にする具体的な手続きを確立したところにある。ヨーロッパ統一の基本理念を明らかにすること、理念実現の手続きを具体化すること、加盟国の社会経済的進歩を促進するために、このような条約がつくられたのである。**欧州統合と欧州人権規約は理念的に不可分の関係**にあったと言える。

欧州人権条約に対する加盟国の違反行為は、欧州人権裁判所（1959年設立）で審理される。この裁判所は、**国際司法裁判所**（**ＩＣＪ**※※ ⇒第5章§3）とは異なり、国家だけでなく、個人、個人の集団、団体も提訴することができる。加

※　例えば、新約聖書「マタイによる福音書」5章14節には、英語版で「You are the light of the world. **A city on a hill** cannot be hidden.」(Matthew 5:14)とある。以上の邦訳(聖書共同訳)は「あなた方は世の光である。山の上にある町は隠れることができない」。
※※　「International Court of Justice」の略。

盟国国民でなくても、加盟国の人権侵害行為に対してであれば提訴できる。提訴された側は裁判の受け入れを拒むことはできない。つまり、国内の通常の裁判所と同じ、強制管轄権を持つ。提訴するためには、**欧州評議会**(EUより広い範囲の国が加盟する機関 で、人権、民主制、法の支配の分野で国際基準をつくることを目的として設立された。2017年現在、EU加盟国、ロシアなど47カ国からなる) 加盟各国の国内裁判所に訴えた上で、そこでも救済されなかったことが条件になる。

しかも、欧州人権裁判所の判決は、欧州評議会加盟各国の最高裁判所、憲法裁判所のような最終審の判決であっても覆すことができる、非常に強い効力を持つ(ただし、各国の法律を無効にしたり、各国裁判所の判決を取り消したりする権限はない)。その判決に従うことは加盟国の義務である。このような地域的人権保障の取り決めやその履行を保障するための機関は、ヨーロッパだけでなく、南北アメリカに**米州人権条約** (1969年採択)、アフリカに**バンジュール憲章**[※](1981年採択) がある。これらの条約では、主に自由権の保障を定めているが、欧州人権条約に比べると、具体的な人権侵害行為に対する手続き的保障が十分ではない。

また、アジアにおいては、地域的人権保障取り決めがきわめて弱い形でしか存在しない。**アジア全体を包括する人権保障取り決めはない。**アジアは広すぎ、文化的にも多様すぎ、また内部に、中国や北朝鮮のような人権を重視しない権威主義、全体主義体制を持つ国家を含んでおり、アジア地域に人権保障取り決めを定めることは難しい。唯一、**ASEAN**^{※※}（アセアン 東南アジア諸国連合）だけは、2012年にASEAN人権宣言を採択した。しかし、この宣言は法的拘束力を持たず、内容的にも、権利と責任のバランス、地域的、文化的文脈への配慮、各国法の制約など、人権保障を弱めるような内容を含んでいるとして、一部のNGOなどは、人権保障取り決めとして十分でないことを批判している(アムネスティ・インターナショナル、2012)。

このように、人権保障については、国、地域ごとに保護の程度に差があり、「世界のどこであっても、同じように人権が保障される」わけではない。一般的な国際機構である国連は、国際社会全体における人権保障の促進を重要な活動の1つにしている。しかし、その活動は間接的な効果しか持っていないことに注意する必要がある。

国連人権理事会 (2006年までは、国連人権委員会) は、人権基準の設定、人権

※　正式名称は、「人及び人民の権利に関するアフリカ憲章（African Charter on Human and Peoples' Rights）」。憲章の名は、その実施に関わるアフリカ委員会の本部が、西アフリカのガンビアの首都バンジュールに置かれていることにちなむ。
※※　「Association of South-East Asian Nations」の略。

状況の監視、特定の人権問題のための手続きなどについて活動を行ってきた（浅田、2013）。個人や集団からの通報に基づいて、人権侵害行為の監視を行う手続き（監視であって、法的拘束力を持つ措置ではない）や、特定の人権問題を取り上げて、事情を調査し、場合によっては理事会（委員会）による非難決議が出ることもあった（これも法的拘束力を持つ措置ではない）。基本的には、**人権を守る主体は国家**なのであり、国連は国家が人権保障を行っていないことに対して注意を促し、人権の基準を作ることに努力し、人権問題に対して国際社会の関心を集めることが基本的な仕事である。**国家に直接介入して人権問題を解決する**というのは**特殊な場合**であり、そのような場合を一般化することはできない。

　国連における人権問題の取り扱いにおける問題は、欧州評議会のそれと比べると明らかに弱い。国連人権理事会は法的拘束力を持たず、そこでは人権問題での取り組みが遅れている国が、人権問題を処理する任務に当たっていることがある。その場合、その国は自国の立場を悪化させる、人権問題に国連が介入できる先例をなるべくつくりたくないために、人権問題の改善に消極的な立場しか取らないことがある。

　結論として、人権問題は、少なくとも先進国においては、社会規範の一部となっており、それが拡大することで、冷戦後の国際社会において、人権が国境を越えて守られるべき規範だと考えられるようになってきたことは否定できない。しかし、そうであっても現実に人権を重視していない国に人権を守らせるということは難しく、その国が大国であったり、軍事的に強力であったりする場合にはなおさらそうである。ただ、人権が規範であるという意識が、先進国を中心とする国々に浸透していくのなら、ある国が人権を軽視、無視しているという事実や非難を突きつけることは、国際社会において各国の支持を獲得するためには役に立つ。**人権は外交政策において重要な武器となり得る**のである。

　例えば、1989年、アメリカの**G.H.W.ブッシュ**大統領は、南米のパナマに侵攻し、パナマ軍を破り、ノリエガ大統領を逮捕した。この侵攻（正統な理由作戦）において、アメリカはその理由を示したが、自衛権の行使、麻薬密売の撲滅、トリホス・カーター条約（パナマ運河保護のための条約）遵守と並んで、パナマの民制と人権の保護が挙げられていたのである。

column ▶▶▶▶▶ 先進国社会における人権問題
——「政治化」の過程とその問題

　国連の**人権問題**に対する取り組みにおいてだけでなく、先進国が他国の人権問題を取り上げる際にも、問題が起こる。先進国で、他国の人権問題が取り上げられるのは、多くはそれが、テレビなどのマスメディアで大きく報道された場合である。取り上げられるのは、子供の悲惨な状況や、遺体の映像など、ショッキングで、受け手の感情を左右するような「絵」である。テレビだけではなく、YouTubeなどの動画サイトが一般化した現在は、個人が動画を投稿し、それがソーシャルメディアなどで拡大し、そのような「絵」が独り歩きして、世論を形成することがある。

　また、先進国の文化的背景や、社会で一般的になっている価値観、他国に有力なニュースメディアがあるかどうかなどの要素も、人権問題が取り上げられるかどうかを左右する。例えば、人権問題が起こった国が、イスラム圏であること、あるいは北朝鮮のような閉鎖的な国であること、その国の国内メディアが流すニュースが先進国では流れないこと、そこに単純な無知などが組み合わされると、ある特定の国の特定の人権問題が、常に先進国で重要視されることになり、そのことが先進国政府の人権問題への取り組みに影響する。

　さらに、小説、映画、テレビドラマなどの創作物が、人権問題に対する先進国の取り組みに影響することがある。事実かどうかとは別に、創作物が人間の感情に影響し、創作物が事実の類似物のように受け取られることは、現実にある。第二次世界大戦中のドイツによる虐殺行為が、テレビドラマや映画に繰り返し取り上げられたことは、ユダヤ人差別に対する強い反感を先進国に植え付けた。

　かつて、「ジェノサイド」（「集団全体の抹消」の意味だが、この言葉もユダヤ人殺害をきっかけにできた造語）と言われていたユダヤ人殺害を、「**ホロコースト**」と言うようになった重要なきっかけは、1978年にアメリカで放送されたTVシリーズ「Holocaust」（日本放映時のタイトルは「ホロコースト――戦争と家族」）が注目されたことが大きかった。

　日本においても、第二次世界大戦における原爆投下や都市空襲の被害が創作物で頻出したことが、日本人の価値観形成に強い影響を及ぼしている。このような創作物の出現頻度や影響には偏りがあり、それが、人権問題に対する（人権問題以外に対しても基本的には同じだが）態度形成の基礎となっているのである。

TVシリーズ「ホロコースト」ではデビュー間もない頃のメリル・ストリープが重要な役を演じた。

▶§4 民主制は望ましいのか

　民主制を国際社会に拡大することを是とする考え方は、人権保障の規範化と軌を一にする。ヨーロッパとアメリカでは、人権保障と民主制の確立は、車の両輪だった。1789年のフランス人権宣言では、「権利の保障が確保されず、権力の分立が定められていないすべての社会は、憲法をもたない」と述べられている。人権保障、権力分立、立憲制は分けることができないものとして考えられていた。人権保障は、権力への制約と不可分であり、そのためには選挙された議会と、議会による政府の統制が必要である。従って、人権保障は、民主制をとる政体でのみ可能であり、非民主制、専制政治、独裁政治の下では人権保障を確実に行うことはできない。人権保障を国際的に規範化することは、民主化の促進と同時に行わなければ、結果を生み出すことができないのである。

　政治学者サミュエル・ハンティントンは、『第三の波※──20世紀後半の民主化』の中で、歴史上、民主化はある時期に集中して起こっており、その後に民主化からの退行が来るので、波のように民主化は前進と後退を繰り返すと述べている（ハンティントン、1995）。この波は過去に3回あり、1度目の波は1828-1926年（主に西欧諸国）、2度目の波は1943-1962年（主に戦争に敗北した枢軸国）、3度目の波は1974年以後であるという（ハンティントンの原著作は1991年に出版）。

　特に第3の波は、ポルトガルとスペインの民主化以後、ラテンアメリカ諸国、ソ連と東欧諸国に及び、1980年代から1990年代は民主化の時代になったように見えた。近年でも、いわゆる「アラブの春」と言われた中東地域の大規模な政治変動が起こった。このうち、東欧、ラテンアメリカ、アジアの一部には比較的安定した民主制が定着しつつある。

　このような民主制への移行を、特に先進国が支持する理由の1つは、先に挙げた人権保障との関連である。しかし、理由はそれだけではない。民主制は平和的な国際関係を育てるという考え方があるからである。

　「民主制国家同士は戦争をしない」という考え方を最初に打ち出したのは、哲学者のイマヌエル・カントであり（カント自身は「共和制」という言葉を使っていた）、彼は『永遠平和のために』の中で、戦争の原因は王の恣意であり、権力を市民

※　この本は、アメリカの未来学者で作家のアルビン・トフラー（Alvin Toffler、1928 - 2016）が、1980年に著わした『第三の波（The Third Wave）』とは全く異なる書物なので注意。なお、ハンティントンのほうの原題は「The Third Wave : Democratization in the Late Twentieth Century」。

が握るような社会では、市民は侵略のために自ら銃を取るようなことはしないから、侵略戦争は起こらないと説いた（カント、2006）。

カントの考え方に反して、民主制国家そのものはあまり平和的な行動を取っているとは言えないのではないかと見られていた。第一次世界大戦前のイギリスやフランスの行動は特に「平和的」ではなかったし、第二次世界大戦後のアメリカやイスラエルの行動もそうである。しかし、マイケル・ドイルは、民主制国家の行動がすべて平和的とは言えないとしても、民主制国家同士の関係は過去の事例を統計的に見ても、非常に平和的であり、「民主制国家同士はお互いに戦争をしない」と言うことは事実である、と主張した（Doyle, 1983）。逆に、非民主制国家では、そのような関係は見られないし、民主制国家と、非民主制国家同士の関係は平和的ではない。民主制国家同士の関係だけが平和的なのである。

この論理を拡張すると、民主制国家の数が増えるほど、国際社会に戦争が起こる可能性は減っていくという結論を出すこともできる。この説に対しては、①統計のとり方が恣意的である、②なぜ民主制国家が非民主制国家に対しては平和的ではないのかについての説明が明確でない、③移行期の民主制国家は安定的でなく、平和的とも言えない、などの批判がある（これらの批判について、[Barkawi and Laffey, 1999] および [Mansfield and Snyder, 2006] を参照）。しかし、重要なのは、この説が学説として妥当かどうかはともかく、先進国、特にアメリカの立場からは外交安保政策の重要な指針として、意味を持っていることである。

アメリカでは、冷戦期から、民主化支援が政府の公式の政策として機能していた。これは共産主義国家に対するアメリカの対抗策であった。1989年の**東欧革命**では、アメリカはソ連の衛星国だった東欧諸国の民主化支援を公然と推進した。東ヨーロッパ諸国の民主化支援には、西ヨーロッパも積極的な立場を取った。**全欧安全保障協力会議**（CSCE[※]）は1990年にコペンハーゲン文書を採択して、民主化支援を表明した（⇒第8章§1）。EUも、東ヨーロッパ諸国との協定において、民主制の採用を条件として課す政策を取った（杉浦、2007）。

開発援助や、貿易、投資協定、融資において、一定の条件を課すことは、**コンディショナリティ**（conditionality）と呼ばれるが、この条件に、人権保

※　「the Conference on Security and Cooperation in Europe」の略。

障や民主化の進展を入れることは、先進国の政策として一般的になっている。日本も、**政府開発援助（ODA**※ ⇒第11章§1）供与の指針として、ODA大綱（1992年）、新ODA大綱（2003年）、開発協力大綱（2015年）を策定しているが、その中で援助の基本目的として、「非軍事的協力による平和と繁栄への貢献」「人間の安全保障の推進」「自助努力支援と日本の経験と知見を踏まえた対話・協働による自立的発展に向けた協力」を挙げている。

民主化支援は、場合によっては、軍事介入の理由ともなる（人権侵害を理由とした軍事介入については　⇒第8章§1）。アメリカは、G.W. ブッシュ政権時に、アフガニスタンとイラクに軍事介入した際、「独裁国家を民主化する」ことを理由に掲げていた。民主化を軍事介入の理由に挙げたのは、これが初めてではなく、第一次世界大戦ではアメリカの**ウィルソン**大統領は議会に対して参戦の理由を「**平和と民主主義、人間の権利を守る戦い**」としていた。

また、第二次世界大戦でも、連合国は**ポツダム宣言**（1945年）において日本に対して、「**日本国政府は、日本国国民の間に於ける民主主義的傾向の復活強化に対する一切の障礙を除去すべし**※※」と述べていた。ベトナム戦争でも、ケネディ、ジョンソン政権は民主的政府の樹立を援助することを介入の理由としていた。アメリカのラテンアメリカ諸国への介入においても、同じ理由付けがなされたのである。

果たしてこのような「**民主制の強制**」は有効なのだろうか。ピアソン、ウォーカー、スターンは、2000年代初めまでに行われたアメリカの軍事介入と、介入を受けた国の民主化への変化を検討した上で、アメリカの軍事介入は、ある程度民主化を促進する効果を持っていることは確かだが、介入と民主化の成功を単線的に結びつけることはむずかしく、多国間の連合や地域的国際機構による介入への協調など、他の要因の重要性を検討する必要があると結論している（F. S. Pearson, S. Walker, and S. Stern, 2006）。

現実には、民主化を促進するために常に武力介入を行うわけにはいかない。そこで、経済制裁その他の強制手段、国際社会や特定国家からの説得、民主化推進のための選挙監視団の派遣、非民主的政府との対話などの方法が試みられている（杉浦、2007）。そのような試みは、東欧諸国や一部のラテンアメリカ諸国などでは一定の成果を上げている。

※　「Official Development Assistance」の略。
※※　英文では次のとおり。「The Japanese Government shall remove all obstacles to the revival and strengthening of democratic tendencies among the Japanese people」（東京大学田中明彦研究室データベースより）。

第9章 ▶人権と民主化　161

> ### column ▶▶▶▶▶ 民主制の拡大は平和をもたらすのか

「民主制国家同士は戦争をしない、従って民主制が拡大すると世界は平和になる（はず）」という理論を、「**民主制の平和**」（デモクラティック・ピース）論という。このことはどういう意味を持つのか、本当にこの論は事実なのか、政策の指針にすることはできるのか、という問題を考えてみよう。

まず、この論は、民主制国家は平和的であると言っているのではない。民主制国家と非民主制国家の関係は、平和的ではない。非民主制国家が民主制国家に侵攻した例は多いが、民主制国家の側から、非民主制国家に侵攻した例も少なくない。§4前半で述べた、アメリカやイスラエルの対外政策を見れば、民主制国家はそれ自体が平和的だという議論は、かなり怪しいことがわかるはずである。

では、民主制国家自体が平和的かどうかはともかく、民主制国家同士の関係は平和的であるという論は成り立つのか。これは非常にむずかしい問題である。「民主制国家」とはどのような国を指すのか、戦争、平和はどのように定義すればいいのかという問題があるからである。民主制の平和論は、単なる説明の理屈ではなく、統計的事実として民主制国家同士の戦争は起こらないと主張しているので、このことは重要である。

ある批判は、民主制の平和論が、民主制や戦争の定義を、自説に都合よく操作しているとする。例えば、アメリカの南北戦争（1861-65）は民主制同士の戦争ではないのかどうか、などである。

さらに重要な批判は、民主制の平和論が、因果関係をうまく説明していないのではないかということである。先に、民主制国家の対外政策そのものが平和的なのではないということを説明した。そうであれば、なぜ民主制国家は、相手が民主制国家の場合にのみ、平和的な態度を取るのかということを、説得的に説明しなければならない。この説明として、民主制の平和論を支持する立場からは、民主制国家では政府が国民に対して説明責任を負うこと、独裁者が反対を無視して一方的に戦争できるような環境は民主制国家にはないこと、などが指摘される（ラセット、1996）。

しかし、民主制国家では、世論の説得や支持が必要であることが事実だとしても、だから、民主制国家同士の関係が平和的だと言えるのか。現実に、民主制国家でも**世論**操作は可能であり、世論を説得するために一手間かけられるのであれば、民主制国家は世論の支持を得て戦争を遂行できる分、逆に、戦争に全力を投入できる、という議論も成り立たないわけではない。実際、**報道**と世論が戦争の開始や終結に重要な影響を与えた事例は、いくらでもある。

民主制の平和論が、容易に反論できない統計的な数字に支えられていることは確かである。しかし、論理的根拠や、政策の指針として「正しい」ものなのかどうかということについて、多くの疑問があることも、事実なのである。

特に、冷戦終結以後の東欧諸国の民主化は、「ある国家が民主化すると、周辺の他の国家もドミノが倒れるように民主化が進む」という「**民主化ドミノ**」論の模範例として考えられていた。しかし、実際は、民主化ドミノが比較的摩擦なく実現したと考えられる例は、この東欧諸国の民主化などごくわずかしかなく、2000年代に、セルビア(2000年)、ジョージア(旧グルジア、2003年)、ウクライナ(2004年)、キルギス(2005年)で起こった民主化の連鎖、いわゆる「**色の革命(カラー革命)**※」(Color revolutions) は、セルビアを除けばあまりうまくいっているとは言えない。

また、2010年からアラブ諸国で起こった政変、いわゆる「**アラブの春**」は、チュニジア(2010年)、エジプト(2011年)、リビア(2011年)、イエメン(2011年)などで政権を打倒する大きな動きになった。しかし、政変の後、円滑に民主化が成功したかということになると、あまり成功例がない。シリアでは、政権反対運動がそのまま内戦に移行し、IS※※（アイエス）(**イスラム国**)、アサド政権などの過激なテロ活動を起こす結果となった。

独裁政権に対して抗議行動が起こったり、独裁政権が打倒されたりしても、そのまま民主的な権力が樹立されるわけではないのである。**独裁政権を直接行動で打倒できることと、その後に安定した民主制を構築することは、まったく別の問題**である。民主制の価値観に、主要な政治勢力が合意していること、軍や政府官僚、宗教の役割、その相互関係や、国民の教育

〈図表9-1〉「色の革命」と「アラブの春」

※ 「花の革命」とも呼ばれる。非暴力による革命を強調するため、様々な色の花を象徴として掲げたことに由来する。グルジア(ジョージア)の「バラ」、ウクライナの「オレンジ」、キルギスの「チューリップ」など。
※※ 「Islamic State」の略。

水準や中間層の厚みなどの政治的、社会的条件において、**中東諸国は民主化に相対的に不利**であり、南ヨーロッパ、東ヨーロッパ、ラテンアメリカなどに見られた、民主化へのドミノ現象は起こっていない。

　特に、ロシアや中国は、民主化は、単にアメリカや西側同盟国が自国やその勢力圏に対して仕掛けている謀略だとして、これを敵視している。2014年のウクライナ危機では、ロシアが実質的にウクライナに軍事介入して、それまでウクライナ領だったクリミアをロシアに編入し、ウクライナの東部、南部地域はウクライナから半ば離脱状態になっており、実質的に内戦が起こっている。これはロシアのプーチン大統領が、ウクライナで反政府暴動から政権が転覆したことを、西側の謀略とみなして、武力でこの状態を覆そうとしたためである。

　また中国は、1989年のいわゆる「**六四天安門事件**※（第二次天安門事件）」を、アメリカをはじめとする西側諸国が、ソ連、東欧の共産主義体制を倒したことと同様に、中国の体制転覆を図った陰謀だとみなしている（「**和平演変**」論と呼ばれる）。

　これらの事実に見られるように、民主化は、国際社会の規範となりつつある側面と、民主化は西側諸国の勢力拡大のための謀略だとしてこれを拒否する諸国の存在、民主化そのものがうまく行かない地域が多いなどの側面があり、国際社会が民主化に向かっているというようなことを簡単に言える状況にはなっていないのである。

《**課　題**》

1) 主権国家に対して、人権を国際規範として守らせるべきだという考え方の根拠は何か。歴史的事実をもとにして述べてください。
2) 人権に対する国際規範にはどのようなものがあるのか、それらはどのようにして形成されたのかについて、述べてください。
3) 人権を守らない国家に対して、人権を守らせようとする場合にどのような困難があるのかについて、述べてください。。
4) 人権と大国の政治的利益はどのような関係にあるのかについて、述べてください。
5) 民主化は、人権と同じレベルで国際規範になっていると言えるのかどうか、人権と民主制の規範としての特質を分析して、述べてください。

※　1989年6月4日に発生。同年4月の胡耀邦元党総書記の逝去を機に、民主化を求めて北京市内の天安門広場に集まっていた学生や一般市民を、中国人民解放軍が武力で制圧した事件。

もっと深く ◉ 知りたい人のために 🔍

① 小松一郎『実践国際法〔第2版〕』信山社、2015.

② 国連人権高等弁務官事務所編（ヒューマンライツ・ナウ編訳、阿部浩巳監訳）『市民社会向けハンドブック　国連人権プログラムを活用する』信山社、2011.

③ 芹田健太郎、薬師寺公夫、坂元茂樹『ブリッジブック 国際人権法』信山社、2008.

④ ブルース・ラセット（鴨武彦訳）『パクス・デモクラティア —— 冷戦後世界への原理』東京大学出版会、1996.

⑤ サミュエル・ハンチントン（鈴木主税訳）『文明の衝突　上・下』、集英社文庫、2017.

➤①この本全部が国際人権法を扱っているわけではなく、第6章の一部だけである。しかも安い本ではない。しかし、国際法の理解は、学説だけではだめで、実務がどのようになっているのかを知ることが絶対に必要である。図書館で該当箇所を読んでみてほしい。

➤②これは、国連機関の立場で、国際的な人権規範をどのように活用していけばよいのかという方法を説明した本。人権保障の具体的手続きをよく知ることができる。

➤③国際人権法の簡潔でよくまとまった教科書。国際社会における人権問題の理解には、国際人権法の全体像を、おおまかにであっても、つかんでおく必要がある。これはそのための初心者向けによく書けている本。

➤④民主制の平和論の基本文献。§4のコラムで紹介した、ラセットが「どのような方法によって」民主制と平和を結びつけているかという部分に、特に注意する必要がある。

➤⑤国際社会における「普遍的なもの」という考え方に一撃を加えた本。議論は粗いし、批判の多い本。しかし、実際に国際政治に文化、文明による対立が持ち込まれている。現在の世界で改めて読まれるべき本。

［参考文献］

　　（上に挙げた①～⑤を除く）

<日本語文献>

浅田正彦編『国際法〔第2版〕』東信堂、2013.

杉浦功一「国際的な民主化支援活動の変遷に関する考察」『国際公共政策』11(2)、2007.

村田晃嗣『大統領の挫折 —— カーター政権の在韓米軍撤退政策』有斐閣、1998.

山田敦「民主主義と平和の理論 —— デモクラティック・ピース論争について」『一橋研究』21 (4)、1997.

<外国語の日本語訳文献>

イマニュエル・カント（中山元訳）『永遠平和のために/啓蒙とは何か 他3編』光文社古典新訳文庫、2006.

S.P. ハンティントン（坪郷實、中道寿一、藪野祐三訳）『第三の波 —— 20世紀後半の民主化』三嶺書房、1995.

第9章 ▶ 人権と民主化 165

＜外国語文献＞

Barkawi, T and M. Laffey, "The Imperial Peace: Democracy, Force, and Globalization." European Journal of International Relations 5 (4), 1999.

E. D. Mansfield and J. Snyder, Electing to Fight: Why Emerging Democracies Go to War, The MIT Press, 2007.

Frederic S. Pearson, Scott Walker, and Stephanie Stern, "MilitaryIntervention and Prospects for Democratization", International Journal of Peace Studies, Volume 11, Number 2, Autumn/Winter 2006.

＜ウェブサイト＞

アムネスティ・インターナショナル「重大な欠陥のある、ASEAN人権宣言の延期を」 https://www.amnesty.or.jp/news/2012/1113_3619.html （2017.5.16アクセス）

第10章

国際政治経済

井口 正彦

≫この章の課題

　今日の国際政治に関するニュースの中で、必ずと言ってよいほど国際経済に関する話題を耳にする。これには、国家間の貿易の取り決めが、国家の大きな関心事の１つであるばかりでなく、国際経済の変化が多国籍企業の経済活動に作用し、雇用や物価の値段などを通じて、国内の経済および政治にも大きな影響を与えるからある。

　本章では、これまでの国際経済の発展と国際政治との関係について概観する。また、他国との自由な貿易を推進する自由貿易と、自国の産業を保護する保護貿易との違いや、国際的な経済協力のための制度と機能についても言及する。

≫キーワード

□ 自由貿易
□ 保護貿易
□ ブレトンウッズ体制
□ 地域経済レジーム
□ 多角間貿易交渉
□ GATT／WTO

□ 自由貿易協定
□ FTA
□ 輸入代替工業化戦略
□ 輸出志向工業化戦略
□ 新興国
□ ３つのトリレンマ

第10章▶国際政治経済 | 167

▶§1 市場と政治

　政治を考える上で、**市場（経済）**の果たす役割は果てしなく大きい。政治と市場の関係性を、人間の体に置き換えてたとえるのならば、政治が、体の動きに指令を与える脳の役割を担い、市場は、人間の健康状態を維持するために必要不可欠な血液循環を円滑に促すための心臓の役割を担っていると言える。「心臓（市場）」が規則正しく「血液（お金）」を体の隅々に届けることによって、人間は動くための原動力を得ることができる。

　もちろん、現実における市場と政治の関係はさらに複雑であるが、その関係は切っても切れない関係にある。市場リベラリズムが主張するように、各国が経済活動の拡大のために他国との経済協力を強化すれば、相互依存関係が生まれ、戦争の回避につながりうる。また、経済分野の協調から始まった欧州連合（EU）は、いまや超国家機関として国際政治に大きな影響を与えている。その一方で、経済的理由を背景として国家間が激しく対立するのである。

▶§2 自由貿易主義と保護貿易主義

　第二次世界大戦が勃発した直接的な理由は、ナチス・ドイツがポーランドを侵略したことが直接的な原因であるが、その根底には、各国の経済的対立が存在した。当時、第一次世界大戦に敗れたドイツは、**ヴェルサイユ条約**（1919年⇒第2章§7）によって植民地を失った。1929年、アメリカに端を発する世界恐慌が起こると、依然として植民地を保有していたイギリスやフランスなどの大国は、それぞれ自国経済を守ろうと**保護主義**に傾倒し、市場や資源を地域内に囲い込む**ブロック経済政策**を取ることによってその悪影響を最小化しようとした。

　一方で、ドイツではアメリカを始めとする大国からの投資が引き上げられ、経済状況が悪化した。こうして高まった緊張がひとつの引き金となってナチス・ドイツが誕生し、「植民地があれば、経済復興できる」という理由に基づいてポーランド侵略が行われ、第二次世界大戦が引き起こされたのである。

　こうした反省を踏まえ、第二次世界大戦後は、国際平和のためには保護主義

やブロック経済ではなく、国際協調による経済の安定化が必要であるという認識が生まれた。いわば、国内経済の安定を優先しつつ国際経済の自由化を目指すという『埋め込まれた自由主義』の時代である（Ruggie, 1982）。

1941年には、ルーズベルト大統領（アメリカ）とチャーチル首相（イギリス）が会談し、**大西洋憲章**（⇒第5章§2）に合意した。さらに、自由貿易を堅固なものにすべく、1944年に44カ国がアメリカのブレトンウッズ（Bretton Woods）に集まり、**国際通貨基金（IMF ※）**と**国際復興開発銀行（世界銀行）**の樹立に合意した。いわゆる、**ブレトンウッズ体制**の誕生である。

国際通貨基金は、金融分野の国際レジームであり、国際通貨体制の強化を目的とした。具体的には、各国間の貿易上の支払いの円滑化および為替レートの安定化のために、**固定相場制**を設け、通貨交換の比率を一定にした。その際、各国の通貨の価値を図る基準として、米ドルを金と交換可能な国際通貨としたのである（**金ドル本位制**）。

国際復興開発銀行は、戦後復興・開発分野の国際レジームであり、国際通貨としての米ドルの流動性を確保することを目的とした。経済開発のための資金を各国に貸し付けることにより、米ドルを世界に流通させるとともに、この仕組みを通じて、国際貿易への参加を促進しようとしたのである。

また、暫定的な取り決めとして合意された**関税及び貿易に関する一般協定（GATT ※※）**を通じて、貿易自由化に向けた多国間交渉の場を設け、関税削減などに関する各国の利害調整を行った。このことから、GATTでの交渉は、**多角的貿易交渉**と呼ばれる。この枠組みのもとで、貿易国に対して最も良い貿易上の待遇を提供する**最恵国待遇**や、輸出入の数量制限の禁止などが定められた。しかし、数量制限の禁止については次のように明記されている。

第19条　特定の産品の輸入に対する緊急措置

1.（a）締約国は、事情の予見されなかった発展の結果及び自国がこの協定に基いて負う義務（関税譲許を含む）の効果により、産品が、自国の領域内における同種の産品又は直接的競争産品の国内生産者に重大な損害を与え又は与えるおそれがあるような増加した数量で、及びそのような条件で、自国の領域内に輸入されているときは、その産品について、前記の損害を防止し又は救済するために必要な限度及び期間において、その義務の全部若しくは一部を停止し、又はその譲許を撤回し、若しくは修正することができる。

〔出典〕外務省HP「関税及び貿易に関する一般協定」（平成28［2016］年9月5日）より

※　　「International Monetary Fund」の略。

※※　「General Agreement on Tariffs and Trade」の略。

第10章▶国際政治経済 | 169

　すなわち、GATT自体が、輸出が拡大して国内産業に重大な被害が生じた
場合に限定的な貿易制限を認めており、完全な自由貿易協定とは言いがたかっ
たことも指摘しておく必要がある。

　このように、**自由貿易主義**とは、単純化して言えばヒト・モノ・カネの国境
を越えた移動を自由にするために、その障壁となる関税の撤廃や、共通の貿易
ルールを設定することである。これには、前述のブレトンウッズ体制やGATT
（後の**世界貿易機関**［**WTO**※］⇒§4）に加え、北米自由貿易協定（NAFTA※※）、
EU、環太平洋パートナーシップ協定（TPP※※※）などの地域協定が含まれる。

　このような地域レベルの自由貿易協定は、他との差別化を図る目的で設立さ
れたといえるが、世界レベルの自由貿易主義の思想の背景には、リベラリズム
の考え方が強く反映している。古くはアダム・スミス（⇒第3章§3）が、自由
な経済活動が社会利益を増大させると説き、市場リベラリズムが国家間の国際
貿易を拡大し、相互依存関係を強化することによって、国際社会に秩序をもた
らすことができると主張したように、自由な経済活動は第二次世界大戦のよう
な大規模な戦争を予防することにつながるのである。

　こうした市場の自主的秩序を重視し、それをできる限り活用し、活発な企業
活動に支えられた国際貿易を加速させることで国際政治にも利益をもたらそう
という動きは、1980年代にイギリスの**マーガレット・サッチャー**政権やアメ
リカの**ロナルド・レーガン**政権、日本の**中曽根康弘**政権などによって取り入れ
られた。その文脈で生まれた**ワシントン・コンセンサス**は、自由貿易や国際投
資の加速、国有企業（国が所有する企業）の民営化、政府による市場への介入抑
制により、途上国の経済の活性化を目指すという考え方である。

　しかしその一方で、自由貿易の加速により競争にさらされた国内産業が圧迫
される、あるいは、なんらかの事態が起きた時に輸出入が止まり、国内産業が
大打撃を受けるというデメリットも存在する。2011年の東日本大震災がもた
らした、東京電力・福島第一原子力発電所事故の風評被害により、日本産の食
料品の輸出が著しく落ち込んだことは記憶に新しい。

　また、環太平洋パートナーシップ協定（TPP）をめぐる議論では、高い国際
競争力を有する自動車産業や電子機器産業がその加入のメリットを強調する
一方で、安い外国産の農作物が輸入されることにより、大打撃を受ける第一次

※　　　「World Trade Organization」の略。
※※　　「North American Free Trade Agreement」の略。
※※※　「Trans-Pacific Strategic Economic Partnership Agreement」の略。

産業はその加入に強く反対していることも、良い例として挙げることができる。このように自由貿易主義の反対に位置する考え方は、**保護貿易主義**である。

保護貿易主義とは、関税の引き上げや国内規制の強化（環境規制や雇用条件）によってヒト・モノ・カネの移動を制限することである。例として、日本の1950年代の自動車産業保護政策や農業保護政策を挙げることができる。保護貿易主義は、国内の弱小産業を守ることができるというメリットがある一方で、自由に外貨を稼ぐことができなくなるといった影響や、周辺国が保護主義に走れば規模の経済が働かず、経済発展につながらない、さらには商品の価格が高騰することにより物価が上昇せざるを得ず、結果として消費者から生産者への所得移転が起こる、といったデメリットも存在する。

これまでの国際政治経済の歴史を見れば、自由貿易主義と保護貿易主義が常に入り混じり、バランスを取りながら発展をしてきたと言える。

▶§3 グローバル化と経済

国際政治経済が著しく発展したのは、「黄金の時代」と呼ばれる1960年代である。各国は第二次世界大戦終戦直後の廃墟から立ち上がり、貿易を拡大し、国内経済を成長へと導いた。その一方で、冷戦期の東ヨーロッパ諸国はソ連の主導により社会主義に基づいて、1949年に**コメコン**（**COMECON**※[**経済相互援助会議**]）を設立した。

1970年代になると、様々な危機（ショック）が国際経済を襲った。1971年には、アメリカがベトナム戦争と福祉拡大のためにドルのばら撒きを行った結果、ドルの債務が金の準備を超え、信頼が揺らいだことにより、「第二次**ニクソン・ショック（ドルショック）**」が起こった。その結果、国際通貨基金（IMF）の固定相場制が崩壊、**変動相場制**へと移行するという事態にまで発展したのである。1973年には、中東戦争が「第一次**オイルショック**」を引き起こし、アラブ産油国による石油の供給に依存していた国は大打撃を受け、国際貿易にも多大な影響をあたえることとなった。1970年代は、このような石油とドルのショックにより、先進国は前例のない経済的苦境に立たされたのである（⇒第13章§3）。

このような中にあって、日本は例外的に、輸出主導型の成長を続けた。日

※　「Council for Mutual Economic Assistance 」の略。

本が輸出を順調に増大させる一方で、それらを輸入する欧米諸国では企業経営が悪化していった。その結果、日本と欧米諸国の間に**貿易摩擦**が起こり、1987年にはアメリカが日本に対日経済制裁を発動するという事態にまで発展した。日本は「自主輸出規制・自主輸入拡大」によって決着をつけたものの、本来であればこうした多国間交渉を円滑にするはずのGATTがうまく機能しなかったことで、その信頼性を低下させることとなった。

　このような流れのもと、GATTを中心とした多国間貿易交渉は行き詰まりを見せ、限定国間での貿易や地域貿易の時代へと移行していったのである。こうして、**自由貿易協定**（FTA ⇒§4）や**EU**（⇒§5）といった地域経済レジームの設立へとつながったのである。

---

column ≫≫≫≫ 資本主義の多様性とは

　第二次世界大戦後の高度経済成長を背景に、1970年以降に相互依存が進み、経済の国際化やボーダレス化が進行した。これにより、自由貿易が加速した国際政治において、各国があたかも単一的に資本主義を発展させてきたかのように見えるが、実際には、各国の資本主義の形態は様々な多様性（バリエーション）が存在することについて触れておく必要がある。

　ミシェル・アルベールは『資本主義対資本主義』において、自由貿易の加速はまた、各国の経済社会の多様化を促し、**資本主義の多様性**（同じ資本主義でも特徴が異なること）をもたらしたと論じている（アルベール、2011）。

　この多様性は、市場の保つ役割が決定的な重要性を占める市場中心型と、福祉制度の充実に重点を置いた社会民主主義型などに大きく分けることができる。もちろん、時代の変化とともに国家の政策も変わりうるので、こういった分類が常に的確であるとは言い難いが（例えば、イギリスのサッチャー政権前と後では、経済・福祉政策が大きく異なる）、資本主義には様々な多様性があることを知る上で有用な視点となる。

〈図表10-1〉 資本主義の多様性の類型

類型	国	特徴	福祉制度
市場中心型	米国、英国など	市場の保つ役割が重要性を占める。政府は市場にあまり介入しない。	遅れている。民営化の動きが活発。
社会民主主義型	北欧諸国	社会的な公正を重視。	高度な社会保障制度。
大陸欧州型	独・仏など	市場中心型と社会民主主義型の中間に位置。	比較的進んでいるが、社会民主主義型ほどではない。
アジア型	日・韓など	大企業グループを中心とした組織的な調整。	市場中心型より進んでいるが、大陸欧州型ほどではない。

〔出典〕筆者作成

▶§4 多角的貿易交渉から自由貿易協定へ

　GATT（ガット）は1995年に**世界貿易機関（WTO）**（ダブリューティーオー）になり、紛争手続き（全ての国が一致して反対しないかぎり裁定を採択）を強化した。その一方で、少なくとも2つの問題点を抱えることとなった。

　第1に、NGO（非政府組織）がグローバル化自体に歯止めをかける**反グローバリズム**を先導したのである。この背景には、WTOの決定は、途上国や一般市民にも及ぶのにもかかわらず、ルールづくりに参加できないといった**民主主義の赤字**の観点からの批判や、グローバル化は途上国による多国籍企業の誘致に伴う規制緩和により、最低賃金の引き下げや環境問題の悪化を招きかねない、**底辺への競争**といった懸念があった。

　第2に、これまでWTOでは計8回のラウンドが行われ、大幅な関税撤廃に成功し、自由貿易が拡大してきた。しかし、WTOの加盟国・地域は現在164あり、そのうちのほとんどが途上国である。これはつまり、多角的に交渉を行っても多様な利害対立が浮き彫りになってしまうのである。例えば、鉱工業の関税削減を例にとってみても、安い資源を大量に仕入れ、また、製品輸出の量を増やしたい先進国は積極的に関税撤廃を支持する一方で、不公平な貿易構造を助長しかねないとして途上国は消極的な姿勢を見せている。

　これらに加えて、知的財産権の問題も多角間交渉の難しさに拍車をかけている。例えば、「**知的所有権の貿易関連の側面に関する協定（TRIPs**（トリップス）**※）**」は、医薬品の特許を守るという観点から、安価なコピー薬品（ジェネリック）の貿易を禁止していた。これに対して、医薬品を自国で製造できず、また、高価な医薬品も購入できない多くの途上国は規制緩和を求めた。結果として、途上国はジェネリック薬品製造可能な途上国から輸入できるという決議が、2003年にWTOで採択されている。

　このように、多国間交渉が停滞する中、近年では2カ国以上の国及び地域の間で、物品の関税やサービス貿易の障壁等を削減・撤廃することを目的とする協定である、**自由貿易協定（FTA：Free Trade Agreement）**（エフティーエー）の重要性が増している。

　FTAには次のように、メリットとデメリットを挙げることができる。

※「Agreement on Trade-Related Aspects of Intellectual Property Rights」の略。

【○FTAのメリット】
○1：経済的効果

　競争の効果が拡大することによる経済活動の活性化
○2：政治的効果

　経済的効果を手がかりに、途上国の経済発展と民主化を促す

　（例：イラク戦争後の米の中東FTA構想）
○3：外交上の効果

　国家間の関係の緊密化、外交パートナーの増加、地域内の国際関係の変化

【●FTAのデメリット】
●1：国内産業(特に農業など)への圧迫や貿易への依存が高まることによるリスク

　何らかの事態が起きた時、輸入・輸出が止まり、経済的な大ダメージや食料自給率が低下しうる
●2：国際貿易の細分化や縮小、WTOの信頼の低下を引き起こしうる

　（FTAは地域を限定しているため、差別的に自由化を推進することになる）

　日本は伝統的に多角間貿易交渉を重視してきたため、貿易額に占めるFTA比率は他国に比べて低水準であったが、近年、大幅な増加を見せている。2017年1月の時点では、日本のカバー率は22.3%であり、大筋合意したTPPを加えると37.2%、また政府は2018年までに70%にまで引き上げる目標を打ち出しており、成長戦略の柱の1つとして位置づけられている。

---

column ▶▶▶▶▶ WTO とラウンド

　「ラウンド」とは、全ての加盟国が参加して行われる貿易自由化のための交渉のことを指す。第1回は1948年にジュネーヴ（スイス）で開催され、23カ国が参加した。第2回（アヌシー［フランス］、1949年）、第3回（トーキー［イギリス］、1951年）、第4回（ジュネーヴ）を経て、第5回のディロン・ラウンド＊（1960‑61年）では26カ国が参加し、鉱工業製品の関税撤廃に関する議論が行われた。

　第6回ケネディ・ラウンド＊＊（1964‑67年）では、74カ国が参加し、工業品関税の一律50%引き下げの原則を採用、貿易の自由化に大きく貢献した。補助金、アンチ・ダンピングが議論された。

　第7回東京ラウンド（1973‑79年）では82カ国が参加し、非関税障壁について議論された。第8回ウルグアイ・ラウンド＊＊＊（1986‑94年）では、93カ国が参加し、農業・サービス・知的財産権・紛争解決に関する議論が行われた。また、GATTが改組され、WTOの設立が決まった。第9回ドーハ開発ラウンド（2001年‑現在）では、153カ国が参加し、貿易円滑化、環境、開発が議論された。

※　　　アメリカの財務次官（アイゼンハワー政権時。その後のケネディ政権で財務長官）クラレンス・ダグラス・ディロンにちなむ。

※※　　アメリカの大統領 J・F・ケネディにちなむ。ただしケネディは、交渉開始の前年1963年11月に暗殺。

※※※　南米ウルグアイで交渉が開始したことにちなむ。「知的所有権の貿易関連の側面に関する協定（TRIPs）」を成立させた。

▶§5 地域経済レジームの登場

　地域経済レジームの例として、欧州連合を挙げることができる。世界銀行によれば、**欧州連合**（EU：European Union）は、2015年の世界の国内総生産（GDP）合計の約22％を占めており、アメリカの25％、中国の16％と並ぶ世界で最大規模の市場である（World Bank, 2016）。このような世界でも最大級の市場を創設するにあたり、どのような変遷をたどってきたのかを見てみよう。

　欧州統合はそもそも、第一次・第二次世界大戦の主な戦場になり疲弊した西ヨーロッパ諸国が、その経験を踏まえて、統合による「不戦共同体」を創り上げることを目的としていた。そのために軍備と経済に欠かすことのできない石炭と鉄鋼の生産を共同で管理するというアイディアが、フランスの実業家で国際連盟の事務次長も経験したジャン・モネより提出された。これを受け、1950年5月9日にフランス外相のロベール・シューマンが、フランスと、（当時の）西ドイツとの石炭・鉄鋼産業の共同管理を提唱（シューマン宣言）したことにより、欧州統合が現実味を増すこととなった。西ドイツはこの提案を歓迎し、イタリア・ベルギー・オランダ・ルクセンブルグもすぐに同調し、パリ条約（1951年）によって**欧州石炭鉄鋼共同体**が設立された。

　これを足がかりに、ジャン・モネはベルギー外相のポール＝アンリ・シャルル・スパークと共に、運輸、原子力、ガスなど石炭と鉄鋼以外の分野にまで広げた経済統合を目指すとの結論に達した。彼らの構想を土台に、ベルギー・オランダ・ルクセンブルグの外相は広大な「共同市場」に基づいた経済共同体の設立を提案する覚書を採択した。1955年6月にはシチリアにて各国政府の代表間会議が開催され、共同の組織を発展させ、国家の経済を次第に統合し共同市場を作ることで、統一ヨーロッパの設立を継続する必要性があるという点で合意した。1956年5月にはベネツィアで会議が開かれ、西ドイツ、ベルギー、フランス、イタリア、オランダ、ルクセンブルグの外相は農産物と工業生産物の「共同市場」をつくり、関税同盟を実現することをうたった報告書を受け取った。その結果、1957年にローマ条約が調印され、**欧州経済共同体**と**欧州原子力共同体**の2つの機関の設立に向けて動いたのである。

　欧州経済共同体は、外部に対する関税に共通の制度を適用することを伴う自由貿易地域である関税同盟を目的とした。最初の成果として、1962年に農産品の共通価格水準を設定したことが挙げられる。

　欧州原子力共同体は、第二次中東戦争（1956年）により、ヨーロッパ諸国がエネルギーの大部分が供給不可能になったことを受け、原子力に特化した市場を創設して共同体中に原子力エネルギーを提供すること、および原子力エネルギーを開発して余剰分を非加盟国に売ることを目的としている。

　さらに、1965年、欧州経済共同体に加盟する6カ国は、欧州石炭鉄鋼共同体、欧州経済共同体、欧州原子力共同体の3つを1つにまとめるブリュッセル条約に調印し、結果、**欧州共同体**（**EC**：European Community）が設立された。

　このように、共同市場（関税同盟）は製品規制に関する共通の政策や土地、労働、資本の生産要素の移転の自由や開業の自由を目的としたが、現実には、域内各国間での自由貿易に関する制度不備があることが重要な課題だった。例えば、関税廃止の猶予手続きの問題、工業規格の問題、動植物の検疫問題などを挙げることができる。そこで、1985年にフランスの経済学者で元蔵相のジャック・ドロールが欧州委員会委員長に就任すると、人・財・サービス・資本の移動を自由化させる計画の実現という、さらなる経済統合を目指した動きが加速した。結果、1986年にローマ条約を大規模に修正した「単一欧州議定書」が調印され、1992年までに単一市場に伴う参加国間に存在する物理的（国境）・技術的（基準）・財務的（税制）等の障壁の除去、制度面の調整を行うことが合意された。

　さらに、1985年にはヨーロッパの国家間において国境検査なしで国境を越えることを許可する**シェンゲン協定**（⇒第14章§2）が署名され、ヒト・モノ・カネの自由な移動をより加速させた。また、通貨統合を目指し、1989年に欧州共同体が欧州通貨同盟の構想に向けた議論を開始し、ヒト・モノ・カネの移動の自由化とともに欧州中央銀行による統一金融政策の機能強化や、共通貨幣に参加する条件として、各国がインフレ率、政府財政赤字などの定められた基準を設けた。

さらに、欧州における為替相場の変動を抑制し、通貨の安定性の確保することを目的として**欧州為替相場メカニズム（ERM[※]）**が設立された。この為替相場制度では、あらかじめ変動幅を決めておいて、その範囲を超えると通貨当局が介入するという管理変動方式になっている。

2002年1月より流通が開始した共通通貨であるユーロのメリットとデメリットはなんであろうか。その最大のメリットは、ユーロ参加国間での為替リスクの低下であろう。例えば、通貨単位が統一されることにより商品価格の比較が容易になり、企業間の競争が活発化し、通商や経済協力が増大することが期待される。その一方で、単一市場・共通通貨が仇となる場合もある。最近では、ギリシャがユーロに加盟する際に財政赤字を偽って加盟した問題が明らかになり、ユーロに動揺が走った（⇒次ページコラム）。また、労働の流動性という観点からみれば、人件費の安い南欧に工場が建てられ、西欧では安価な商品やサービスが流通する代わりに、西欧諸国の失業率の増加や新たな雇用の創出というといった問題も浮上している。

このような統合過程は、**新機能主義**という立場から説明ができる。**エルンスト・ハース**は、経済分野での国際間の協力関係を築いていこうとする活動が、隣接する領域へと波及（スピル・オーバー）し、結果として政治的な領域での協調を可能にすると説く新機能主義を提唱した (Haas, 1958)。つまり、各国が共通の利益を見出しやすい経済協力から始まり、様々な分野での国家間協力を達成しようとするものである。

その他、EUをモデルにした地域統合として、**東南アジア諸国連合（ASEAN：Association of South-East Asian Nations）**と、**アフリカ連合（AU：African Union）**を挙げることができる。

ASEANは、1967年に発足し、2017年3月現在の加盟国は10カ国である。**ASEAN自由貿易地域（AFTA：ASEAN Free Trade Area）**を設け、2007年に共同体創設に向けたASEAN憲章を採択した。しかし、各国経済にばらつきがあり、ただ単に「おしゃべりの場（Talk shop）」であるとの批判もある。AUは、1963年に発足したアフリカ統一機構をベースとして、2002年に設立された。2017年3月現在の加盟国は55カ国であり、アフリカの経済成長および紛争の予防解決を強化するため、2001年にアフリカ開発のための新パートナーシップを採択した。

※　「European Exchange Rate Mechanism」の略。

第10章▶国際政治経済 | 177

column >>>>> 欧州債務危機とユーロ

財政赤字によって引き起こされた「**欧州債務危機**」と、"**PIGS**"の話は、記憶に新しい。財政赤字とは、国の経済活動における赤字のことである。国の支出である歳出が、国民から集めた税金でまかなえない場合には財政は赤字となり、これを補うために、公債（国債、政府関係機関債、地方債）を発行する。債務とは、その借金を返す義務のことであり、それを返す見通しが立たない国が増えたことから、このような危機が起こった。

また、"PIGS"とは、ポルトガル（**P**ortugal）、イタリア（**I**taly）、ギリシャ（**G**reece）、スペイン（**S**pain）の頭文字で、ヨーロッパの中でも国の借金がかさんで返しきれない状況になりそうな南ヨーロッパの諸国を指す。債務危機の原因は国によって異なる。例えば、放漫財政（ギリシャ、ポルトガル）、住宅バブルの破裂（アイルランド、スペイン）、120％にも達した政府債務（イタリア）などである。

南ヨーロッパ諸国から**ユーロ**※圏、ヨーロッパ全体へと広がっていった欧州債務危機は、2009年末からはじまったギリシャを中心とした、財政破綻に端を発する。ギリシャがユーロに加盟したのは2001年のことであるが、2009年に新民主主義党から全ギリシャ社会主義運動への政権交代と共に、それまで対GDP比3.7％とされた財政赤字が実際には12.5％であると発表され（2010年4月には13.6％に修正）、国債の粉飾が露呈した。これを受けて、アメリカの大手格付け会社が、ギリシャ国債の長期格付けを3段階引き下げて、債務不履行に陥る危険性を指摘した結果、ユーロ売りが始まり、ギリシャは「ユーロ最大のアキレス腱」と呼ばれた。

そもそも、なぜギリシャにおいて放漫財政が行われたのであろうか。この背景には以下の3つが存在する。第1に、弱体化した産業を国営化し、縁故政治を通じた公務員の増員による失業問題の軽減で一時しのぎをしたという、政治の腐敗を挙げることができる。第2に、放漫財政策があった。第3に、ギリシャ経済を牽引してきた卸売・小売業、建設業への依存が高く、さらにこうした産業は自己回復力が乏しかったことから、産業構造そのものにも問題があったと言える。

ヨーロッパ全体にまで影響が広がったギリシャ問題の解決に向けて、欧州連合（EU）、欧州中央銀行（ECB）、国際通貨基金（IMF）のトロイカは、ギリシャ政府に対して、危機救助をする代わりに、税金を上げて国の財政を増やすとともに、年金や医療費などの社会保障国の支出を減らすという、**財政緊縮策**を要求した。トロイカがギリシャを救済するのは、結局ギリシャの**デフォルト**（**債務不履行**）による被害は、他のユーロ諸国や西欧の銀行が被ることになってしまうからである。

このように、共通通貨を持つことで様々なメリットが存在する一方で、二人三脚の状況と同じような脆さも孕んでいることが露呈された事例である。

※ ユーロはEU圏の通貨単位だが、EU加盟国全てが、ユーロを導入しているわけではない。デンマーク、スウェーデン、ポーランド、チェコ、ハンガリー、ブルガリア、ルーマニア、クロアチア、イギリス（2017年現在）は、EUに加盟しているが、ユーロは未導入。逆に、モンテネグロとコソボは独自にユーロを使用しているが、EUに加盟はしていない。

§6 アジアにおける経済発展

　第二次世界大戦後のアジア諸国は保護的産業政策を採用していたが、経済発展が成熟するにつれて次第に競争的産業政策へと転換することにより、**アジア新興工業経済地域**（**N̄IES**※）や、東南アジア諸国連合（ASEAN）の国々は、めまぐるしい経済成長を遂げた。では、どのようにこれらの国が競争的産業政策へと転換しえたのであろうか。

　戦後、アジア諸国を含む多くの途上国では、工業基盤が未熟であり、市場機能も不十分であったため、政府主導で産業育成や制度面での整備に取り組むことが急務であった。そのためには、国内の生産者を国際競争から保護し、育成する必要がある。そこで、途上国諸国は、国内産業保護のため、為替レートの管理、高関税の設定や外国製品の輸入制限などにより国内産業の育成を行う、**輸入代替工業化戦略**を取り入れた。「幼稚産業擁護論」とも呼ばれるこの戦略は、先進国の製品に対して競争力を持たない途上国の新しい製造業を、十分に成長するまで一時的に保護するというものである。

　しかし、多くの国々においてこの戦略は失敗に終わった。なぜなら、この政策は実質的に保護主義の立場を取るため、輸出軽視へと陥り、経済効率を損なうためである。また、アジア各国は、中国やインドなどを除けば人口が少ないため、国内市場の規模が小さく、「規模の経済」を十分に享受できないのである。

　そのため、これらの国は次第に為替レートを切り下げることにより自国通貨安にするなど貿易障壁を取り除き、自由貿易化を進め、自国企業を国際市場で競争させるための**輸出志向工業化戦略**を推し進めた。これがアジア経済の高成長の一因となった。

　例えば、韓国では1950年代まで輸入代替工業化戦略による保護主義的立場を取っていたが、産業の低い稼働率や高コスト構造、民間企業が官僚組織へ働きかけ、自らに都合の良い規制設定を求めるレントシーキング活動などを招き、経済効率を失った。従って1960年以降、韓国政府は工業製品の輸出を促進する一方で、重化学工業の育成を図り、産業政策介入を次第に終了させ、自由化・規制緩和を行った。これにより、韓国は1965年から1975年の間に実質GDPで

※　「Newly Industrializing Economies」の略。

第10章▶国際政治経済　179

年率10.1％を達成するなどの経済の高成長を成し遂げたのである。

　このようなアジア経済の高成長は、途上国における工業化戦略の新しいアプローチとして、ラテン・アメリカ諸国などに広く行きわたっていった。1980年代に世界銀行やIMFによって、ラテン・アメリカと、サハラ砂漠以南のアフリカ地域を中心に大々的に行われた構造調整プログラム（⇒第11章§3）は、保護主義による閉鎖的経済体制から自由経済へ、代替工業化から輸出志向へ、公的部門主導から民間主導への転換を求めるものであった。

▶§7　「経済の３つのトリレンマ」とグローバル経済

　相互依存関係が進み、高度にグローバル化した国際社会においては、ヒト、モノ、カネが自由に、国家という単位を超えて移動している。この結果、国家を基本単位とするこれまでの国際政治の在り方が変化し、「主権の侵食」が起きているのではないかという議論が存在することは、すでに述べた（⇒第6章§2）。

　それ自体が本当に起きているかどうかは別として、とかく経済がグローバル化する中で、果たして、国家が経済政策を自律的に選択できているのか、という疑問が出てくる。つまり、どの程度、経済成長に重要である国境を超えた資本移動が自由になされ、貿易の活発化や国内物価の安定をもたらす為替レートを安定させることができ、かつ、景気の好不調を調整するためにマクロ経済（金融、財政）政策の自律性が保たれているのだろうか、という疑問である。

　ここで有用となるアプローチは、「**経済の３つのトリレンマ**」と呼ばれるものである。これは、

　　・**国境を超えた資本移動の自由**
　　・**為替レートの安定**
　　・**マクロ経済政策の自律性**

という３つの目標を同時に達成することはできず、そのうち２つしか、同時に実現することはできない、と説くものである。

　例えば、為替レートの安定のために固定相場制において国境を超えた資本の自由を実現すると、必然的にその固定相場制に参加している参加国全体が金

融政策を合わせざるを得なくなるので、各国の金融政策の自律性が失われる。EUにおいては、ヒト・モノ・カネの自由な移動を促す資本移動の自由を重視し、同時に単一通貨ユーロを導入し、欧州為替相場メカニズム（ＥＲＭ*）による通貨の安定性の確保を両立させているが、金融政策は欧州中央銀行が担うところとなり、各国政府が自律的なマクロ経済政策を取ることを諦めざるを得ない、ということになる。

　為替レートの安定と自国によるマクロ経済政策の自律を両立させれば、資本の自由な移動のために自国のマクロ経済政策が拘束されることになるので、資本の自由な移動を諦めなければならない。例えば、中国が外国からの資本移動に制限を加えてきたのは、自国の通貨幅を固定し、その範囲内でのみ取引を認める管理フロート制を採用し、中華人民銀行による独立した金融政策を行うためである。日本やアメリカでは自由な資本移動と景気調整のためのマクロ経済政策の自律性を重視し、変動相場制を採用している（ただし、過度な為替レート変動を緩和する目的で、日本銀行などの金融当局が市場取引に参加して通貨の売買をする、外国為替並行操作とよばれる為替介入を行う場合もある）。

　「経済の３つのトリレンマ」を通じてグローバル経済を考察すると、これまで「自由主義的体制」と一括りにされてきた経済のグローバル化には、多様性が存在することも明らかになる（藤田、2014）。例えば、「埋め込まれた自由主義」と呼ばれる戦後の国際経済体制においては、ＧＡＴＴ体制のもとに国内政治の経済的安定が優先され、急激な輸入増加により国内産業に重大な被害が生じた場合、限定的な貿易制限を認めたことは先に述べたとおりである。また、為替レートを固定すべく、金ドル本位制に基づく国際金融体制が確立された一方で、急激な為替レートの変動をもたらすような資本移動は規制された。従って、埋め込まれた自由主義体制では、マクロ経済政策の自律性と為替レートの安定が優先された一方で、自由な資本移動を断念していたと言えるのである。

　さらに、「経済の３つのトリレンマ」は、欧州債務危機の原因についても深い示唆をもたらす（⇒§5のコラム）。経済的トリレンマの観点から見れば、共通貨幣ユーロを持つ欧州経済統合は、安定した為替レートと自由な資本移動を重視し、代わりに各国による自律的なマクロ経済を断念したはずであった。しかし、実際に南欧諸国は赤字を累計させる経済政策を取った。その結果、起きた

※　「European Exchange Rate Mechanism」の略。

のが債務危機とユーロ危機である。いわば、ドイツなどの経済大国と所得水準の低い南欧諸国が存在する中で、自由な資本を前提に共通貨幣ユーロを導入した結果、両者の経済体質の違いや競争力格差を埋めることができなかったのである。

《課 題》

1) 今日までの国際政治経済の歴史について、自由貿易と保護貿易の観点から要約してください。
2) 国際経済問題をめぐる多国間交渉の問題点について、具体的な事例を挙げながら論じてください。
3) 経済分野での協力が、どのように政治分野にまで波及するのか、新機能主義の主張に基づき、欧州統合過程を事例に挙げながら説明してください。
4) 輸入代替工業化戦略の問題点について、アジア諸国の経験を例に取り論じてください。

もっと深く ◉ 知りたい人のために 🔍

①河野勝・竹中治堅編『アクセス国際政治経済』日本経済評論社、2003.
②田中明彦・中西寛編『新・国際政治経済の基礎知識〔新版〕』有斐閣、2010.
③飯田敬輔『国際政治経済』東京大学出版会、2007.
④ミシェル・アルベール（久水宏之監修・小池はるひ訳）『資本主義対資本主義〔改定新版〕』竹内書店新社、2011.

➤①少し古い本であるが、国際政治経済の理論的や歴史的示唆に富んだ入門的テキスト。特に、イヴ・ティベルジアン「国際資本移動──国際資本移動と国内政治」の章では、1980年代以降に急速に進んだ経済のグローバル化が国際社会に与えた影響について、各国が金融政策、財政政策、財政などにおいて自律性を失うか否かについて詳しくまとめられている。
➤②国際政治経済に関する基本用語の確認のための簡単な辞書として便利である。
➤③政治と経済の関係性について通商・金融のみならず、環境、開発、人の移動といったテーマで分かりやすく書かれている。また、国際政治経済に関する理論についても網羅的にカバーされている。
➤④本章コラムでも紹介した、資本主義の多様性に関する書。コラムでも述べたように、国家の経済システムのありかたは時間とともに変化するので、必ずしも本書で示されているカテゴリーがいまだに有効というわけではないが、それでも各国の資本主義経済の多様性について理解する上で有用な本である。

［参考文献］

（前頁に挙げた①〜④を除く）

<日本語文献>

藤田泰昌「グローバル経済化 ── 3つのトリレンマからのアプローチ」吉川元、首藤もと子、六鹿茂夫、望月康恵
編『グローバル・ガヴァナンス論』法律文化社、2014.

<外国語文献>

Haas, E., *The Uniting of Europe: Political, Social and Economical Forces, 1950-1957*, Stanford University
Press, 1958.

Ruggie, J.G., 'International regimes, transactions, and change: embedded liberalism in the postwar
economic order'. *International Organization*, 36（2）, pp.379-415, 1982

<ウェブサイト>

World Bank, GDP（Current US$）http://data.worldbank.org/indicator/NY.GDP.MKTP.CD?view=chart

第11章

国際協力と国際政治

早川 有香

≫この章の課題

　経済社会の発展によって、人間はより豊かな生活を送ることができるようになった。しかしながら、世界では多くの人々がいまだ貧困に苦しんでいるという現状がある。これまでも、貧困撲滅に向けて、途上国の発展を先進国などが支援する国際協力が行われてきたが、そもそも、なぜ先進国は途上国を支援しなければならないのであろうか。

　それは、グローバル化により国際的な相互依存がますます高まる中で、途上国の貧困状態が先進国にも大いに影響を及ぼすからである。途上国の貧困は、様々な問題と密接に関わっている。

　本章では、国際協力の歴史を振り返るとともに、真に有効な国際協力とはどのようなものかについて考える。

≫キーワード

- ☐ 国際協力
- ☐ 南北問題・南南問題
- ☐ ODA
- ☐ 経済開発
- ☐ 社会開発
- ☐ 人間開発
- ☐ 貧困
- ☐ 構造調整プログラム
- ☐ ミレニアム開発目標
- ☐ 持続可能な開発目標

▶§1 南北問題と政府開発援助（ODA）

　貧困とは、衣食住の確保や安全な飲料水、衛生設備、輸送手段、保健医療、教育などの基本的なサービスの享受、十分な報酬を得るための就業など、人間らしい生活を送るために最低限必要な基本的要件（ベーシック・ヒューマン・ニーズ）を満たしていない状態を指す。

　世界銀行の定めた国際貧困ライン（1日の収入が1.90USドル未満）によると、1990年には19億5800万人（世界人口の37.1%）だった貧困層の数は、2012年には8億9600万人（世界人口の12.7%）にまで減少したものの、2015年では依然として7億200万人（世界人口の9.6%）もの人々が貧困状態にある（World Bank, 2015）。こうした国々では、貧困を解決するために様々な政策を講じているものの、自助努力だけですべての問題を解決することは困難であり、そこに国際協力の重要性が存在する。

　国際協力が注目された背景には、第二次世界大戦後に顕著となった先進国（北）と開発途上国（南）との間の経済社会格差がある。世界の人口の25%が先進国に、75%が途上国にあるにもかかわらず、世界の富の80%が先進国に、20%が途上国にあるのである。こうした格差に関連する諸問題を総称して、「**南北問題（North-South divide）**」と呼ぶ。ただし、すべての途上国が貧しいわけではない。途上国の中でも、石油などの資源を持つ国々は経済的に恵まれている。その一方で、1人あたりの**国民総所得（GNI：Gross National Income** ⇒§3）が992USドル以下である後発開発途上国（最貧国）も存在し、途上国の間でも格差は存在するのである。これを「**南南問題**」と呼ぶ。

　このような貧しい国に対して先進国が行う国際協力の基本的な枠組みのひとつとして、**政府開発援助（ODA：Official Development Assistance）**がある。ODAとは、先進国の政府あるいは政府機関が、途上国の経済社会開発や福祉の向上を目的として援助や貸与を行うことである。ODAは、二国間援助と多国間援助に大別できる。二国間援助とは、先進国が途上国に直接資金の貸付を行うもので、返済を求めない贈与型の無償資金協力と、低い金利で長期に融資する借款型の有償資金協力がある。この他、人材育成や技術移転などの技術協

第11章▶国際協力と国際政治　185

力による援助も行われている。

　一方、多国間援助とは、**国連開発計画**（UNDP ⇒§2のコラム）や**国連世界食糧計画**（**WFP**※）、世界銀行、アジア開発銀行など、途上国の開発を支援している国際機関に対して資金を拠出する間接的な国際協力である。

　こうした、先進諸国の開発援助の促進を目的としているのが、**経済協力開発機構**（**OECD**※※）の**開発援助委員会**（**DAC**※※※）である。DACはODAのほかにも、途上国に支援される資金、財・サービスなどをすべて金額に換算し、資金の流れを統計データとして毎年発表している。

　また、途上国の開発援助のための資金を提供しているのは、先進国政府だけではない。経済発展の著しい中国やインド、中東産油国、ロシアなどの政府や民間企業や非政府組織（NGO）、国際機関なども途上国の開発を援助している。なお、開発援助のための資金を提供する側のことを「ドナー」、援助を受ける側のことを「レシピエント」と呼ぶ。

---

column ≫≫≫≫ タイド（ひも付き）援助とアンタイド援助

　一般的にODAによる援助では、財・サービスの調達が国際競争入札で行われる。その際、援助国（ドナー）の企業のみが入札に参加できることを「ひも付き(tied)」と呼び、入札参加資格に関する国籍の制限がないことを「アンタイド(untied)」と呼ぶ。

　「ひも付き」である場合には、自由な競争が制限されるため契約価格が割高になる上に、援助国からの資機材やサービスの購入義務ともなりかねない。すなわち途上国の援助ではなく、援助国企業の業務斡旋が目的とも思われるという懸念から、近年では「アンタイド」が主流となっている。

　かつて、日本のODAは、道路や鉄道などインフラストラクチャー（インフラ）の整備が多く、そのほとんどがタイド（ひも付き）で行われていた。このため、途上国の支援ではなく、多額の受注費による日系企業の利益のために行われているのではないか、という批判もあった。

※　　　「World Food Programme」の略。
※※　　「Organisation for Economic Co-operation and Development」の略。
※※※　「Development Assistance Committee」の略。

▶§2 開発に関する様々な考え方

　途上国の人々が、貧困から抜け出し、より豊かな生活を実現するための開発とはどのようなものか。開発をめぐる考え方は様々であるが、おおむね次の3つに集約できるだろう（下村ほか、2015）。

　1つめは、**経済開発**（economic development）を重視したアプローチである。このアプローチは、経済成長、つまり国民一人あたりの所得や生産、就業率、産業化や都市化の度合いなどの観点から開発を捉える考え方である。人間として尊厳をもって生きていくためには、人間らしく生活する上で不可欠な基本的要件を満たすことが必要であり、それを支える購買力が不可欠であるという考え方に基づいている。前述のとおり、世界銀行の国際貧困ラインを基準として、毎年どれくらいの人が貧困状態から脱することができたのかという観点から、世界の貧困状態を測っている。

　2つめは、**社会開発**（social development）という考え方であり、豊かさとは購買力によってのみ決定されるものではなく、社会格差の是正こそ重要な観点であると主張する立場である。例えば、国全体として経済成長し、多くの人が貧困から抜け出したとしても、富裕層と貧困層との格差が拡大してしまうかもしれない。特に、最貧困層や女性、障害者、先住民族などを含む社会的弱者は、開発から取り残されてしまう傾向にある。こうした人々も含め社会全体として開発していくために、包摂的な開発・成長・援助の必要性が叫ばれてきたのである。国連や世界銀行は、こうした社会開発を測定するための指標として、乳児死亡率、識字率、初等教育就学率などを設定している。

　3つめは、1990年に国連開発計画（UNDP）が発行した「人間開発報告書」において提示された**人間開発**（human development）という考え方である。この概念の中心となっているのは、人間が生きていく上での選択肢を広げるということである。ここでいう選択肢とは、個人の能力と活動の拡大によって生まれる経済的、政治的、社会的、あるいは文化的などの多様な領域に渡って得られるべき権利や機会などを指す。この思想の背景には、アジア人として初のノーベル経済学賞を受賞したインドの経済学者**アマルティア・セン**の考え方がある。

第11章▶国際協力と国際政治 | 187

> **column** >>>>>> **国連開発計画（UNDP）**
>
> 1965年、「国連特別基金」および「拡大技術援助計画」が統合され、ＵＮＤＰ（United Nations Development Programme）が発足した。
>
> 1961年以降、10年ごとに国連総会で採択される「国連開発の10年」を基に、開発途上国や市場経済移行国における持続可能な開発を支援している。具体的には途上国への技術協力や能力開発支援のために策定した計画に基づき、支援対象国からの要請に応じて専門家の派遣や技術者の研修、機材の供給などを行っている。
>
> 近年では、「持続可能な人間開発」を基本原則として、①民主的ガバナンスの確立、②貧困削減、③危機予防と復興、④エネルギーと環境、⑤ＨＩＶ／エイズの5分野に重点を置いて援助活動を行っている。

　センによると、貧困とは「潜在能力を実現する権利の剥奪」である（セン、1988：1999）。この言葉に象徴されるように、貧困とは、生命を維持するために十分な食糧・住居環境・衣服などの基本的な物資がなく、安全な飲料水へのアクセスや適切な衛生環境も確保されておらず、貧しいがゆえに教育を受けることができないため、本来であれば活かされるべき能力を発揮できない状態を指す。UNDPによる「**人間開発指数（Human Development Index）**」では、貧困を1人当たりのGDP（⇒§3）のみならず、平均寿命、就学率によって計測するという手法が提示されている。

▶§3　国際協力の歴史

　国際協力の歴史は、次のように5つの時期に区分することができる（稲田、2013）。

(1) 1945年〜1950年代、戦後援助の開始とブレトンウッズ体制設立の時期。
(2) 1960年代、第一次「国連開発の10年」が打ち出された時期。
(3) 1970年代、開発途上国の新国際経済秩序（NIEO）の樹立要求の時期。
(4) 1980年代、途上国の累積債務問題の顕在化とIMFによる構造調整の時期。
(5) 1990年〜2000年代、貧困削減戦略（RPS）の推進とミレニアム開発目標採択の時期。

　以下に、その背景を詳しく見ていくこととする。

（1）戦後援助の開始（1945年〜1950年代）

　開発援助が国際社会のアジェンダの1つになったのは、第二次世界大戦後である。戦後の復興過程では、**ブレトンウッズ会議**において**国際通貨基金**（IMF*）と**国際復興開発銀行**（世界銀行）の設立が合意され、西ヨーロッパの復興を中心に援助がなされた（⇒10章§2）。また、アメリカとソ連（ソビエト社会主義共和国連邦）による「冷戦」（⇒2章§8）の中で、アメリカは、共産主義勢力が拡大していたヨーロッパに対して、**マーシャル・プラン****を通じた資金援助を行うことで、西ヨーロッパ諸国の経済を早急に立て直すことを目指したのである。

　1950年代になると、アジアとアフリカの多くの国が独立し、米ソ両陣営がこれらの「第三世界」ないしは「開発途上国」を取り込もうと開発援助競争が顕在化していった。つまり、この当時の開発援助は、途上国の発展という目的ではなく、東西対立を背景とした「東」（ソ連、東ヨーロッパなどの共産主義勢力）と「西」（アメリカ、西ヨーロッパなどの自由主義勢力）の両陣営の勢力拡大という戦略的な目的で行われていた側面を持つと指摘できる。

（2）第一次「国連開発の10年」（1960年代）

　「南」の問題を、「北」の先進工業国との経済格差で対比し、「南北問題」ということばで初めて問題提起したのは、当時のイギリス・ロイズ銀行総裁であったオリバー・フランクス卿である。第二次世界大戦後に次々と独立したアジアやアフリカ諸国の経済的自立要求に対して、援助の手を差し伸べることにより新たな対立を未然に防ぐ、というものであった。この流れを受け、1960年代になると、途上国に対する支援という規範が形成されていった（稲田、2013）。

　1960年の国連総会にて、アメリカのケネディ大統領の提案により1961年から1970年までを「**国連開発の10年**」とすることが合意され、途上国の経済成長率を年間5％に向上させることを目指した。1964年には**国連貿易開発会議**（UNCTAD***）が開催され、1965年には国連の開発分野の専門機関としてUNDP（⇒§2コラム）が設立された。こうして、開発援助のための国際的枠組みが整備されるとともに、国際協力の機運が高まった。

　さらに、1969年に世界銀行・IMFの「**ピアソン報告******」によって、1975

※　　　　「International Monetary Fund」の略。
※※　　　アメリカの国務長官ジョージ・マーシャルにちなむ。英・仏・西独・伊を中心にほとんどの西側諸国が対象となった（1948〜51年）。
※※※　　「United Nations Conference on Trade and Development」の略。
※※※※　委嘱を受けた国際開発委員会の委員長レスター・B・ピアソン（カナダの元首相）にちなむ。

年ないし1980年を目途とした南北問題への取組の強化と、そのための努力目標として「先進国は対**GNI**比0.7%までODAを増額する」という提案がなされた。翌1970年に国連総会で採択された「第2次国連開発の10年のための国際開発戦略」案においては、ピアソン報告で勧告された目標が盛り込まれた。

　この当時の援助は、「開発＝**国内総生産（GDP**※**）**の増大」という考え方に基づいたものであり、GDPの増大にはエネルギーの供給と輸送手段の確保が必要であるとされていた。例えば世界銀行は、途上国政府や政府機関などに対して、商業レートよりも低い金利で長期間にわたって融資を行った。これにより、途上国の鉄道・道路・港湾・発電所などの産業基盤となる公共インフラが整備されていったのである。

　「国連開発の10年」の背景には、世界経済が成長すればその効果が次第に途上国にも広がっていくという**トリクル・ダウン**（trickle down）の考え方があった。つまり、開発は経済発展につながり、ひいては一人あたりのGDPの増大につながるというものである。開発の遅れは資本が欠如しているためである、という前提に基づき、途上国の開発援助は工業化政策に重きを置く傾向が見られた。

　その結果、開発援助が増えても、貧困層は人間として最低限必要な食糧や安全な水、医療・保険・初等教育などの基本的な社会サービスなどを享受することができないという問題が生じた。1980年代入ると、先進国における経済成長に陰りが見え出した。これまで先進国の恩恵を受けて経済成長を続けてきた途上国においても、貧困の改善が期待できない状態になったのである。結局、「国連開発の10年」構想の下で、大量の資本と技術が開発援助に投入されたにもかかわらず、途上国の経済成長には至らなかったのである。

（3）開発途上国と新国際経済秩序（NIEO）（1970年代）

　1960年代の開発援助への反省と国際協力体制の再構築に向けて、新たな方向づけがなされたのが1970年代であったと言えよう。このきっかけのひとつとなったのが、第三世界の経済開発協力政策を重視する**ロバート・マクナマラ**元アメリカ国防長官が、1968年に世界銀行総裁に就任し、開発を再定義する機運が高まったことである。

※　「Gross Domestic Product」の略。「国内総生産」のこと。内閣府によれば、「GDP は国内で一定期間内に生産されたモノやサービスの付加価値の合計額。"国内"のため、日本企業が海外支店等で生産したモノやサービスの付加価値は含まない」。これに対して、1990 年代まで経済指標として使われたのが「GNP（Gross National Product：国民総生産）」。しかし21世紀以降、国民経済の算定体系が変わり、GNP は使用されない（ほぼ同じ概念で上記の「GNI = Gross National Income [国民総所得]」を使用）。内閣府によれば、「GNP は"国民"のため、国内に限らず、日本企業の海外支店等の所得も含んでいる」（内閣府 HP より）。

それまでの開発援助は、途上国の経済成長を目指してきた。しかし、GDPの増大により国全体の経済が発展しても、貧困問題の根本的な解決にはつながらないということが認識されるようになると、「国から人へ」の投資の重要性が強調されるようになった。つまり、GDPの増大ではなく、貧困撲滅、識字率の向上、幼児死亡率の低下といった福利厚生に焦点が当てられるようになり、従来の大規模援助型の開発援助から、成長の恩恵が貧困層により広く行きわたるようなベーシック・ヒューマン・ニーズや人間開発に基づく開発援助へと転換する契機となったのである。

また、その当時、従属論の立場を取る論者から、途上国がいつまでも経済発展できないのは、そもそも先進国に従属している途上国の**モノカルチャー**が原因であるとする主張がなされた。モノカルチャーとは、**外貨獲得のため単一農産物に特化した経済**である。例えば、インドやパキスタンの綿花やブラジルの鉄鉱石、東南アジアのゴムといった一次産品は、安い価格で先進国ないしは新興国へと輸出され、より価格の高い工業製品へと生まれ変わる。そして工業製品が途上国に再び輸出される。こうした不公平な国際取引の構造化が、いつまでも貧困から抜け出せない途上国の状況を生み出している、という声が途上国からあがったのである。

この問題の解決に向けて、途上国は「援助より貿易を」のスローガンを掲げ、既存の国際貿易のルールの改善を主張した。第1回国連貿易開発会議（UNCTAD）においては、一次産品の在庫量の調節によって価格安定を図る国際商品協定や、交易条件の悪化を相殺するための補償融資制度などを提案した（例えば「**プレビッシュ報告書**※」）。このような提案は実現可能性に乏しいものであったが、こういった一連の流れは、マルクス主義の思想を基礎として従属論や世界システム論（⇒第3章§4）といった国際関係理論へと発展を遂げていく。

1973年にオイル・ショック（⇒第13章§3）が起きると、一次産品国の輸出制限と価格操作が先進国の経済に大きな影響を与えることが証明され、途上国の主張は勢いを増した。その結果、1974年の国連総会で「**新国際経済秩序（NIEO**※※**）樹立に関する宣言**」が採択され、途上国の天然資源に関する主権が確認された。しかし一方で、一次産品国の輸出制限の効果があったのは石油だけで、それも短期間であった。また、天然資源に関する採掘権をどこの国が

※　　アルゼンチンの経済学者でUNCTADの初代事務局長プレビッシュが提出した「開発のための新しい貿易政策を求めて（Towards a New Trade Policy for Development）」のこと。

※※　「New International Economic Order」の略。

持ったとしても、その価格は市場によって決まる。このように、NIEOはあくまで政治的な合意であり、実際の経済には大きな影響を及ぼさなかった、ということも指摘できる。

（4）累積債務危機と構造調整アプローチ（NIEO）（1980年代）

1980年代に入ると、2度のオイルショックにより原油価格が高騰し、先進国の工業製品の生産率が低下して、先進国経済は**スタグフレーション**（stagflation［景気の低迷とインフレーションの併存］）に見舞われた。この波は、先進国に一次産品を輸出していた途上国にも、一次産品の価格低下と外貨収入の減少という悪影響を与え、世界経済はさらに悪化していった。途上国は資金・外貨不足を乗り切るために多額の対外借り入れを進めた結果、返済不能となる国が続出した。1982年、メキシコが事実上の債務不履行を宣言した「モラトリアム宣言」を皮切りに、多くの途上国の債務問題が顕在化した。これを、**累積債務危機**と言う。

この事態に、国際通貨基金（IMF）は緊急資金支援を行ったが、債務危機を乗り越えるには不十分であった。そこで、1980年に世界銀行が**構造調整融資**（Structural Adjustment Loan）を発足させ、1986年にIMFが**構造調整ファシリティ**（Structural Adjustment Facility）を発足させた。これらは、資金援助をする代わりに、途上国の経済改革を条件付けるものであった。具体的には、途上国の過度な規制と政府介入を批判する一方で、緊縮予算や金融引締めを行うと同時に、規制緩和や民営化をはじめとする市場メカニズムを重視した政策を取り入れるように求めた。

このような資金融資の方法を**構造調整プログラム**と呼び、サハラ以南のアフリカ地域とラテン・アメリカにおいて大々的に行われた。しかしながら、このプログラムには欠点もあることを指摘しておく必要がある。例えば、これまで食糧などの生活必需品については、貧困層も購買できるように途上国政府が補助金を出してきた。しかし、構造調整プログラムによる財政緊縮策と市場自由化が生活必需品の物価高騰を招き、貧困層の生活を直撃する事態が起こった。また、市場メカニズムそのものが十分に確立されていないアフリカなどの地域においては、構造調整プログラムは効果を示さなかったのである。

ただし、その当時は、世界銀行やIMFによる無償援助もできず、構造調整プログラム以外の方法がなかった、ということも指摘しておく。

（5）貧困削減戦略の推進とミレニアム開発目標（1990年〜2000年代）

　途上国の累積債務問題は注目を集め、その解決に向けた国際的議論がなされた。1999年のケルン・サミットおよび2000年の九州・沖縄サミットでは、重債務貧困国へのODA債権、および非ODA債権に対して、条件付きの債務帳消しが決定された。その条件とは、途上国が貧困削減戦略報告書を作成し、世界銀行とIMFの両方から承認を得ることであった。その中でも重視されたのは、市場自由化の促進のみならず、貧困対策や社会開発政策であった。これは、開発援助の効果を貧困削減につなげていくためには、民主主義と法に基づいた国内制度を確立する「**グッド・ガバナンス**（良い統治）」が前提になるからである。

　こうした途上国における貧困削減戦略の促進と並行して、1996年に経済協力開発機構・開発援助委員会（OECD/DAC　⇒§1）によって「**国際開発目標（IDGs***）」が設定された。IDGsは、『21世紀に向けて―開発協力を通じた貢献』（1996年5月）に盛り込まれた期限付きの国際目標であり、貧困撲滅をはじめとする経済開発、社会的発展、環境保全を中心に構成されている。この目標が策定された背景には、国際開発援助の低下がある。1970年の第二次国連開発の10年で、先進諸国のODAを対GNI比0.7%とする目標が掲げられたにもかかわらず、1970年当時0.34%であったODAは、1990年代に入ると0.25%にまで低下したのである。

　IDGsが導入されると、グローバル・レベルでの開発目標設定の機運が高まった。そして、2000年に開催されたミレニアム・サミットにおいて、新たな国際開発目標として、**ミレニアム開発目標（MDGs****）**が採択された。MDGsは、コフィ・アナン国連事務総長のリーダーシップのもと、貧困撲滅を中心とする開発が重要課題として掲げられ、2015年までに貧困を半減し、より豊かで健康に暮らせる世界を目指して設定された8つの目標により構成された。

　MDGsの主な成果として、1990年には19億人だった貧困層が8億人にまで減少したほか、乳児死亡率の減少、就学率の向上などの成果があった。その一方で、妊婦死亡率の削減目標の達成困難などの課題も残っている（UNDP, 2015）。

※　　「International Development Goals」の略。
※※　「Millennium Development Goals」の略。

第11章 ▶ 国際協力と国際政治 | 193

〈図表11-1〉 ミレニアム開発目標（MDGs）の成果と課題

目標	成果	課題
目標1 極度の貧困と 飢餓の撲滅	・10億人以上の人々が極度の貧困状態から抜け出した。 ・開発途上地域における栄養不良の人々の割合は1990年に比べてほぼ半減。	・いまだに約8億人が極度の貧困状態に。特にサブサハラ・アフリカ地域では、人口の約40%の人口が極度の貧困層である。
目標2 普遍的初等教育の 達成	・開発途上地域における小学校の純就学率は、2000年の83%から2015年には91%まで増加。 ・世界の15歳から24歳男女の識字率は91%に到達。	・開発途上地域における最貧国層家庭の子どもの非修了率は、最富裕層家庭に比べ4倍である。
目標3 ジェンダーの 平等の推進と 女性の地位向上	・全ての開発途上地域で、初等、中等、高等教育における男女格差を撲滅。	・女性議員の絶対数は未だ男性議員数よりも圧倒的に少ない。 ・女性は男性よりも貧困状態に置かれている傾向にある。
目標4 幼児死亡率の削減	・5歳未満の幼児死亡率改善のペースは世界規模で3倍に加速。	・最貧困層家庭の5歳未満の幼児死亡率は、最富裕層家庭に比べ2倍高い。
目標5 妊産婦の 健康の改善	・1990年以降、妊産婦の死亡率は45%減少。	・2014年の段階では開発途上地域の妊産婦のうち、望ましい妊産婦検査を受けているのは52%に留まっている。
目標6 HIV/エイズ、 マラリアその他 疾病の蔓延防止	・HIVへの新たな感染は、2000年から2013年の間で約40%低下し、感染者数も約350万人から210万人へ減少。	・アフリカにおいてはHIV/エイズへの感染率がいまだに高く、2013年度の世界のHIV/エイズ感染率の約71%を占めている。
目標7 環境の 持続可能性確保	・改良された飲料水源を使用する人割合が91%に到達。 ・2000年から2010年にかけて、森林面積の減少を毎年520万ヘクタールに削減。 ・開発途上地域のスラム居住者の割合は、2000年から2014年の間に39.4%から29.7%に減少。	・二酸化炭素の世界的な排出量は1990年に比べて50%以上も増加。 ・農村部に住む貧困層や社会的弱者の安全な飲料水へのアクセスと衛生施設の利用率は未だに低い。
目標8 開発のための グローバルな パートナーシップの推進	・2000年から2014年にかけて、先進国のODAは66%増加し、1,352億ドルに到達。	・これまでODAのGNI比0.7%目標を達成した国は、デンマーク、ルクセンブルグ、ノルウェー、スウェーデン、イギリスの5カ国のみ。

〔出典〕UNDP（2015）を参考に筆者作成

▶§4 持続可能な開発目標へ

MDGs（ミレニアム開発目標）の達成期限である 2015 年を前に、それを後継する新たな開発目標は、経済開発を中心とした貧困撲滅という側面のみならず、社会的発展や環境保全などもバランスよく組み込んだ**持続可能性**を、より重視すべきであるとの意見が強まった。

2012 年にブラジル・リオデジャネイロで開催された「国連持続可能な開発会議（リオ＋20）」においては、持続可能な開発及び貧困撲滅に向けたグリーン経済や持続可能な開発が主題として議論された。この会議で採択された成果文書『わたしたちの求める未来（The Future We Want）』において、経済・社会・環境の3側面を統合する「**持続可能な開発目標**」（SDGs※）を検討することが合意された。同会議では、SDGs を「行動指向型、簡潔、かつ野心的」であること、「限られた数」で構成されること、先進国・途上国を問わず、世界共通の目標とすることが確認された（UN. 2012）。

〈図表11-2〉「持続可能な開発目標」(SDGs) の詳細

目標 1 （貧困）	あらゆる場所のあらゆる形態の貧困を終わらせる。
目標 2 （飢餓）	飢餓を終わらせ、食料安全保障及び栄養改善を実現し、持続可能な農業を促進する。
目標 3 （保健）	あらゆる年齢のすべての人々の健康的な生活を確保し、福祉を促進する。
目標 4 （教育）	すべての人に包摂的かつ公正な質の高い教育を確保し、生涯学習の機会を促進する。
目標 5 （ジェンダー）	ジェンダー平等を達成し、すべての女性及び女児の能力強化を行う。
目標 6 （水・衛生）	すべての人々の水と衛生の利用可能性と持続可能な管理を確保する。
目標 7 （エネルギー）	すべての人々の、安価かつ信頼できる持続可能な近代的エネルギーへのアクセスを確保する。
目標 8 （経済成長と雇用）	包摂的かつ持続可能な経済成長及びすべての人々の完全かつ生産的な雇用と働きがいのある人間らしい雇用（ディーセント・ワーク）を促進する。
目標 9 （インフラ、産業化、イノベーション）	強靱（レジリエント）なインフラ構築、包摂的かつ持続可能な産業化の促進及びイノベーションの推進を図る。
目標 10 （不平等）	各国内及び各国間の不平等を是正する。
目標 11 （持続可能な都市）	包摂的で安全かつ強靱（レジリエント）で持続可能な都市及び人間居住を実現する。
目標 12 （持続可能な生産と消費）	持続可能な生産消費形態を確保する。
目標 13 （気候変動）	気候変動及びその影響を軽減するための緊急対策を講じる。
目標 14 （海洋資源）	持続可能な開発のために海洋・海洋資源を保全し、持続可能な形で利用する。
目標 15 （陸上資源）	陸域生態系の保護、回復、持続可能な利用の推進、持続可能な森林の経営、砂漠化への対処、ならびに土地の劣化の阻止・回復及び生物多様性の損失を阻止する。
目標 16 （平和）	持続可能な開発のための平和で包摂的な社会を促進し、すべての人々に司法へのアクセスを提供し、あらゆるレベルにおいて効果的で説明責任のある包摂的な制度を構築する。
目標 17 （実施手段）	持続可能な開発のための実施手段を強化し、グローバル・パートナーシップを活性化する。

〔出典〕外務省（2015）を基に作成。

※　「Sustainable Development Goals」の略。

第11章▶国際協力と国際政治　195

　国連加盟国及び市民社会のステークホルダーによる議論を経て、2015年の国連総会でSDGsが採択された。SDGsは2030年を達成期限として、17の目標と169の具体的なターゲット（達成基準）から構成されている。目標には、貧困撲滅、安全な水へのアクセス確保や衛生問題の解決などMDGsの流れをくむものに加え、気候変動問題や海洋資源の保全と持続的な利用などが含まれており、先進国と途上国が目標の達成に向けてともに行動することが求められている。

▶§5　国際経済格差を考えるための視点

　これまで、国際協力に関する歴史を概観したが、その議論の根底にあるのは、「国際的な経済格差問題をどのように考えるか」であろう。

　自由貿易の拡大により豊かになると思われた途上国経済は、むしろ自由貿易の影で先進国に依存するという構造へと組み込まれ、「黄金の時代」と呼ばれた1960年代においても、先進国の国内経済が著しく成長した一方で、アジア・アフリカ諸国は、世界銀行や先進国の支援にも関わらず経済が伸び悩んでいた。このような流れが従属論や世界システム論へとつながり（⇒第3章§4）、前述のように国家間の経済格差の是正を目指して「新国際経済秩序」が途上国から提案されたのである。これには、途上国が自国の天然資源を優先的に開発することや、第一次産品の国際貿易において影響力を確保するために生産者同盟を強化することが含まれる。

　このように、貿易における格差の是正を目指して、途上国から原材料を輸入する際、適正な価格で取引することで、利益を公平に分配し、生産に従事する労働者の生活環境を改善しようとする**フェア・トレード**の取組も盛んに行われてきている。フェア・トレードにより取引された商品（例えば、コーヒー豆やチョコレートなど）には、それを証明するマークが表示され、販売される。この仕組みでは、原材料の価格が上昇すると、それが製品価格にも反映されるので、結果として他の商品に比べて販売価格が高くなるが、実際に購入するかは消費者の判断に委ねられる。

　真にフェア・トレード商品を普及させるためには、他の商品に対する競争力や価値をより向上させていかなければならないという課題も残る。言い換え

ば、市場価格しか公正価格足りうるものはない中で、フェア・トレード商品自体の市場価値が上がらなければこの仕組みは機能しないのである。

また、アナーキーの下では、国際的な富の再配分は不可能に等しく、そのようなことを強制的に行うことも不可能である。しかし、自由貿易の進展に伴って、拡大した国際経済格差は、先進国の責任という課題を突きつけている。**デイヴィッド・ミラー** (2011) は、グローバル・レベルの格差に関して、少なくとも先進国は2つの義務があると説いた。

①先進国の行動に帰結する損益への責任である結果責任
②被害や苦痛を可能な限り取り除くという救済責任

①は、自由貿易により生まれた国際格差は、先進国と無縁ではないということを指摘している。マルクスの思想を基礎とする従属論や、世界システム論(⇒第3章§4) のレンズを通してみれば、例えば、わたしたちが普段着ているファストファッションと呼ばれる衣服や自動車も、途上国での生産によるコスト低減によって成り立っているからである。

②は、そういった責任を果たすために、ミレニアム開発目標に代表されるような国際援助の強化を通じた国際格差の是正の重要性を述べている。

この問題を考えるにあたり、2つの異なる視点を紹介する。

1つめの視点は、国際格差の是正を考えること自体に反対し、国際レベルでの富の再配分を根本から否定する立場である。これは、誰からどれだけお金を徴収し、それをどれだけ貧困層に再分配するということを政府が決めてしまっている時点で個人の自由を侵害していると主張し、福祉政策を断固として否定する**ロバート・ノージック** (1985) に代表される**リバタリアニズム** (libertarianism [**自由尊重主義**ないしは**自由至上主義**]) の考え方に近いものである。

この考え方に基づけば、努力した分だけ裕福になれるのは当たり前であり、努力せずに貧しくなるのもまた個人の自由である、とする。そもそも、富の取得プロセスに不正がなければ、財産をむやみに政府が奪い、他人に分配するのは人々の自由と所有権を侵害するに等しい。ゆえに、格差が生まれても仕方がなく、それを是正する必要もないという考えである。

これに対して、2つめの視点は、裕福な先進国やマネーゲーム経済で儲け

けている一握りの金持ちに税金をかけ、**貧しい国に再分配することで平等性を確保**する、また地球温暖化問題といったグローバルイシューに対処するという**エガリタリアニズム**（egalitarianism）に近い考え方である。**トマス・ポッゲ**は、先進国は苦境にある人々を救い、他者の不正な貧窮化に寄与することなく、その利益も得ない義務があるという考え方を示した。この際、「地球資源配当税（Global Resource Dividend）」により、自然資源の調達と使用に対して裕福な輸入諸国に課税し、貧困層にその税収をあてがうことを提案した（ポッゲ、2010）。

　これは、今日の**グローバル・タックス**（**国際連帯税**）の考え方につながる。つまり、世界を1つの国とみなして地球規模で税金を課すというやり方である。上村雄彦（2015）は、ODAが減少する一方でグローバルな課題が増大したことを受け、グローバル・タックスを提案している。例えば、課税権として、超国家機関による徴収ないしは複数の政府からの拠出金という方法が考えられる。課税対象は、国際航空・船舶輸送、国際金融取引（外国為替取引）、国際電子商取引、多国籍企業（貿易）、武器取引などである。一部の国では、ファーストクラスの航空券に税金を課し、その財源を用いてこれまで治療を受けることのできなかった途上国の貧しい子どもたちの治療費などに当てる航空券連帯税を実施しているが、アナーキーな国際社会において、この仕組みが広く制度化されているとまでは言い難いという現状である。

《課 題》

1) ODA（政府開発援助）の成果と限界について、これまでの日本のODAの実績を例にとり、考察してください。

2) 開発に関する3つの考え方（経済開発、社会開発、人間開発）について、これまでの開発援助の歴史の中でそれぞれがどのような重要性を持っていたのかを論じてください。

3) フェア・トレードの事例を挙げ、その可能性と問題点についてまとめてください。

4) グローバル・タックスについて、「エガリタリアニズム」と「リバタリアニズム」の考え方に言及しながら自分の考えを述べてください。

5) 開発途上国に本当に必要な支援はどのようなものなのでしょうか。「持続可能な開発目標（SDGs）」を参考に、2つ事例を挙げて論じてください。

column ≫≫≫≫≫ 『援助じゃアフリカは発展しない』

　世界の最貧国の中には、ODA（政府開発援助）がGNI（国民総所得）の10％に達する国や国家予算の半分以上を海外からの援助に頼る国がある。このような国を「レンティア国家」と言う。なお、通常「レンティア国家」とは、レント収入（土地による資源収入）に依存する国を指し、産油国等がイメージされることが多いが、ここでは外国からの支援に依存している国を指すこととする。

　ここでひとつの疑問が浮かぶ。レンティア国家にとって、本当に必要な支援はどのようなものなのであろうか。貧困状態にある人々に必要な支援とは、食料や物資だけではなく、人々が経済的に自立し、発展していくための支援であろう。海外からの支援に依存し続けることは、支援の無駄や政治腐敗の温床となるかもしれない。

　かつて「イギリス病」と言われたように、多額の援助は依存を生み、自助努力によって生活を向上させようとする意欲を歪めてしまうかもしれない。途上国に支援をしても、現地の雇用や技術発展に結びつかなければ、経済社会は停滞し、いつまでも貧困状態から脱却することができない。

　この問題を指摘したのは、アフリカ出身の経済学者 **ダンビサ・モヨ** である。モヨは、著書『援助じゃアフリカは発展しない』（原題 *Dead Aid : Why Aid Is Not Working and How There is Another Way for Africa*, 2009）において、援助そのものが途上国の腐敗を助長し、人々を貧困に貶めるのだと主張する。モヨの議論は極端に聞こえるかもしれないが、途上国の自立を促す支援の在り方を提起したという意味で興味深いものである。

　近年では、そのような支援方法のひとつとして、マイクロ・ファイナンスと呼ばれる取組が注目されている。これは、無担保で少額の融資をすることで、貧困層による起業を後押しする取組である。1983年に創設されたバングラデシュのグラミン銀行は、マイクロ・ファイナンスを利用して起業された。途上国において、特に担保も信用もない女性などが貧困から抜け出す手立てになることが期待されている。しかしながら、例えば、物乞いにまで融資ができるのかなど、誰を対象に、どこまでの融資が可能となるかが今後の課題となろう。

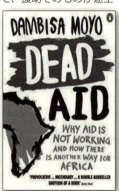

『援助じゃアフリカは発展しない』の原書。著者モヨは、アフリカ南部ザンビア共和国の首都ルサカ出身。ハーバード大で修士、オックスフォード大で経済学博士を取得。世界銀行およびゴールドマン・サックスに勤務していた。

第11章▶国際協力と国際政治 199

もっと深く ◉ 知りたい人のために🔍

①アマルティア・セン（石塚雅彦訳）『自由と経済開発』日本経済新聞社、2000年.
②ジェフリー・サックス（鈴木主税・野中邦子訳）『貧困の終焉──2025年までに世界を変える』早川書房、2006.
③ウィリアム・イースタリー（小浜裕久・織井啓介・冨田陽子訳）『傲慢な援助』東洋経済新報社、2009.
④ダンビサ・モヨ（小浜裕久訳）『援助じゃアフリカは発展しない』東洋経済新報社、2010.
⑤稲田十一『国際協力のレジーム分析──制度・規範の生成とその過程』有信堂、2013.

- ❯①ノーベル経済学賞受賞後に描き下ろした本。開発と自由について、様々な議論を展開している。センの潜在能力アプローチを理解する上で最も分かりやすい。
- ❯②著者は世界的に著名な経済学者でコロンビア大学教授。貧困撲滅のためには、援助額を増やすべきであると主張する。
- ❯③上記②のサックスの論調を真っ向から否定する書。なぜ莫大な援助をつぎ込みながらも、貧困は無くならないのかを明らかにしている。
- ❯④§5のコラムでも紹介した本。論調としては、上記③のイースタリーに近い。ただ単に援助をするだけでは、貧困問題がなくならないことを鮮明に描いている。
- ❯⑤国際協力レジームの発展と形成について、時代ごとに詳しい記述がなされており、国際協力の歴史についてより深い知識を得るのに有用である。

［参考文献］
　（上に挙げた①～⑤を除く）
＜日本語文献＞
上村雄彦『グローバル・タックスの構想と射程』法律文化社、2015.
外務省「我々の世界を変革する──持続可能な開発のための2030アジェンダ」（仮訳）、2015.
＜外国語の日本語訳文献＞
アマルティア・セン（鈴村興太郎訳）『福祉の経済学──財と潜在能力』岩波書店、1988.
アマルティア・セン（池本幸生・野上裕生・佐藤仁訳）『不平等の再検討──潜在能力と自由』岩波書店、1999.
ロバート・ノージック（嶋津格訳）『アナーキー・国家・ユートピア──国家の正当性とその限界』木鐸社、1985.
デレク・パーフィット（森村進訳）『理由と人格──非人格性の倫理へ』勁草書房、1998.
トマス・ポッゲ（立岩真也訳）『なぜ遠くの貧しい人への義務があるのか──世界的貧困と人権』生活書院、2010.
デイヴィッド・ミラー（富沢克・伊藤恭彦・長谷川一年・施光恒・竹島博之訳）『国際正義とは何か──グローバル化とネーションとしての責任』風行社、2011.
ジョン・ロールズ（川本隆史・福間聡・神島裕子訳）『正義論〔改訂版〕』紀伊國屋書店、2010.
＜外国語文献＞
UNDP, The Millennium Development Goals Report 2015. New York: United Nations, 2015.
＜ウェブサイト＞
World Bank, 世界の貧困に関するデータ
　　http://www.worldbank.org/ja/news/feature/2014/01/08/open-data-poverty（最終アクセス：2017年10月23日）

第12章

地球環境と国際政治

早川 有香

> **≫この章の課題**
>
> 　人間は、地球の恵みを利用しながら、豊かで過ごしやすい生活をつくり上げてきた。その豊かな暮らしを実現、維持するために、多くの資源を消費し、廃棄物を放出している。
> 　その上、世界の人口はここ数十年で爆発的に増加しており、1950年には25億人であった人口は、2017年には76億人にまで増加し、2050年には97億にまで増加すると予測されている。つまり、人類史上、前例のない水準で、地球に負荷がかかっているのである。
> 　ここで問題となるのは、地球環境を維持するために、今の生活を捨てなければならないのだろうか、それとも、豊かな生活と地球環境の維持を両立させる道があるのだろうか、ということである。

> **≫キーワード**
>
> □ 地球環境問題　　　　□ オゾン層破壊問題
> □ グローバル・コモンズ　□ 生物多様性問題
> □ 持続可能な開発　　　□ 遺伝子組み換え問題
> □ IUCN　　　　　　　□ 生物資源
> □ UNEP　　　　　　　□ 地球温暖化問題
> □ 国連環境会議

§1 環境問題とは何か

環境問題とは、人間活動の影響によって、環境が人間にとって望ましくない状態に変化する問題である。その発生起源は18世紀の産業革命にまで遡り、その後の急激な経済発展とともに、さらに深刻化、複雑化していった。

例えば、日本においても戦後復興の経済成長に伴い、大気汚染による四日市ぜんそく、水質汚染によるイタイイタイ病や水俣病といった健康被害が発生し、公害問題として深刻化していった。近年よくニュースで耳にする中国のPM2.5※を中心とした大気汚染問題も、急激な経済発展によるものである。

環境問題は、広範かつ多分野にわたる。例えば、開発や乱獲・外来種の持ち込みなどによって自然や動植物が絶滅の危機にさらされる生物多様性問題や、温室効果ガスの大量放出によって地球の温度が上昇する地球温暖化問題など、様々な環境問題が存在する。

さらに、環境問題はいくつかの類型に分けることができる。亀山康子（2010）によれば、誰が加害者で、誰が被害者であるかという分け方ができる。例えば、国際河川の汚染、酸性雨や有害廃棄物の越境移動など、原因が明らかな場合は加害国と被害国が特定され、越境問題と見なされる。また、地球上すべての国、あるいは複数の国が、同時に加害者かつ被害者となる気候変動問題やオゾン層破壊問題がある。さらに、１つの国が直接的な加害国かつ被害国であるが、国際的な協力が必要とされる問題として、過剰な森林伐採問題がある。特に途上国において深刻であるこの問題には、急速に経済発展をしようとする途上国と、先進国による需要拡大という背景がある。

また、環境問題の規模に応じて様々なレベルも存在する。例えば、オーストラリアの一部地域で加速する砂漠化といったローカル・レベルのものから、海洋・大気汚染問題や酸性雨問題のような、複数国に影響するリージョナル（地域）・レベルのもの、そして、地球温暖化問題や生物多様性問題のようなグローバル・レベルで、その影響が出る問題まで様々である。

そして環境問題は、一見関係のなさそうな他の環境問題とも複雑に関連していることが多い。例えば、土地や資源を獲得するために、森林が大量に伐採さ

※「PM」は「Particulate matter」（微小粒子状物質）の略。また、「2.5」とは、「大気中に浮遊している2.5μm（1μm［マイクロメートル］は1mmの千分の1）以下の小さな粒子のことで、従来から環境基準を定めて対策を進めてきた浮遊粒子状物質（SPM：10μm以下の粒子）よりも小さな粒子」である（環境省HPより）。

れれば、砂漠化だけでなく、二酸化炭素の吸収源がなくなる。さらに、経済発展のための近代工業化は、**温室効果ガス（GHG**※**）**を大量に排出し、地球温暖化を加速させる。すると、気温変化に弱い動植物が死滅して生物多様性が失われていくのである。

　環境問題が国際政治において争点となるのは、多くの場合において、北（先進国）と南（途上国）の間の対立を深めうるからである。それに加えて、途上国と分類される国の中でも、新興国、最貧国、小島嶼国などても存在し、その関係性は複雑になりつつある。例えば、地球温暖化問題は、過去の経済発展によってGHGを排出してきた先進国に一義的な責任がある、と途上国は主張しており、その解決に向けたGHG排出削減をめぐる国際交渉においては、たびたび先進国と途上国の対立が見られる。

　生物多様性問題においても、生物資源を持つ途上国と、それを使用して医薬品などを作る技術や知識を持つ先進国がその利益配分などをめぐってしばしば対立する。

　さらに、ツバルなど海抜の低い国は海面上昇によって水没する危険があり、住む土地を失った人々は環境難民になってしまう。このように、環境問題は新たな国際問題の出現につながりうるのである。

▶§2　国際環境政治の特徴

　環境問題は、人類の存続に関わる重大な問題であり、世界を挙げてこの解決に向けて行動していく必要がある。しかしながら、環境問題が地球規模かつ複雑・多様で、全人類に関わる問題であるという特徴ゆえに、その解決は困難を極めている。国際環境政治の場合、次の2つの理由があると言える。

　第1に、国際環境政治における法的規制は、国家による国際交渉の結果、作られるものであるということである。環境問題への取組は、国家の経済活動を制限する場合が多い。例えば、地球温暖化問題の原因となる二酸化炭素などのGHGは、経済活動の原動力である石油や天然ガスといった化石燃料の使用により排出される。そのため、各国が経済活動やエネルギー安全保障を優先すると、環境問題に関する国際交渉が停滞することがしばしばあるのである。

※「Greenhouse gas」の略。

第12章▶地球環境と国際政治 203

　第2の特徴は、地球環境そのものがグローバルな公共空間だということである。つまり、地球環境はどの国にも属さない**公共財**であり、**グローバル・コモンズ**（**global commons**）と呼ばれる。このため、地球温暖化問題、生物多様性問題、オゾン層破壊問題など、地球規模で起こる問題は1つの国だけでは対応しきれない問題である。そのため、例えばある国がどんなにGHGの排出を削減しても、他の国が削減量と同じ量を排出してしまえば、結局のところ地球上に排出されるGHG排出量は同じになってしまう。

　従って、自国の国益を考えるのみでは地球環境問題は解決できないため、グローバルな公共利益を考える必要がある。そのため、これまでの研究では国際環境政治における企業や環境NGOなどの非国家行為主体の役割や、国家間交渉により合意される国際制度の有効性などが問われてきたのである（Young, 2002；Biermann, 2012）。

▶§3　成長の限界と持続可能な開発

　「人口増加や環境汚染などの現在の傾向が続けば、100年以内に地球上の成長は限界に達する」。これは、1972年にマサチューセッツ工科大学のデニス・メドウズが率いるチームが発表した研究成果であり、「**成長の限界**」を指摘したものとして知られている（メドウズ, 1972）。

　また、2009年に、ストックホルム・レジリエンス・センターのヨハン・ロックストロームらは、人類の活動に伴う大気中の二酸化炭素濃度の増加や生物の絶滅率などは、すでに取り返しのつかないレベルまで到達してしまっており、地球の持つ環境容量の限界値である**プラネタリー・バウンダリー**（**Planetary Boundaries**）を超えてしまったと指摘している（Rockström, 2009）。

　これらの研究成果は、人間による開発の拡大に警鐘を鳴らすと同時に、豊かな生活の実現と環境保全とを共存させる道があるのか、という命題をわたしたち人類に突きつけている。

　これに対して、地球環境問題の解決に向けた指針のひとつを示したのが、「**持続可能な開発**」という概念である。持続可能な開発の考え方自体は、林業における最大伐採量や、漁業における最大維持可能漁獲量などに代表される

ように、古くから存在していた。「持続可能な開発」の理念が言説として登場したのは、1980年に**国際自然保護連合**（ĪŪCN[*]）や**国連環境計画**（ÚNEP[**]）などが中心となり取りまとめた『世界環境保全戦略』においてである。ここでは、直接、持続可能な開発の定義はなされなかったものの、将来世代のニーズと願望を満たしつつ、現在の世代に最大の便益をもたらすような開発であるということが示された。

　「持続可能な開発」の定義がなされ、それが国際的な注目を集めはじめたのは、1987年に環境と開発に関する世界委員会（ブルントラント委員会）が取りまとめた報告書『Our Common Future』においてである。その中では、「持続可能な開発」は、「将来世代の欲求を満たしつつ、現在の世代の欲求も満足させるような開発」であると定義されている。つまり、環境と開発は相反するものではなく、共存し得るものとして捉え、次世代も地球環境の恩恵を享受できるように、環境に配慮した開発の重要性を指摘したのである。

　ここで重要なのは、環境に配慮した消費・生産活動は経済発展にも結びつくという考え方である。例えば、資源を有効に活用するようになれば、より長くその資源を使えることになるだけでなく、経済的に豊かになれば、人々の環境問題に対する意識が向上し、環境保全にも積極的になることが期待できる。また、二酸化炭素排出の少ないエコカーなどの省エネ製品の開発や、化石燃料に代わるエネルギー源として再生可能エネルギー（太陽発電、風力発電、バイオ燃料など）への投資など、新たなビジネスやマーケットの創出につながる可能性もある。

　ただし、このようなコストが払えるのは、環境コストを上乗せした価格を支払うことができる主体だけであり、そうでない主体にとっては「環境に配慮した経済活動」自体が贅沢だとみなされる場合もある。さらに、環境ビジネス、例えば、再生可能エネルギー投資は一見、環境に配慮した経済活動であるかのようにも見えるが、その背景には企業利益や国益が存在することも多々ある。このようなことを鑑みれば、一筋縄ではいかないのもまた、持続可能な開発をめぐる議論の特徴であろう。

---

[*] 　「International Union for Conservation of Nature and Natural Resources」の略。
[**] 「United Nations Environment Programme」の略。

▶§4 国連環境会議

　地球環境問題をテーマとした最初の国際会議は、1972年のストックホルム人間環境会議であった。この会議では、途上国の経済発展と環境保全のどちらを優先させるかが最大の争点になった。途上国は環境問題よりも、人間の生命に関わる貧困の撲滅を優先すべきであると主張した。同会議で採択されたストックホルム人間環境宣言では、有限な資源の保全や公害問題の克服とともに、途上国に対する支援の重要性が盛り込まれた。

　また、環境問題解決に向けた具体的な取組を推進するために、国連環境計画（UNEP）を設立することが合意された。国連総会（⇒第5章§3）の補助機関として設立されたUNEPは、環境問題の現状調査や国際環境条約の策定促進、国際環境条約を受けて策定された国内法の実施・遵守の監視を主な活動目的とする。これまでに、オゾン層保護に関するモントリオール議定書の事務局や、生物多様性の保護に関するワシントン条約や生物多様性条約、有害廃棄物に関するバーゼル条約などの管理を行ってきた。

　このように環境問題への国際的な取組を促進してきたUNEPのさらなる役割強化に向けて、2013年2月の第27回管理理事会では、組織改革についての議論が行われた。その結果、これまで58カ国で構成していた管理理事会を、全ての国連加盟国が参加する国連環境総会に変更すること、そして今後は2年に1回開催することなどが決定された。

　1990年以降に冷戦（⇒第2章§8）が終結すると、さらに地球環境問題（地球温暖化問題など）への注目が高まった。これを受けて、1992年にブラジル・リオデジャネイロで国連環境開発会議（通称、リオ会議）が開催された。この会議には178の国・地域が参加し、環境と開発に関するリオ宣言と**アジェンダ21**（Agenda 21）を採択した。リオ宣言は、「持続可能な開発」や「現代世代と将来世代との間の公平性」や「共通だが差異ある責任」などを含む、27の基本原則により構成される。さらに、これを実現するための具体的な行動計画として合意されたアジェンダ21には、より具体的な政策や措置が提示された。また、この会議と並行して、気候変動枠組条約や生物多様性条約の署名が開始された。

この10年後にあたる2002年には、南アフリカ・ヨハネスブルグで持続可能な開発に関する世界首脳会議（通称、リオ＋10サミット）が開催され、ヨハネスブルグ宣言および実施計画が採択された。ヨハネスブルグ宣言には、きれいな水・衛生・エネルギー・食糧安全保障などへのアクセス改善、国際的に合意されたレベルのODA（⇒第11章§1）達成に向けた努力、ガバナンスの強化などが盛り込まれ、その実施計画には、途上国への資金支援に関する開発資金国際会議への合意、再生可能エネルギーの世界的なシェアの拡大などが盛り込まれた。

さらにその10年後の2012年、再びブラジル・リオデジャネイロで国連持続可能な開発会議（通称、リオ＋20）が開催された。この会議では、持続可能な開発および貧困撲滅に向けたグリーン経済や持続可能な開発のための制度的枠組みをテーマとした議論がなされ、その結果『我々の求める未来（The Future We Want)』が合意された。この合意文書の中で、持続可能な開発に関する課題解決に向けた包括的なグローバル目標として、持続可能な開発目標（SDGs）を新たに検討していくことが合意された（⇒第11章§4）。

▶§5 事例研究1──オゾン層破壊問題をめぐる国際政治

オゾン層破壊問題とは、成層圏にあるオゾンの層が、化学物質である**フロンガス（CFC ＊）**によって破壊されるという問題である。オゾン層が破壊されると紫外線が地上に降り注ぎ、皮膚がんや目の異常などを引き起こしてしまう。当時CFCは、燃えない、毒性がないなどの特徴から、冷蔵庫やクーラーの冷媒、スプレー、発泡スチロールの製造、消火剤、半導体の洗浄など様々な用途に用いられ、アメリカおよびヨーロッパで製造されていた。

CFCがオゾン層を破壊するという危険性が指摘されたのは、科学者によるものであった。とりわけ、1974年にアメリカのモリーナとローランドにより、CFCが分解されにくい安定した物質であり、それを自然界に放出してもなかなかなくならないこと、そして分解されないだけでなく、徐々に成層圏に向かって上昇すると考えられることが指摘された。その後、米国立科学アカデミーを中心に研究が盛んに行われるようになり、CFCによりオゾン層が破壊されているという危険性が指摘され始めたのである。

※ 「Chlorofluorocarbon（クロロフルオロカーボン）」（塩素とフッ素と炭素の化合物）の略。

第12章▶地球環境と国際政治 | 207

　アメリカでは皮膚ガンという分かりやすい脅威が一般の人々の関心を高め、CFCを使用したスプレーをボイコットする消費者運動が盛んになった。1983年には、すでに国内でCFC規制に関する何らかの措置を取っていたカナダやスイス、スカンジナビア諸国がカナダのトロントに集まり、「トロント・グループ」を結成し、アメリカもこのグループに加わった。それとは対象的に、ヨーロッパ、日本、ソ連などはスプレー用CFCについても増産を目指していた。

　オゾン層破壊問題に関する国際的論議が高まったのは、国連環境計画（UNEP）がリーダーシップをとってオゾン層保護に関する条約交渉を各国に呼びかけた頃からである。その結果、1985年にオゾン層保護のための**ウィーン条約**が採択された。しかしながら、この条約はオゾン層破壊問題が存在すること、そして今後観測や知見の集積について協力していくことについて合意されただけの簡単な内容であった。言い換えれば、CFCの生産や消費に関しては、いかなる削減義務も規定されなかったのである。

　ウィーン条約採択後、イギリスの科学者ファーマンらによって南極上の成層圏のオゾン層がそれまでの50％ほど減少していることが報告された。オゾン層の減少によってできた穴は「**オゾンホール**」と呼ばれ、人々の関心を大いに高めたのである。そのような中、世界のCFC排出量の４分の１を生産していたDuPont社（デュポン）が、CFCに比べてオゾン層破壊の性質が少ない代替物質として**HCFC**※（エイチシーエフシー）の開発に成功し、自主的にCFC生産量を減らしていく目標を表明した。この背景には、オゾン層破壊問題の社会的関心の高まりを受け、CFCを生産する他のライバル会社に先駆けて代替物質を開発することにより、新たな市場でのシェア拡大を狙ったものと推測されるが、後に、このHCFCもオゾン層破壊物質として規制されることとなる。

　アメリカ政府がCFCの国際規制を支持したことにより、1987年にモントリオール議定書が採択された。これにより、オゾン層破壊物質と言われたCFC（特定フロン）とHCFC（指定フロン）の２種類の製造・販売が規制された。CFCについては、1999年までに1986年の生産量及び消費量の50％以下にまで削減すること、HCFCについては、1992年までに1986年レベルで凍結することが合意された。その後、1989年の議定書改正では、オゾン層破壊物質を1995年までに50％削減、1997年までに85％、2000年までに全廃とすることが定められた。

　※　「Hydrochlorofluorocarbon（ハイドロクロロフルオロカーボン）」（水素と塩素とフッ素と炭素の化合物）の略。

さらに、1992年の改正では全CFC類の全廃時期の前倒し及びHCFCの全廃を1994年とすることなどが合意されたのである。

このように、オゾン層破壊問題をめぐる国際交渉は、ウィーン条約が合意されてから9年という速さで、すべてのCFC類の全廃時期が合意された。ゆえに、しばしばウィーン条約は「最も成功した環境条約のひとつ」と言われる。

この成功を導き出した要因として、**知識共同体（エピステミック・コミュニティ[epistemic community]）** の存在があった（⇒第6章§3）。知識共同体による科学的な根拠に基づくCFCのオゾン層破壊の危険性の指摘がなされたことで、緊急に取り組むべき課題としての認識が国際社会に広く共有されることになった。

そして、解決のための国際交渉に向けた国連環境計画（UNEP）のリーダーシップや、CFCを生産していたアメリカの企業の自主的取組み、CFC全廃に向けたアメリカ政府の前向きな姿勢などにつながっていったのである。

▶§6 事例研究2 —— 生物多様性問題をめぐる国際政治

生物多様性は、なぜ重要なのだろうか。それは、食物連鎖によって生態系が崩れ、種や生物の絶滅やその地域の生態系システムの機能不全などの危険性が存在するからである。例えば、ある種が絶滅すると、それを食べている他の種にも影響する。また、絶妙なバランスで保たれてきたその地域の生態系システムも崩壊しかねない。こうした生物多様性の損失や生態系の変化は、人間による開発や乱獲のみならず、自然環境の変化にも起因するが、生態系システムによる恩恵を受ける人間の生活に多大なる影響を与えることは間違いない。

生物多様性をめぐる問題には、次のような3つの側面がある。第1に、絶滅危惧種の保護や、野生動植物の生息環境の保全などに関する問題である。現在、地球上に存在する生物種は174万種とされ、未発見の生物種を含めると1億種にもなると言われる。人間活動を原因とした大気や水の汚染、森林破壊、温暖化などの環境破壊により、生きものたちの生息環境は急激に変化してきた。その結果、かつてないスピードで多くの種や生物が絶滅の危機に瀕している。例えば動物園で目にすることのできるパンダ、カバ、サイ、ゴリラ、オランウータン、ライオン、トラ、ゾウなど、わたしたちに親しみのある動物も絶滅の危機に瀕していることが多い。

こうした問題に対して、最初に動いたのは**国際自然保護連合（IUCN※）**であった。この組織は、国や政府機関、環境NGOが加盟している国際的な連合組織であり、科学的な調査に基づき自然保護に関する政策提言や活動を実施している、いわば知識共同体である。IUCNは、「**レッドリスト**」と呼ばれる絶滅の恐れのある野生動物リストを作成し、地球上の哺乳類の21％、鳥類の12％、両生類30％、サンゴの27％が絶滅の危機にあることを明らかにした。種や生物の絶滅に関する危機感が広く認識される中、1973年に絶滅の危機に瀕した野生動植物種の国際取引に関する国際条約として、**ワシントン条約**が締結された。本条約には、先進国及び途上国の多くが加盟しており、182カ国が加盟国になっている（2017年4月現在）。また、**ラムサール条約**のように水鳥の生息地である湿地の保全や適正利用に特化した国際条約もある。

第2に、遺伝子組み換えに関する問題がある。バイオテクノロジーの発達により遺伝子組み換えが可能となり、従来自然界には存在しなかった遺伝子を持つ生物が生み出せるようになった。これにより、食品の増産や改良、品種改良などが可能になり、人間の豊かな生活に貢献してきた。しかし一方で、遺伝子組み換えによる従来種への影響や、遺伝子組み換え食品による人間の健康への影響が懸念されている。遺伝子組み換えにより、病気や害虫に強く、特定栄養価の高い作物の生産が可能となり、食料問題解決への一助となりえるというメリットはあるものの、遺伝子組み換え技術はまだ発展段階で不確実性の高い技術であり、環境や健康への長期的な影響が予測できないというリスクも孕んでいるのである。

しかしながら、1992年に締結された生物多様性条約では遺伝子組み換え生物に対する具体的な措置が明記されなかった。そこで、遺伝子組み換え生物が国境を超えて取引される際の手続きを定めることを目的として、2000年にカルタヘナ議定書が合意された。この議定書では、遺伝子組み換え作物などの輸出入時に、輸出国側が輸出先の国に情報を提供し事前同意を得ることなどを義務づけており、2017年現在、米国を除くすべての国連加盟国が参加している。

第3に、遺伝資源の利用により生じた利益の公平な配分に関する問題がある。動植物や微生物などの生物資源（遺伝資源を含む）から得られる莫大な利益の公平な分配をめぐって、先進国と途上国との対立が顕著になっている。多く

※「International Union for Conservation of Nature and Natural Resources」の略。

の場合、遺伝資源を利用して利益をあげているのは先進国の企業であり、遺伝資源を保有する途上国に、その利益が公平に分配されているとは言い難い。例えば、医療分野で利用価値がある遺伝資源は、医薬品としての開発に成功すれば経済的価値が高まり、莫大な利益を得ることができる。八角(中国原産の木の実)はインフルエンザ治療薬のタミフルの原料として活用されている。また、ドクトカゲからは糖尿病治療薬が、ニチニチソウ(マダガスカル原産の花)やブッシュウィロー(アフリカ南部に生息する木)からは抗がん剤が開発されている。

　先進国は、その土地で古くから薬草として知られていたものをさらに研究して、活性のある物質を抽出し、その化学構造を特定し、新薬として大量生産する。もしその新薬が優れた効果を示せば、それは製薬会社に莫大な利益をもたらすのである。一方で、途上国は古くから薬草として使っていた知恵を保持していたのは自分たちであるとして、遺伝資源自体の価値と伝統的な知識に対する適切な利益還元を主張している。先進国による遺伝資源の利益独占を是正するために強制力のある国際的なルールづくりを求める途上国に対して、過度な遺伝資源の利益配分はワクチンなどの新薬開発の妨げになりかねないと主張する先進国との間で対立が続いていた。

　こうした議論を踏まえ、2010年に開催された、第10回生物多様性条約締約国会議(COP10※)において、遺伝資源を用いた医薬品や化粧品などの開発による利益の一部を資源国にも還元する仕組みとして、利益配分の範囲を資源国が決定できることを定めた名古屋議定書が採択された。この議定書により、遺伝資源の利用に伴う利益を、原産国にも公平に還元する仕組みが整備されたと同時に、企業が動植物を勝手に持ち出す海賊的行為の防止や、配分した利益による資源国の生物多様性保全の強化を促すという効果も期待されている。

　その一方で、途上国の過度な利益配分の要求による企業への影響も懸念されている。例えば、遺伝資源をもとに開発されたゴムを自動車のタイヤに利用した場合、自動車メーカーまで利益配分を求められるかもしれない。このため、同議定書は2014年10月に発効したものの、オーストラリア、アメリカ、カナダなどはまだ批准していない。

※ 「COP」は「Conference of the Parties」の略。

第12章 ▶ 地球環境と国際政治 | 211

column ▶▶▶▶▶ クロマグロ規制問題と捕鯨問題

　近年、乱獲が原因で大西洋・地中海のクロマグロが激減している。「畜養」と呼ばれる手法により、クロマグロを小魚のうちに捕って海中の生簀に移し、トロの部分が多くなるようエサを与えてふとらせ、その大半が日本に輸出される。この漁法による小魚の乱獲が海洋資源の枯渇につながるとして、国際的な論議を呼んでいる。

　クロマグロの国際規制に反対する日本に対して、モナコからはクロマグロの取引禁止案が出され、イタリア、フランス、アメリカもこれを支持したため、禁止への流れが一気に高まった。2010年3月にカタールで開催されたワシントン条約締約国会議でも、禁止案は採択されなかったが、その後のクロマグロの資源管理に関する議論においても、規制の強化に向いた声が強まっている。

　また、クジラおよびイルカの捕獲の是非に関する国際的な論争である**捕鯨問題**についても、生物多様性の側面から議論がなされている。絶滅危惧種とされるクジラの多くが毎年地球上から消え去っているが、その影響で海洋生態系が崩れてきているという指摘がある。これに対して、クジラ資源の保護および捕鯨業の適正化を目的として1946年に国際捕鯨取締条約が合意され、1982年には捕鯨のモラトリアム（商業捕鯨の一時停止）が採択されるなどの対策が講じられてきた。日本やノルウェー、アイスランドなどの捕鯨国は、クジラの種類によっては十分な数が生息しているという科学的知見を根拠に、捕鯨の許可を訴えている。

　捕鯨をめぐっては、「生物多様性」以外にも倫理観に基づく批判がなされ、捕鯨国とそれに反対する国・組織との間で激しい対立が続いている。調査を名目とした日本の捕鯨を国際NGOで海洋環境保護団体のシー・シェパードが妨害したというニュースを耳にしたことがあるだろう。オーストラリアやEUなどは、倫理観に基づき、人間と同じ哺乳類で、知能も高いクジラを捕食することは残酷であると主張しているのである。食べることを目的として捕鯨をしている国には日本やノルウェーなどがあるが、特に日本においては伝統文化とのつながりも深い。日本では、平安時代からクジラは縁起の良いものとして珍重され、クジラの歯や骨やひげを使用した鯨細工という工芸品もある。

　これに対して、捕鯨という行為を異なる価値観であるからという理由で阻止することは、**文化帝国主義**に当たるのではないかという反論もある。今でこそ捕鯨に反対しているオーストラリアでも、過去には灯油、機械油用の鯨油を目的とした捕鯨を世界最大の規模で行っていた。これによって、絶滅寸前の危機に瀕した鯨種もいたと言われる。

▶§7 事例研究3——地球温暖化問題をめぐる国際政治

　地球温暖化問題とは、大気中の温室効果ガスの濃度が上昇し、地球に蓄積される熱の量が増えて大気の温度が上昇するという現象により、様々な気候の変動が生じることである。温暖化の主な原因とされているのは二酸化炭素であるが、温室効果ガスには、メタンや亜酸化窒素なども含まれる。

　温暖化の影響として、気温上昇や集中豪雨や異常乾燥などの降雨パターンの変化、南極の氷が溶けることにより生じる海面上昇、異常気象による農産物の減少、海流の流れの変化による漁獲量の減少、生息地の減少による動植物の絶滅などがある。

　地球温暖化問題も、オゾン層破壊問題や生物多様性問題と同じく、知識共同体が中心となってアジェンダ設定がなされ、国際的論議となった問題である。その起源は、1950年代にアメリカがハワイで大気中の濃度を測った結果、少しずつ上昇していることを確認したところまで遡ることができる。その後、1988年にはカナダ・トロントで「変化する地球大気に関する国際会議」が開催され、2005年までに二酸化炭素排出量を1988年レベルの20％削減、長期目標として50％削減が勧告された。

　このような知識共同体の動きは、**気候変動に関する政府間パネル（IPCC＊）**の設立へとつながった。IPCCは、1988年に世界気象機関（WMO）と国連環境計画（UNEP）により設立され、各国政府から推薦された専門家が参加し、地球温暖化問題について議論を行う公式の場である。

　IPCCでは、温暖化に関する科学的な知見の評価、温暖化の環境的・社会経済的影響の評価、今後の対策のあり方などの課題について検討され、1990年に第一次報告書が出された。科学的不確実性は残されているものの、温暖化や気候変動が、地球と人間社会に与える可能性のある影響について指摘した。2007年の第四次報告書では、人間活動が地球温暖化を進行させ、深刻な被害が生じる危険性を指摘し、2013年に公表された最新の第五次報告書では、大気と海洋システムの温暖化は疑う余地がなく、温暖化の主因が人間の影響によるものである可能性が極めて高いと結論づけている。

※　「Intergovernmental Panel on Climate Change」の略。

この一方で、**温暖化懐疑論**も存在することにも留意しておく必要がある。温暖化は、人間活動によるものではなく、そもそも水蒸気の影響や太陽活動の活発化など自然要因による影響が大きい、という議論である。IPCCの主張と温暖化懐疑論のどちらが正しいかについて、本章では議論の対象にはしないが、人間活動が温暖化を引き起こしているとしても、そうでないとしても、温暖化対策を講じることには意義があるということは指摘できよう。

なぜなら、温暖化対策の根本はエネルギー政策であり、新たなエネルギー源確保などの相乗便益が期待されるからである。また、予防原則の観点からも温暖化対策は必要であるということが言える。例えば、人間の経済活動の結果、増加する温室効果ガス（GHG）が原因で温暖化が起きているのだと、確実ではなくてもその可能性がある場合、省エネルギー対策等によってGHGを削減し、リスクを低減し、悪影響を少しでも予防しておくことは重要である。

地球温暖化問題への国際社会の対応として、1992年に**国連気候変動枠組条約（UNFCCC※）**が採択され、「気候システムに対して危険となる人為的干渉を及ぼすこととならない水準で、大気中の温室効果ガス濃度を安定化させる」ことが目指された。ここで問題となっているのは、具体的に、「危険となる水準」とはどの程度なのか、明記されていないということである。まさにこの点で、各国の意見が割れているのである。

とりわけ、だれが、どれだけ削減義務を負うのかについて、先進国と途上国との意見が激しく対立している。途上国は、地球温暖化問題は人類共通の課題ではあるが、産業革命からGHGを排出しながら開発を続けてきた先進国によって引き起こされた問題であり、排出削減義務は先進国のみが負うべきだとして、「**共通だが差異ある責任（common but differentiated responsibility）**」の原則を訴えた。

この原則に基づき1997年に合意されたのが**京都議定書**である。この議定書において、先進国全体の2008年から2012年の5年間の平均排出量を、1990年比で5％削減すること、地域・国別ではEUが8％、アメリカが7％の削減義務を負うことが決定された。最も多くの削減義務を負うことになったEUは、「EUバブル」というアプローチを採用した。EU域内でも、各国によりそのGHG排出量を含め各国で様々な事情が異なるため、EU加盟国間で削減割合を

※　「United Nations Framework Convention on Climate Change」の略。

差異化することにより、EU全体で8％の削減義務を負うことに合意したのである。また、GHG削減ポテンシャルの大きい東ヨーロッパ諸国によるEUへの新規加盟を見越した戦略だという見方もできる。なお、日本やカナダ、ハンガリー、ポーランドは6％の削減義務を負った。

　また、京都議定書では自国内だけではGHG削減目標を達成できない場合の手段として、国外から排出枠を購入することのできる3つの方法、いわゆる「京都メカニズム」が認められた。

　1つめは、排出主体（例えば、国や企業）ごとにGHG排出枠（キャップ）を定め、排出枠が余った主体と、排出枠を超過してしまった主体との間で取引する**排出権取引制度**である。現在では、欧州排出量取引制度（EU-ETS）、アメリカ北東部地域温室効果ガスイニシアティブ（RGGI）、東京都排出量取引制度、カルフォルニア州排出量取引制度などが存在する。2つめは、先進国がある途上国に対して、GHG削減を促す技術・資金支援などのプロジェクトを実施し、それにより削減されたGHG排出量を先進国の削減分としてカウントすることができる**クリーン開発メカニズム（CDM[※]）**である。3つめは、先進国が他の先進国に対して、GHGを削減するプロジェクトを実施し、その分をそれぞれの国の削減分に再配分できる制度として**共同実施（JI[※※]）**が設けられた。

　このように、京都議定書は各国が削減義務を負う唯一の国際合意であったにもかかわらず、キーとなる国が次々と離脱を表明するなど、批准は難航を極めた。2001年、世界のGHG排出量の20％以上を占めるアメリカが離脱し、2012年にはカナダが離脱している。オーストラリアも2008年まで批准しなかった。この背景には、各国でGHGが増加し続けたことと、中国やインドなどの新興国も削減義務を負うべきとの主張が存在したことが挙げられる。現在、世界で最もGHGを排出している中国や、今後の経済発展により先進国並の排出量増加が見込まれるインドなどの国も削減義務を負うべきだという批判がなされたのである。

　当時、地球の地上平均気温を、工業化以前より2〜2.4℃未満に抑えるためには、世界全体のGHG排出量を2015年にピークアウトさせたのち、さらに2020年までに先進国全体で1990年比25〜40％削減、途上国もある程度の排出抑制が必要であるとされていた（IPCC, 2007）。しかしながら、今日に至るまで、地球全体の排出量削減に向けた国際交渉は難航している。

[※]　「Clean Development Mechanism」の略。
[※※]　「Joint Implementation」の略。

第12章▶地球環境と国際政治　215

　例えば、京都議定書が規定していない、2013年以降の次期枠組みへの合意が焦点となった第15回気候変動枠組条約締約国会議（COP15）の国際交渉では、各国の利害対立が激化した結果、最終文書に「合意する（agree）」ではなく「留意する（take note）」、すなわち法的拘束力や罰則規定を持たない形式で、コペンハーゲン合意（Copenhagen Accord）が取りまとめられることとなり、目立った進展が見られず閉幕した。このような流れは、温暖化対策に対する各国の政治的意思の弱さを浮き彫りにした。

　そうした中、2015年12月に**パリ協定**が合意された。パリ協定は、各国が産業革命以前から世界の平均気温上昇を2℃未満に抑えるために（1.5℃に抑えることが、リスク削減に大きく貢献することにも言及）、今世紀後半には人間活動による温室効果ガス排出量を実質ゼロにする方向性を打ち出した。

　パリ協定では、京都議定書のように各国ごとに排出削減目標が義務化されているのではなく、各国が自主的に目標を設定し、その進捗を報告する方式が採用された。具体的には、2020年以降、各国は5年ごとに削減目標を見直し、原則として、それまでの目標よりも高い目標を掲げた上で、再提出することが求められたのである。このように、1992年に気候変動レジームが設立されてから、パリ協定の合意に至るまで、実に23年もの歳月がかかった。

《課題》

1）地球環境問題をめぐる国際政治の特徴について、「グローバル・コモンズ」という言葉を用いて説明してください。

2）豊かな生活と地球環境の維持の両立は可能なのでしょうか。「持続可能な開発」の概念に対する自分の意見を述べながら論じてください。。

3）オゾン層破壊問題をめぐる国際レジームは、最も成功したものであるとしばしば評されることがありますが、その理由について、問題を取り巻く主体（利害関係者）と相互関係（対立構造など）の観点から論じてください。

4）なぜ、遺伝資源の利用により生じた利益の公平な配分が問題になるのでしょうか。生物多様性の議論に触れながら論じてください。

5）地球温暖化問題をめぐる国際交渉はなぜ23年もの間停滞していたのでしょうか。その理由について、問題を取り巻く主体（利害関係者）と相互関係（対立構造など）の観点から論じてください。

column ⋙⋙ 日本の温暖化問題

　日本は、1997年に第3回気候変動枠組条約締約国会議の議長を務め、京都議定書への合意をまとめあげた実績がある。また2009年には、2020年までに1990年比で25%のGHG（温室効果ガス）削減という目標を打ち出すなど、野心的な目標を掲げ、国際交渉を牽引(けんいん)する国の1つであった。それにもかかわらず、現在では京都議定書の第二約束期間には加盟していない上に、2017年3月時点でのGHG削減目標は2005年比で3.8%（1990年比では3.1%の増加）としている。

　なぜ日本においては、大幅なGHG削減が困難になってしまったのであろうか。その前提として、そもそも京都議定書において1990年比での削減目標の設定自体が、日本にとって不利なものであったという議論がある。つまり、日本はすでに1990年の時点で世界でも高水準のエネルギー効率を達成していたために、他の国と比較しても削減余地が少なく、目標達成が困難であったというものである（「乾いた雑巾(ぞうきん)を絞るようなものだ」と、しばしば揶揄(やゆ)される）。

　その他の理由として、第1に、国内における効果的な温暖化政策が欠如していたことが挙げられる。これまで、地球温暖化対策推進法（1998年、2002年）や、京都議定書目標達成計画（2005年）などが策定されてきたが、これらは温暖化政策の方針を示したものであり、排出権取引などの具体的な政策が導入されていなかったのである。従って、日本では政府による温暖化対策は補完的であり、民間の取組である経団連の環境自主行動計画などが、実質的な温暖化政策として機能しているというのが実態である。

　第2に、東京電力・福島第一原子力発電所事故により、国内すべての原子力発電が一時操業停止となり、火力発電の割合が増加したことで、GHG削減そのものが難しくなったことが挙げられる。

もっと深く ◉ 知りたい人のために

①亀山康子『新・地球環境政策』昭和堂、2010.

②栗山浩一・馬奈木俊介『環境経済学をつかむ〔第3版〕』有斐閣、2016.

③新澤秀則・高村ゆかり『気候変動政策のダイナミズム（シリーズ環境政策の新地平 第2巻）』岩波書店、2015.

④ミランダ・Ａ・シュラーズ（長尾伸一・長岡延孝訳）『地球環境問題の比較政治学――日本・ドイツ・アメリカ』岩波書店、2007.

➤①地球環境問題について、国際政治の観点から考察した書。様々な国際環境条約の交渉過程を検討しており、この分野の知識を得る上で非常に有用である。

➤②環境問題の解決のためには、環境破壊に伴うコストを考える必要がある。経済学の観点から書かれているが、環境の価値評価の手法や、環境税・排出権取引といった政策についても詳しく述べられている。

➤③京都議定書以降の国際的な合意の行方や、国際制度の展開とその課題など、国際政治的な視点から詳しく説明がなされているのみならず、経済モデルを用いた気候変動分析や、気候変動問題がもたらすリスクにどのように適応するかなど、様々な観点から論じられている。

➤④少し古い本だが、比較政治学の手法を用いて日本、ドイツ、アメリカの3カ国における環境政策を、政治文化、行政機構、社会運動の3点から比較分析した非常に読み応えのある本。

[参考文献]

（上に挙げた①～④を除く）

＜外国語の日本語訳文献＞

ドネラ・H・メドウズ（大来佐武郎監訳）『成長の限界――ローマ・クラブ「人類の危機」レポート』ダイヤモンド社、1972.

＜外国語文献＞

Biermann, F., Earth System Governance: World Politics in the Anthropocene. The MIT Press, 2012.

Intergovernmental Panel on Climate Change (IPCC), Climate Change 2007: Synthesis Report. 2007.

Rockström, J., et. al., 'A safe operating space for humanity'. Nature, vol.461, pp.472-475, 2009.

Young, O.R., The Institutional Dimensions of Environmental Change: Fit, Interplay, and Scale. The MIT Press, 2002.

第13章

エネルギーと国際政治

井口 正彦

≫この章の課題

　エネルギーは、経済・産業活動にとっても、軍事・戦略的な目的にとっても必要不可欠の物資であるため、その安定確保は国家を運営していく上で非常に優先順位の高いものである。

　エネルギー資源の中でも20世紀に中心的な役割を果たしてきた石油には地球的偏在が存在し、ある国は国外からの輸入に依存せざるを得ず、逆に資源輸出国はエネルギー価格に大きな影響を与えることが可能となる。このようなエネルギー資源の国際貿易をめぐる構造は、特に中東と欧米をめぐる国際関係に大きな影響を与えてきた。

　本章は、これまでのエネルギーと国際政治との関係の歴史を振り返り、また、今後のエネルギー問題の行方について展望する。

≫キーワード

- □ 石油
- □ 中東
- □ 国際石油資本
- □ ピールオイル
- □ OPEC
- □ オイルショック
- □ IEA
- □ シェール革命
- □ エネルギー地政学
- □ 原子力発電
- □ 再生可能エネルギー

§1 エネルギーの地球的偏在

　20世紀は**石油**の時代であった。これは、世界における一次エネルギー供給において、石油が占めている割合からも明白である〈図表13-1〉。

　石油は、貯蔵や運搬が石炭などと比べて容易であり、調達の柔軟性に優れるエネルギー源である。よって、1970年に起きたオイルショック以前、石油は利便性の高いエネルギー資源として活用され、世界の一次エネルギーの約45％を占めていたのである。**オイルショック**（⇒§3）により、省エネルギー活動が活発化したことにより、天然ガス、石炭、原子力、再生可能エネルギーといった、ほかのエネルギーの割合も増加しているが、現在においても約34％を占めるなど、その重要性は現在でも変わってはいない。

　とりわけ、石油をめぐる利権争いはこれまでの国際政治に大きな影響を与えるものであった。後に詳しく述べるが、「20世紀は石油の時代」とまで揶揄されるほど、主要エネルギー源が石炭から石油に代わり、石油の安定供給と確保をめぐって国際関係が劇的に変化したのである。しかし一方で、石油の埋蔵量は限られており、いずれは枯渇する資源であることにも変わりはない。

　1956年にアメリカの地質学者であるキング・ハッバートは、石油の生産はピーク（上限）を迎えた後に徐々に生産量が落ちていくという**ピークオイル論**を唱えた（Hubbert, 1956）。

　ハッバートは、アメリカの石油生産量が1970年初頭にピークを迎えることを予想し、これが見事に的中したことから、生産曲線が一般的なものとして認識されるようになり、これまで様々な研究者により、世界の石油生産のピークと枯渇年度予測がなされてきた。

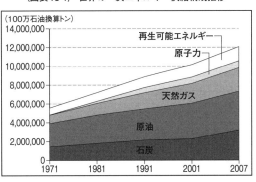

〈図表13-1〉 世界の一次エネルギー供給構成推移

〔出典〕IEA（2009）をもとに筆者作成

例えば、アラスカや北海油田などの新規油田の発見時には、地球にはまだ未発見の石油が埋蔵しているのではないかと期待する声もあった。その一方で、新規油田の発見率は低下傾向にあったため、世界の石油生産は1990年代にすでにピークに到達し、2010年前後には下降し、2050年までには枯渇するのではないかとの見方もあった。

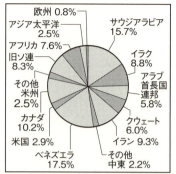

〈図表13-2〉世界の原油確認埋蔵数(2014年末)

（出典）BP（2015）をもとに筆者作成

ただし、「いつがピールオイルなのか」ということは、そもそも技術水準により大きく変わるものであるので、それを正確に知ることは事後的にしかできないことにも留意する必要がある。

現在は、アメリカで**シェール革命**（⇒下記コラム）が起きたことなどにより、世界の石油埋蔵量については年々予測が変わっている。石油埋蔵量の定義や分類に関する基準は国や企業によって様々ではあるが、資源エネルギー庁によれば、2014年時点での地域的な石油埋蔵量は1兆7,001億バーレル（**オイルサンド**※を除く）であり、石油の可採年数は52.5年となっている（資源エネルギー庁、2016）。

その中でも、世界最大の確認埋蔵量を有しているのはベネズエラであり、世界の約17.5％のシェアを占めている。しかし、地域別に原油確認埋蔵量を比較すると、その世界全体の約半分を中東が占めていることがわかる〈図表13-2〉。

---

column ≫≫≫≫≫ シェール革命

2000年以降、これまで採掘が困難であったシェール（頁岩(けつがん)）層から、石油や天然ガスの大量抽出が可能になり、生産量が増加している。特にアメリカでは、シェール層が広大な地域に存在し、まだ採掘されていない石油、天然ガスは100年分を超えると言われている。こうしたシェールガスの生産が本格化し、天然ガス輸入量が減少したことで、アメリカ国内における天然ガスの価格が低下している。

この結果、天然ガスの国際的な需給バランスは、大きく変わりつつある。特に、これまで天然ガスを欧州に供給し、世界の天然ガス市場に影響力を持ってきたロシアにとって、シェール革命による天然ガスの価格低下は痛手となっている。

※「油砂（ゆさ）」とも呼ばれ、原油を含む砂岩などを指す。そのほとんどがベネズエラとカナダに存在する。

第13章▶エネルギーと国際政治　221

▶§2　中東の紛争と世界石油資本

　豊富な石油資源に恵まれる**中東**地域は、当時の列国にとって重要な意味を持った。19世紀後半にアメリカで近代石油産業が発展し、石油が国全体の基礎エネルギー資源となると、国際政治においても政治、経済、軍事などの様々な面で発言力を増していった。同じくロシアにおいても、**コーカサス地方**から採れる石油資源を背景に、ヨーロッパ列強を尻目に大国となっていく。

　これに対して、ヨーロッパ諸国はその当時、域内に油田を持たなかったことから、地理的にも近い中東の豊富な石油資源に目をつけた。とりわけイギリスとフランスは、ドイツとオスマン・トルコ連合に勝利するために、オスマン・トルコ帝国を倒した後に、パレスチナを含む地域にアラブ人にはアラブ人の国家をつくらせるという約束をし、一方で、ユダヤ人にはユダヤ人の国家をつくらせるという二枚舌の約束を提示した。これによって２つの民族集団に、それぞれオスマン・トルコ帝国に対する反乱を呼びかけ、対独戦争に協力させたのである。これが後の**パレスチナ問題**へとつながっていくことは言うまでもない。

　この戦争に勝利したイギリスとフランスは、油田地帯を中心に中東を分割し、**信託統治**（国家として自立していない地域を他の国家や国連などが統治をすること）をすることにより、実質的に中東の油田を手に入れたのである。この協定は、**サイクス・ピコ協定**※と呼ばれ、現在のアラブ諸国とトルコは、旧オスマン・トルコ帝国領が解体・分割されて成立したのである。

　またアメリカも、アラビア半島で石油が見つかると、1933年にアメリカの石油資本であるスタンダード石油カリフォルニア（現在のシェブロン）とサウジアラビア王国政府が協力し、石油採掘を行った。第二次世界大戦が終わると、疲弊したヨーロッパ諸国に代わり、アメリカが中東における石油利権の獲得を進めていった。

　このような中で誕生したのが、世界の石油市場を支配する**世界石油資本**（**メジャーズ**［**The majors ／ Oil Majors**]）である。世界石油資本は、採掘から販売までの全段階を自社で手がけている石油会社のことを指す。今日においては、エクソン・モービル、シェブロン・テキサコ、ロイヤル・ダッチ・シェル、

※　サイクス（Mark Sykes）はイギリスの中東専門家、ピコはフランスの外交官（François Georges-Picot）。
　2人が中心となって現在の中東の領土分割を交渉、協定したので、こう呼ばれる。

BP（ブリティッシュ・ペトロリアム）の4社を挙げることができる。その歴史は、20世紀初頭に国際政治経済に大きな影響を及ぼしてきた**セブン・シスターズ**（**Seven Sisters**）と呼ばれてきた7社にまで遡ることができる。そのうち5社がアメリカ資本であり（ロックフェラーにより設立されたスタンダード・オイルを母体とするエクソン、モービル、シェブロン、そしてテキサコ、ガルフ）、残りの2社がイギリス系資本のBPとオランダ・イギリス資本のロイヤル・ダッチ・シェルである。

　これらの7社は、実質的に石油の価格を決定し、石油市場を独占した。第二次世界大戦が終わると、石油の需要の高まりと大規模な油田の開発により、安定した価格での取引がなされていた。しかし、石油の供給過剰が慢性化したために世界石油資本が段階的に石油価格を引き下げると、石油産出国から不満の声があがり、中東の石油輸出国の利益を守ることを目的として**石油輸出国機構**（**OPEC**_{オ ペ ック}※）が設立されたのである。

▶§3 OPECと国際エネルギー機関の設立

　OPECは、石油産油国の利益を守ることを目的にイラン、イラク、クウェート、サウジアラビア、ベネズエラの5カ国により1960年9月14日に発足した。現在では、カタール（1961年加盟）、リビア（1962年加盟）、アラブ首長国連邦（1967年加盟）、アルジェリア（1969年加盟）、ナイジェリア（1971年加盟）、アンゴラ（2007年加盟）、エクアドル（1973年加盟、1993年に脱退、2007年に再加盟）、ガボン（1975年加盟、1995年脱退、2016年再加盟）を含む13カ国の加盟国を有する。

　これらの国は全世界の石油埋蔵量の3分の2を占めており、石油供給の鍵_{かぎ}を握っている。従って、生産の調整によって原油価格の設定に多大な影響を及ぼしてきたが、今日、多くの産油国では鉱業権を有するのは産油国の国営石油会社であり、メジャーズは直接鉱業権を所有しているわけではない（また、別の組織として、石油事業の促進を目的とする**アラブ石油輸出機構**［**OAPEC**_{オ ア ペック}※※］が存在することも付しておく）。

　国際エネルギー貿易の構造に変化が出始めたのは、1960年代である。これまで、圧倒的な世界最大の石油消費国であると同時に、最大の産油国であったアメリカにおいて、経済発展に伴う急速な石油需要の伸びに対して自国での石

※　「Organization of the Petroleum Exporting Countries」の略。
※※　「Organization of the Arab Petroleum Exporting Countries」の略。

第13章 ▶ エネルギーと国際政治 223

油供給が間に合わなくなり、膨大な石油資源を持つ中東からの輸出に依存するようになった。これに拍車をかけるように、1960年代後半から1970年代初頭にかけて世界各地で石油需要が増加、中東石油への依存が加速し、中東産油国やOPECの影響力が増大した。この結果、OPEC諸国は欧米の世界石油資本に対抗する力を持ち、国際政治経済を左右する勢力となっていった。

OPECは、1971年のトリポリ協定により、原油価格を石油メジャーと協議し、原油価格の値上げに成功したのである。さらに、1973年の第四次中東戦争（イスラエルとエジプト・シリアを始めとする戦争）により、原油価格の大幅な引き上げを行った。さらにOAPECが、イスラエルを支持する西ヨーロッパ諸国（オランダなど）に対する石油の輸出を禁止した。1973年には原油価格を130％値上げしたことにより、石油輸入国の政治経済は大いに混乱した（**オイルショック**）。

これ以後OPECは、石油メジャーと何の相談も行わずに価格を決定するようになった。OPECが決定した公示価格によって取引する方法が行われるようになり、これ以降の石油の価格決定権は産油国へと移ったのである。さらに、石油産出国は、国際石油資本の権益に対し、自国の油田を国有化した。

オイルショック後も、徐々に石油の値段が上がり続けた。1978年にイランで政情悪化によるストライキが起き、第二次オイルショックが起こると、1980年まで原油価格の上昇が続いた。ただし、産油国の供給コントロールは、カルテル破りなどのために長期的に十分な効果を持っているとはいえず、石油価格は、究極的には需給関係により、市場で決まることにも言及しておく。

石油の供給不安と原油価格の大幅な変動は、世界経済に大きな影響を及ぼすようになり、産油国の石油の価格策定が、先進国の社会、経済の安定と成長を左右する状況になった。こうした一連の流れにより、欧米系の世界石油資本に代わって、アラムコ（サウジアラビア）、イラン国有石油会社（イラン）、ペトロレオス・デ・ベネズエラ（ベネズエラ）、ペトロブラス（ブラジル）、ペトロナス（マレーシア）の**新世界石油資本**が、石油をめぐる国際政治経済に台頭したのである。

石油産出国の増大する影響力に対抗するメカニズムの構築を目的として、石油輸入国は、1974年にアメリカ主導で**国際エネルギー機関**（**IEA**※）を設立した。OPECが、中東の石油産出国間の生産者同盟であるのに対して、IEAは、先進国（**経済協力開発機構**［**OECD**※※］加盟国）による石油消費国間の消費国同盟

※ 「International Energy Agency」の略。
※※ 「Organisation for Economic Co-operation and Development」の略。

と言える。IEAは、石油純輸入量の90日分以上の備蓄義務と、消費削減措置付きの緊急時石油融通制度により、産油国から石油が輸出されないなどの緊急時に加盟国間で備蓄した石油をシェアする、**国際エネルギー計画**（IEP[※]）を確立した。いわば、集団的エネルギー安全保障体制である。

ただし、実際には石油のシェアリングは難しいことが認識され、これに代わって、協調的な石油備蓄の放出により、石油市場を安定化させるという方向に転換された。IEAはこれまで、1991年の湾岸戦争、2005年のアメリカのハリケーン・カトリーナ、2011年のリビア危機の際に、石油市場の混乱に対して石油備蓄の放出を実行し、石油市場の安定化において重要な役割を果たしてきた。

さらに、1982年頃から、先進国の省エネルギー化、再生可能エネルギーの促進に加え、ヨーロッパの北海油田やアラスカの油田の発見、メキシコの産油量の増大などにより原油の供給が増加したことにより価格が低下し始めた。特に1985〜6年には原油価格の大暴落が起こり、OPECの石油価格に対する支配力が減退した。公示価格に代わったのは、**OPECバスケット価格**と呼ばれるものである。加盟国間の代表的な原油の価格を加重平均した数値であり、原油価格の重要な指標になっている。

その後、原油価格は上昇と下落を繰り返している。例えば、1999年にOPEC加盟国が協調して生産調整を行うことで原油価格の引き上げに成功したが、2014年にはシェール革命の影響で原油価格が下がった。これを受け、2016年には、低迷する原油価格の引き上げを目指す合意がなされている。

▶§4 エネルギー地政学——シーレーンとパイプラインをめぐる国際政治

石油を始めとしたエネルギー資源の確保をめぐる紛争や戦争は、常に各国の地政学的戦略と密接に結びついていたと言っても過言ではない。

地域統合の先駆けとなったヨーロッパで国家間が協力するきっかけとなったのは、エネルギー資源であった。フランスとドイツは、軍事と経済成長に必要不可欠である**アルザス・ロレーヌ地方**の鉄と石炭をめぐり、たびたび戦争を引き起こしていたが、この資源を共同管理することを目的に、1952年に設立された**欧州石炭鉄鋼共同体**^{※※}こそが、現在の**EU**（欧州連合）のはじまりであった。

※　「International Energy Program」の略。
※※　フランス、西ドイツ（当時）、イタリア、ベルギー、オランダ、ルクセンブルクの6カ国で発足。ECSC（European Coal and Steel Community）と呼ばれた。

第13章▶エネルギーと国際政治 | 225

　今日では、エネルギー資源を消費地まで輸送する**シーレーン**、および**パイプライン**が、エネルギー安全保障との関係で重要になっている。シーレーンは、海上交通路により物品を輸送する方法、パイプラインは、石油やガスなどを輸送管により輸送する方法であり、世界各地で広く利用されている。

　シーレーンの確保は、資源の少ない日本にとって死活問題となっている（ただし、実際にシーレーン保護のコストを負担しているのはアメリカである）。とりわけ日本は二度にわたるオイルショックの経験から、特に海上輸送による中東からのエネルギー輸入の確保を重視してきた。現在、日本はエネルギー資源の約90％、食料の約60％を輸入に頼っている。すなわち、国際紛争などの理由でシーレーンが絶たれた場合には、資源や食料輸入が止まり、経済活動を始め、わたしたちの暮らしに大きな影響を与えうるのである。

　中東地域から原油を輸入するためのルートは、**ホルムズ海峡**[※]、**マラッカ海峡**[※]、**バシー海峡**[※]を抜けて日本へ向かう、いくつかの航路が存在する。問題は、このルートの間に様々な国際紛争が勃発しており、時には軍事的緊張が高まるということである。例えば、2008年頃からソマリア沖・アデン湾で起きた海賊行為により、多くの国の船舶が被害を受けたことにより、海上輸送の安全確保が国際問題となった。

　日本の船舶もたびたび被害にあったことから、2009年3月から海上自衛隊の**護衛艦**[※※]を派遣している。さらに同年6月には「**海賊行為の処罰及び海賊行為への対処に関する法律**」（通称、**海賊対処法**）の成立により、全ての国の船舶を海賊行為から防護することになり、2016年末までに3,746隻の船舶を護衛した。

　また、南シナ海は、ペルシャ湾と日本を結ぶ最短経路であると同時に漁業資源、鉱物資源、石油や天然ガスが豊富であるために、その領有権をめぐって中国、台湾、ベトナム、フィリピン、マレーシア、ブルネイによる紛争が発生している。中国は南シナ海全域の管轄権を主張し、軍事力や経済力を背景に監視船を派遣するなどして、実効的な支配を強めている。これに対し、特にフィリピンが中国と激しく対立し、国際裁判にまで発展した。

　パイプラインをめぐるエネルギー地政学の良い事例として、ロシアの天然ガスをあげることができる。ロシアは石油や天然ガスを豊富に有しており、これまでポーランドやウクライナを横断し、西欧に向かうパイプラインにより欧州

※　ホルムズ海峡はイラン南部とオマーン北部の間、マラッカ海峡はマレー半島（マレーシア）南部とスマトラ島（インドネシア）の間、バシー海峡は台湾とルソン島（フィリピン）の間にある。

※※　潜水艦以外の自衛艦のこと。日本はこれまで2隻の護衛艦を派遣し、そのうち1隻はアデン湾を往復しながら直接護衛をし、もう1隻はアデン湾内での任務にあたっている。

各国に天然ガスを輸出してきた。1990年代、ヨーロッパ諸国とロシアとのエネルギー協力をめぐる利害一致を背景として、ヨーロッパはパイプラインを通じて大量の天然ガスを輸入するようになった。

しかし、2005年頃、ロシアがウクライナに対して通告した天然ガス価格の大幅値上げをめぐっては、両国間で大きな政治問題になった。その結果、2006年1月には、一時的にロシアからウクライナへの天然ガス供給が停止し、このことはウクライナ経由で天然ガスを利用しているヨーロッパ諸国にも大きな影響を及ぼしたのである。これを受けて、ヨーロッパ諸国間で、ロシア産天然ガスへの依存に対する強い警戒心が沸き起こり、2007年には、エネルギー安全保障を盛り込んだ**EUエネルギー・パッケージ**（EU諸国がエネルギー安全保障について域内に定めた指令と規則）を策定している。その後も、2008年に起きたパイプライン通過国であるグルジアとロシアの戦争や、2009年のロシアとウクライナのガス紛争などにより、ヨーロッパのエネルギー安全保障は、パイプライン通過国およびエネルギー供給国ロシアとの関係に左右されてきた。

▶§5 原子力の政治

国際的な政治情勢等に大きく左右される、石油を使用する火力発電などに対して、原子力発電は他の発電方法と比べても発電あたりのコストが安く、安定した電力供給が可能であると言われる。それゆえ第二次世界大戦以降、世界に広く普及した。とりわけ、国内のエネルギー資源に乏しいフランスにおいては、原子力産業拡大政策が採用され、現在では原子力が全体の電源構成の70％以上を占めるに至っている。

その一方で、「トイレなきマンション」と揶揄されるように、核燃料であるウラン使用後の廃棄場所の確保が大きな問題となってきた。例えばドイツでは、2002年時点での原子力法の改正で、原子力の段階的廃止が決定されている。さらに、1986年の**チェルノブイリ原子力発電所事故**※と同じ規模の深刻な大事故であった、2011年3月11日に起きた**福島第一原子力発電所事故**（⇒§7）は、ドイツの脱原発への動きを加速させ、2011年には脱原発を規定する原子力基本法の改正についての閣議決定がなされ、脱原子力政策の方針が固められている。

※ 1986年4月26日、ソ連（現在のウクライナ）で発生。原因は自然災害ではなく、動作実験中の人災。
　ソ連国内のみならず、ヨーロッパ、西アジアなど周辺各国に大規模な影響を与えた。

第13章 ▶エネルギーと国際政治 | 227

このように、原子力発電については各国様々な立場があるが、原子力発電は
また、**核兵器**とのつながりがあることも忘れてはならない。ウランやプルトニ
ウムなどの核物質は、原子力発電を目的とした利用のほかにも、原子爆弾や水
素爆弾といった核爆弾の製造など、軍事目的にも使用される。核兵器の保有が
拡散することにより、世界全体の安全保障が脅かされる**核拡散問題**にもつなが
るのである。

第二次世界大戦後、原子力発電が普及する一方で、冷戦下においては核兵器
の拡散に対する懸念が強まった時代でもあった。原子力発電に伴う技術開発は、
常に核兵器の拡散をいかに防止するかという課題を伴う。そこで、原子力を平
和的に利用し、核拡散問題に対処するため、1957年に**国際原子力機関**（**IAEA※**）
が設立された。IAEAの主な活動は、原子力の平和的利用を促進し、原子力が
平和的利用から軍事的利用に転用されることを防ぐことである。そのため、加
盟国の原子力発電所を対象に、核兵器転用の可否を判断することで、その軍事
利用を未然に防ぐ保障措置を行っている。また、**核不拡散条約**（**NPT※※**）の
締約国のうち、非核国は、すべての平和的な原子力活動について、IAEAに申
告しなくてはならない（⇒第8章§3）。

平和目的の原子力開発と核不拡散の両立を問題にした事例として、イラン
の核問題がある。イランにおける原子力開発は、1957年にアメリカが推進す
る**原子力の平和利用政策**（Atoms for Peace）の一環として、民生原子力協定が、
アメリカとイランとの間で締結されたことにはじまる。

この背景には、冷戦時代にアメリカが原子力の平和的利用におけるリーダー
シップをとり、対立するソ連（当時）の封じ込めのために、原子力技術協力と
引き換えに友好国を自らの陣営に引き込む狙いがあった。その結果、1968年
にイランはNPTに署名し、2年後に条約を批准している。

1970年代になると、エネルギー政策の観点からも原子力発電の普及が求め
られた。世界でも有数の石油埋蔵量を誇るイランでは、外貨を獲得するために、
自国内での石油利用を節約し、より多くの石油を輸出に回していたのである。
石油以外に様々な発電方法が検討されたが、水力発電を行うための川が少ない
ことや、石炭の生産量が少ないことなどから、アメリカの支援を受けて原子力
を有力な電源の1つとして開発することが計画された。

※　「International Atomic Energy Agency」の略。
※※　「Treaty on the Non-Proliferation of Nuclear Weapons」の略。「核拡散防止条約」とも言う。

しかし、1979年にイランで革命が起こると、親アメリカ国から反アメリカ国へと転じたため、アメリカによる原子力技術の導入が一次中断してまった。さらに、これまでフランスから提供を受けていた濃縮ウランの供給も停止したため、イランは、自国のみで原子力発電の新設とウラン濃縮技術開発を手がけるようになったのである。特に、ウラン濃縮技術開発は軍事転用されやすいため、その利用にはIAEA（国際原子力機関）による監視が要求されるが、イランは秘密裏に核開発の計画を進めた。

2002年にイランによる原子力活動の未申告が発覚すると、IAEAは調査団を派遣するなどして情報開示を促したが、十分な協力が得られないと判断したIAEA理事会は対イラン批判決議を採択するなど、イランの核開発問題は国際問題として浮き彫りとなった。その後、イランとIAEAとの間で様々な合意がなされたものの、結局イランが核開発を再開し、2006年にはウラン濃縮に成功したのである。

イランが、原子力技術を保有する国々の仲間入りをしたことを公式に発表すると、IAEA理事会によるイラン核問題の報告を受けた**国連安全保障理事会**（⇒第5章§3）は、イランにウラン濃縮活動の停止を求め、経済制裁などを行った。こうして、国際社会からの経済制裁を受け、経済が悪化したイランであったが、2013年に国際社会との対話路線を進めることを掲げたロウハニ大統領に就任すると、核開発計画そのものは放棄しない一方で、ウラン濃縮活動を段階的に縮小し、IAEAによる視察の受け入れと透明性の強化に合意し、妥協したため、2016年に経済制裁が解除されたのである。

▶§6 再生可能エネルギー

エネルギー資源は、**化石燃料**と**非化石燃料**の2つに大別される。化石燃料とは、古代地質時代の動植物の死骸が、長い間に熱や圧力を受けたことにより化石化し、燃料となったものを指す。これには、石炭（固体）、原油・石油（液体）、天然ガス（気体）などが含まれる。これらの埋蔵量は限られており、当然のことながら使えば使うほど減少していく。そのため、**枯渇性エネルギー**とも呼ばれる。

第13章▶エネルギーと国際政治　229

　これに対して、非化石燃料には、**再生可能エネルギー**などが含まれる。再生可能エネルギーは、自然の力で補充されるため枯渇することがなく、一度利用しても、比較的短期間に再生が可能である。

　例えば、以下のものが挙げられる。

①**太陽光発電**：太陽光を電池（ソーラーパネル）により、電力に変える。
②**地熱発電**：火山活動で発生した地熱によって出る水蒸気を利用する。
③**風力発電**：水力で発電機を動かす水力発電、風力を利用し、粉挽き風車のような風車（ウインドミル）を動かして動力を得ることによって発電する。
④**波力発電**：海水などの波のエネルギーを利用し電力を得る。
⑤**海流発電**：海流による海水の流れの運動エネルギーを利用する。

　また、サトウキビやトウモロコシなどの「バイオマス」と呼ばれる生物由来の資源を発酵・蒸留して生産する**バイオマスエタノール**（Biomass Ethanol）は、ガソリンにわずかに添加することでガソリンを節約する、乗用車・小型トラック用の燃料として注目を浴びている。近年では再生可能エネルギーを始めとした新エネルギーの普及により、エネルギーの多様化が進んでいる。

　前述したように、再生可能エネルギーは、エネルギー安全保障につながるということと、自然の力による発電を行うため環境負荷が少ないというメリットがある一方で、安定供給が困難というデメリットがある。例えば、太陽光発電や風力発電は天候に左右されるため、一定の電力を常に供給することは難しい。さらに、再生可能エネルギーが飛躍的に普及しない大きな理由として、その生産費用の高さも挙げられる。今後の大規模な普及などによって、いかに費用を低減できるかが課題である。

　再生可能エネルギーの普及政策として、エネルギー源ごとに電力の販売価格を政府が決定し、電力会社に電力の買い取りを義務付ける**固定価格買い取り制度**（Feed in Tariff, FIT）がある。いわば、エネルギー価格を固定することで、再生可能エネルギーの市場拡大を促す政策である。

　また、日本の電力産業の問題として、10社の電力会社（北海道電力、東北電力、東京電力、北陸電力、中部電力、関西電力、中国電力、四国電力、九州電力、沖縄電力）が各地域を独占しており、地域内での競争がなかったことが挙げられる。電力

は人々の暮らしに必要不可欠である上に、複数の電力会社の中から選択することができないので、高い電力価格であっても否応なく支払わなければならない。この問題に対処するために、1990年代半ばから段階的に競争原理の導入による規制緩和が始まり、1995年には、電力会社に卸電力を供給する独立発電事業者により競争入札制度が導入され、商社やガス会社、セメント会社などが新規事業として独立発電事業に参入した。2016年4月には、電力小売りが全面自由化している。

　現在、日本政府は、2030年まで全エネルギー供給量に占める再生可能エネルギーの割合を22～24％に増加する目標を設定している（2017年3月時点）。

▶§7 日本におけるエネルギー政策

　日本は、エネルギー資源に乏しい国であるこということは言うまでもない。そのほとんどを海外からの輸入に頼っている。原子力を含めたエネルギー自給率は18％程度であり、日本国内で産出される「国産エネルギー」は、水力、地熱、風力 や若干の天然ガス等のみで、わたしたちが必要とするエネルギーの４％にしか満たない。

　エネルギー安全保障の観点からも、さらに再生可能エネルギーを推進することなどにより、自給率を上げていくことは重要な課題である。石炭・石油・天然ガス・天然ウランなどのエネルギー資源は地域的に偏在しており、「持たざる国」である日本は、そのほとんどを海外からの輸入に頼っている。

　日本は世界第3位の石油輸入国であり、さらに政情の不安定な中東で産出される石油への依存度が高く、他の先進国と比べてエネルギー供給構造は脆弱なのである。エネルギー資源の乏しい日本は、1950～60年代の高度経済成長とともに増大するエネルギー需要に対応するため、少量のウランで大量のエネルギーを生み出せる上に、発電単価も安い原子力発電を国家エネルギー戦略の中心に据え、積極的に推進してきた。

　1955年に**原子力基本法**※が制定され、1956年に**原子力委員会**が発足（所管は、当時の総理府、現在の内閣府）、同年、**日本原子力研究所**（現在は、日本原子力研究開発機構）が、茨城県東海村に設立され、1963年に日本で最初の原子力発電が行われた。

※ 原子力の研究、開発及び利用を推進し、将来のエネルギー安全保障を高めるために制定された法律。

第13章 ▶ エネルギーと国際政治　231

　1970年代になると、オイルショックを受け、電力の安定供給に向けて原子力の重要性がさらに高まった。1974年には「**電源三法**※」が制定され、発電所を受け入れた自治体への地方交付金を支給することが決定された。

　一方で、1974年に原子力船「むつ」放射能漏れ事故が露呈すると、翌年に原子力委員会から分離した**原子力安全委員会**が発足した（所管は、当初は科学技術庁、その後総理府、内閣府）。さらに、地球温暖化問題が深刻化する中で、原子力発電はCO_2（二酸化炭素）をほとんど排出しないとして、温暖化の防止における有効性も強調されるようになった。

　1994年に制定された『原子力の研究、開発及び利用に関する長期計画』では、原子力発電所（サイト）を増設し、2010年の総発電電力量に占める原子力発電の割合を約42％にすると見込んだ。2010年の『エネルギー基本計画』では、2020年までに原子力発電所を9基、2030年までに14基増設し、総発電電力量に占める原子力発電の割合を70％にすることが計画された。

　このように、戦後の日本は政府を挙げて原子力政策を推し進めてきたが、2011年の東日本大震災がもたらした、東京電力・**福島第一原子力発電所事故**以降、エネルギー政策は転換期にあると言える。2011年以前には、原子力発電が安定的なエネルギー供給源とされていたが、事故後は放射能汚染など安全性の観点から、原子力依存からの脱却というエネルギー政策の抜本的な方針転換が求められている。

　放射性廃棄物の再処理や、最終処分の安全な方法が確立していない原子力発電（原発）に対する反対論は、これまでも存在していた。しかし、2011年の事故は日本における最大の原発事故であり、チェルノブイリ（⇒§5）と同じ国際原子力事象評価尺度で最悪レベルの7とされたことから、日本の原子力発電技術の弱点が国内外に広く露呈し、安全管理体制などについても批判を受けることとなった。

　これを受けて、それまでは経済産業省が管轄していた原子力安全・保安院が廃止され、内閣府の原子力安全委員会も吸収した環境省の外局として**原子力規制委員会**が、2012年に発足した。しかし、福島第一原子力発電所事故のような重大な事故を経験し、その処理や再発防止策もまだ十分になされていないにもかかわらず、現在もエネルギー戦略上の原子力発電の重要性は変わっていない。

※「電源開発促進税法」「電源開発促進対策特別会計法」「発電用施設周辺地域整備法」を総称するもの。

経済産業省は、2015年4月28日に開催された総合資源エネルギー調査会の小委員会において、2030年の電源構成を「再生可能エネルギー22〜24％、原子力20〜22％、石炭火力26％、液化天然ガス火力27％、石油火力3％」とする原案を提示した。

また、2015年8月に、九州電力・川内原子力発電所（鹿児島県）が原子力規制委員会の新基準のもとで再稼働し、ほかにも、関西電力・高浜原子力発電所（福井県）と、四国電力・伊方原子力発電所（愛媛県）が新規制基準をクリアしている。

《課題》

1）「20世紀は石油の時代である」とは、どのような意味なのか、エネルギー問題が国際政治に与える影響について事例をあげ、論じてください。

2）エネルギーの地球的偏在は国際政治にどのような影響を及ぼすのか、OPEC（石油輸出国機構）とIEA（国際エネルギー機関）の役割に触れながら論じてください。

3）エネルギー資源の確保をめぐる紛争や戦争の例を挙げ、それらがどのように各国の地政学的戦略と密接に結びついていたのか、エネルギー地政学の観点からまとめてください。

4）国際政治において、原子力発電と安全保障問題がなぜ密接に関わるのか、IAEA（国際原子力機関）の役割に触れながら論じてください。

5）今後の日本のエネルギー問題を考えるうえで、再生可能エネルギーと原子力発電、どちらを推進していくべきか、論じてください。

第13章 ▶ エネルギーと国際政治 | 233

もっと深く ◉ 知りたい人のために🔍

①森田正和、森本敏『エネルギーと新国際経済秩序』エネルギーフォーラム、2014.

②リチャード・J・サミュエルス（廣松毅監訳）『日本における国家と企業 ── エネルギー産業の歴史と国際比較』多賀出版、1999.

③白鳥潤一郎『「経済大国」日本の外交 ── エネルギー資源外交の形成1967～1974年』千倉書房、2015.

④スティーブ・コール（森義雅訳）『石油の帝国 ── エクソンモービルとアメリカのスーパーパワー』ダイヤモンド社、2014.

❯❯①国際エネルギー秩序という観点から、各国・地域のエネルギー情勢について考察した書。特に、いかにエネルギーの確保が世界のパワーシフトに影響を及ぼしてきたのかを知る上で有用な本。

❯❯②古い本だが、日本における石油産業、電力産業、石油産業の起源と発展について、国家と企業の関係性の中から論じた本。また、これらについて国際比較がなされているため、日本のエネルギー・ガバナンスの特徴について深く学ぶことができる。

❯❯③日本のエネルギー外交の観点から、国際石油資本からOPECへ影響力が移行する時代に焦点を当て分析している。とりわけ、国際石油資本から産油国への影響力が移行する以前の時代（1960年代後半）にまで遡り、産油国でナショナリズムが高揚し、国際石油市場の支配が国際石油資本から産油国へと徐々に以降した時代から、国際エネルギー機関の設立までの過程を綿密に描いている。

❯❯④ピューリッツァー賞を受賞したジャーナリストによる本。エクソンモービル社が世界最大規模の民間石油会社にまで成長した過程について、その舞台裏まで知ることができる。

[参考文献]

（上に挙げた①～④を除く）

＜日本語文献＞

資源エネルギー庁『平成27年度エネルギーに関する年次報告』経済産業省、2016.

＜外国語文献＞

BP, 'Statistical Review of World Energy 2015', 2015.

Hubbert, M.K., 'Nuclear Energy and the Fossil Fuels'. American Petroleum Institute, Drilling and Production Practices, Proc. Spring Meet., 1956

IEA, 'Energy balance of OECD Countries, Non-OECD Countries'. 2009.

第14章

移民・難民問題と国際政治

永山 博之

≫この章の課題

　国境を越える人の移動は、20世紀から21世紀にかけて、ますます増加している。現存の主権国家を中心とする国際社会は、国家が人の移動を管理できるという前提の下に成立している。しかし、市場の圧力、経済格差、政治的不安定などの要因により、国家が人の移動を管理する力は十分ではなくなってきた。人、モノ、カネ、情報が国境を超えるという意味での、脱国家社会、つまりトランスナショナリズムが加速している。

　しかし、同時に、現実にはまだ国家は存在し、人の移動は、多くの政治的副産物をもたらしている。大量の移民が移民先に独自の社会をつくること、それに対する移民の増加を望まない既存の住民の増加などによって、両者の間に生まれる摩擦がそれである。このような摩擦は、特に先進国において重大な政治問題になっている。

　戦争や政治的、宗教的その他の理由で迫害されたことによって、移住せざるを得なくなった人々を「難民」というが、難民は広い意味での移民の一種であっても、特別な保護を与えられる国際的な原則がある。このような移民・難民問題を検討する。

≫キーワード

- ☐ 移民
- ☐ 国境管理
- ☐ 出稼ぎ労働者
- ☐ プッシュ要因
- ☐ プル要因

- ☐ 移動圧力
- ☐ シェンゲン協定
- ☐ 難民／難民条約
- ☐ ノン・ルフールマン原則
- ☐ 条約難民

第14章▶移民・難民問題と国際政治 | 235

▶§1 人の移動と国際政治

　人間の歴史は移動の歴史である。現生人類（ホモ・サピエンス）が出現したのが約25万年前、アフリカに現れた現生人類は、アフリカを出てユーラシア大陸に移住し、その後、地球の他の土地に移っていったとされる。古代の諸帝国は、征服や**植民活動**によって範囲を拡大していた。375年にフン族の圧迫を受けて、ゴート人が移動を始めたことから、ゲルマン民族の大移動が起き、これが西ローマ帝国滅亡の原因の１つになったことはよく知られている。

　もともと国家は、「**国境管理**」を厳密に行っていたわけではない。人の移動を管理できるのは、港や都市の城門などが中心だった。中世のヨーロッパやイスラム社会においては、人の移動を許可する文書が発給されていた。今日のパスポートにあたるものである。安全保障上の理由で国境管理を厳格化し始めた起源は第一次世界大戦である (Marrus, 2001)。

　近代になってからも、大規模な人の移動は何度も行われた。その１つの例が、主にアフリカから南北アメリカ大陸やカリブ海諸島に送られた奴隷だった。アフリカと新大陸の**奴隷貿易**は15世紀から19世紀前半まで続き、南北アメリカ大陸やカリブ海諸島におけるプランテーション（商業作物を生産するための農場）を支えた。アフリカから送られた奴隷の数は1200万人以下だとみられる（池本ほか、1995）。また、中世において、奴隷貿易の中心となっていたのはイスラム圏だったことにも注意する必要がある。このような奴隷制が廃止されたのは、多くは19世紀前半であり、アメリカの南北戦争において、1862年にリンカーンが最初の奴隷解放宣言を出したのが、奴隷制度の終焉を告げる出来事だった。

　新大陸に移住したのは、アフリカから奴隷として送られた人々だけではなかった。奴隷制が衰退する以前から、ヨーロッパから新大陸や世界各地に移住する人々は多かった。多くはプランテーションでの年季契約労働者であり、新天地で新しく土地を得て自前の仕事を興そうとする者もいた。ヨーロッパ諸国でも、必ずしも仕事が常にあったわけではなく、賃金の安い労働者は、新しい土地を見つけて移動しようとしていたのである。1820年から第一次世界大戦の勃発（1914年）までの間に、ヨーロッパから、主に北米とオーストラリアに移

住した人の数は、5500万人にのぼる（キーリー・OECD、2010）。

　彼らは、移住先の社会に個人や家族単位で同化していったわけではなく、多くの場合は移住者の出身地ごとに社会を形成して、集住した。彼らの一部は、移住先社会に溶け込もうとはせず、自分たちの言語や文化をそのまま保持して生活しようとした。場合によっては、このような**移民**と、移民先の社会で摩擦が起こることは避けられなかった。このような摩擦が激しくなったのは、アジアから南北アメリカ大陸その他の地域に大量の移民が送り出されてからである。中国や日本からアメリカ、カナダ、オーストラリアなどに大量の移民が渡っていったのは、19世紀半ばから20世紀前半の時期である。母国で過剰になった人口が、各地に職を求めて移動したのである。

　19世紀は移民問題が国際政治上の問題として大きくクローズアップされた時代であった。これは、先に述べた奴隷制の廃止と、産業革命による鉱工業の発展、プランテーションの拡大などの要因により、労働力需要が急激に拡大し、また工業化に向かって歩み出した国家とそうではない国家や地域の間で、貧富の差が大きくなっていったためである。また、動力機関の進歩で鉄道や汽船が普及したことは、長距離の移動をより容易で安全なものとすることに貢献した。

　植民地の拡大も、移民を増やす重要な要因になっていた。植民地の開発のためには移民が必要であり、また植民地から本国に、工業化のための労働力として大量の移民が渡ったからである。1850年代から1914年までの期間は、工業のグローバリゼーションが大規模に起こった時代であり、移民の規模も飛躍的に増大した。この時期の移民総数は推計された数字しかないが、世界全体で1億5000万人から6000万人程度、うち3000万人以上がアメリカに移住したとされる（ガバッチア、2015）。

　オーストラリアでは、鉱山労働、プランテーション労働、真珠採取労働などの労働力需要が高まって大量の労働力が必要となった。また、中国では19世紀半ばに**太平天国の乱**※があり、国内の混乱から外国に移住しようとする者が増大した。このアジアからの移民に対して、先に居住していた白人住民の不安が高まり、1901年に**移民制限法**が成立した。この移民制限法は、移民に対して「ヨーロッパ系言語の筆記試験」を実施することで、実質的にアジアからの移民を制限することを狙ったものだった。このような、オーストラリアのア

※　キリスト教の影響を受けた宗教指導者の洪秀全が、農民を集めて起こした反乱。1851年に「太平天国」の国号を立て、1853年に南京を制圧。1864年に洪の死で滅亡するまで中国（当時は清王朝）各地に影響を及ぼした。

ジア移民制限政策を「白豪主義※」という。オーストラリアの白豪主義政策は、1970年代まで続き、その後、**多文化主義政策**（国内で異なる文化集団を対等に扱うべきであるとする政策）に転換したものの、アジア系その他の移民との社会的な摩擦がなくなったわけではない（越智、2011）。

アメリカは、オーストラリアなどと同じように、移民がつくった国である。ヨーロッパからの移民が来る前にいた先住民は、ヨーロッパ人との戦いに敗れて土地を失い、また、ヨーロッパ人が持ち込んだ病原体によって人口が激減し、少数民族として辺境に逼塞しなければならなくなった。しかし、そのようなアメリカも、いかなる移民に対しても常に寛容な政策を取ってきたわけではない。**移民国家**であるオーストラリアが、白豪主義を採っていた時期があったことと同じである。

19世紀にアメリカに移住してきた人々は、はじめはドイツまたはアイルランドからの移民で占められていた。特に問題はアイルランド出身の移民であった。彼らの多くは貧農の出であり、しかも**カトリック**だった。**プロテスタント**が中心のアメリカ社会では、彼らは異端視されがちであった。19世紀後半になると、東欧、南欧、中国、日本などからの移民が増えていった。

〈図表14-1〉アメリカへの移民数の推移（送り出し国別）

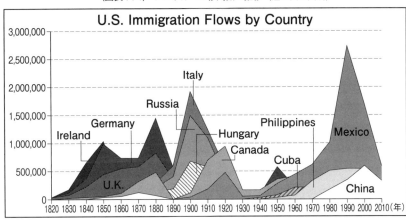

〔注〕上図は、アメリカ移民の推移を、時系列で示している。19世紀から20世紀初めまではヨーロッパ諸国が移民の主な出身国だったが、第二次世界大戦後はメキシコ、フィリピン、中国などの比重が高まっていることがわかる。　〔出典〕Metrocosm, http://metrocosm.com/animated-immigration-map/

※　英語では「White Australia Policy」、白人＝ヨーロッパ系移民優先を意味する。なお「豪」はオーストラリアを指し、同国を中国語ふうに「濠太剌利」と漢字表記したのに由来する（「豪」は「濠」の借字）。

このような移民の増加は、アメリカ社会にさらに深刻な問題を引き起こした。移民は宗教、言語などを、既存の住民とは異にしており、自分たちのコミュニティを閉鎖的にしてそこから出ようとはしなかった。また、アジアからの移民に対しては、ヨーロッパ系住民による**人種差別**感情が、両者の関係を難しくした。さらに移民はたいてい都市に集住した。

ニューヨークやロサンゼルスのようなアメリカの大都市の拡大は、19世紀から20世紀初頭の間に進んだのであり、それを推進したのは移民の大量流入だった。都市に、相対的に貧しい移民が集中したことは、都市問題を拡大し、移民街をつくる移民と既存住民の摩擦は、より激しいものになっていったのである。

アジア系の移民、特に中国系、およびインド系の移民は「**苦力**」と呼ばれ、移民先の地域で下層社会を形成した（この言葉は基本的に蔑称であることに注意）。彼らは肉体労働につくことも多く、生活は厳しかった。苦力の多くは年季契約労働者で、彼らの手配は専門の業者が行ったが、彼らの苦力への取り扱いは過酷で、契約条件が守られないことも多かった。苦力の母国への送金は、家族そして母国の経済を支える重要な役割を担っていた。苦力は奴隷ではなかったが、実質的に奴隷が労働市場で占めていた地位を代替していたといえる。このような苦力が今日、世界各地にある**華僑**※社会、**印僑**※社会の基礎を形成したのである（Jackson, 2006）。

アメリカの移民政策は、時期により大きく変わった。第1期は、1875年までの時期で労働力として移民を積極的に受け入れていた。第2期は、1875-1965年の時期で移民を厳しく規制し、管理することを政策目標としていた。第3期は、1965年以後で、移民に対する門戸開放、機会均等を図るものであった（新田、2014）。

特にこの第2期には、移民に対する厳しい制約が課せられた。1875年移民法は売春婦、犯罪者の入国を禁じていた。1882年には中国人移民を一律に禁止する中国人移民禁止法が制定された。1907年には保護者の同伴のない子どもの入国が禁止され、日本からの移民を制限する日米紳士協定も付随して取り交わされた。1917年移民法では、移民には英語の筆記試験が課され、アジアからの移民は実質的に差し止められた。1921年には、移民割当法が制定され、

※ 例えば、日本で数世代に渡り住む中国系住民も、華僑社会に含まれる場合がある。ただし、国籍や、来日時期、在日理由は一様ではないので、必ずしも在日中国人＝華僑ではないということに注意。これはインド系住民も同じで、必ずしも在日インド人＝印僑ではない。

国別に移民数の上限が設定された。1924年移民法では、割当が改められ、特にアジアからの移民はまたも全面禁止されることになった。

この1924年移民法は、日本では「**排日移民法**」と呼ばれ、アメリカが日本人を排斥したとして、日本国内では非常に強い反発を招いていた。この法律は単に日本からの移民だけを禁止していたわけではないので、「排日移民法」という名前が適当かどうかについては、現在では議論がある。しかし、当時はこの法律がアメリカの**反日的**な態度の象徴として扱われ、日本国内に非常に強い反米感情を生み出していた。**新渡戸稲造**[※]のような、国際連盟事務次長を務め、排外感情からは縁遠かった人物でさえ、この法律に対しては非常に批判的であった（新渡戸、1985）。アメリカの移民政策は、日米関係の大きな対立点となっていたのである（三輪、1997）。アメリカの移民法から国別割当がなくなったのは、第二次世界大戦後の1965年移民法においてであった（新田、2014）。

このように、**移民問題**は、単に移民個人の生活上の問題ではない。移民をどのような基準で、何人受け入れるか、具体的に誰を移民として受け入れることを認めるかは、受け入れ国の政策によって決まる。また、移民を送り出している国は、受け入れ国の政策に反応する。つまり、厳しい受け入れ政策を取る国に対して、送り出し国の政府や世論が反発する場合がある。

受け入れ国の国内での、移民と受け入れ国国民の関係も問題になる。移民は（特に本人が移民した当事者である第一世代は）バラバラに住んで、元々いた住民に溶け込むようなことはあまりない。移民同士で集中して住み、移民コミュニティを形成することが多い。すると、移民コミュニティと、その近隣にある移民ではない、元々の地域コミュニティの関係に問題が起こりやすい。

言語や習慣の違い、宗教、政治的意見、移民の多くが所属する社会階層、所得水準、教育、受け入れ国政府が移民に対して取る政策（福祉、教育など）、犯罪など、あらゆることが問題を起こす原因になる。さらに、移民の子、孫である第二、第三世代においても、このような摩擦が起こることがある。移民問題は、個人の問題というよりは、移民と受け入れ国政府、社会、送り出し国政府、社会を巻き込む政治問題なのである。

[※] 1862-1933。盛岡藩出身。札幌農学校卒、渡米・渡欧して農業経済学の学位取得。帰国後、東大教授、東京女子大学学長を歴任。1900年に英文で著わした "Bushido: The Soul of Japan"（『武士道』）は、現在も世界中で読み継がれている。

§2 ヨーロッパにおける移民問題の政治

アメリカやオーストラリアのような、もともと移民によって国家が形成された国とは異なり、ヨーロッパ諸国では、移民問題は、主に第二次世界大戦後に起こった。これは、戦後の復興によって大量の労働力が必要になり、そのために（西）ヨーロッパ諸国は大量の「**出稼ぎ労働者**」を外国から受け入れたからである。この出稼ぎ労働者は、比較的所得水準の低い、他のヨーロッパ諸国（イタリア、スペイン、ユーゴスラビアなど）およびヨーロッパ以外の近隣諸国（トルコ、モロッコなど）から来た。イギリス、フランスやベルギーのように、植民地を有していた国は、植民地（独立した後は旧植民地）から、主にそれらの労働者を受け入れた。

受け入れ国には、復興や工業化による労働力需要と自国民労働者の相対的不足、旧植民地からの労働移民受け入れの経験、高賃金という、労働者引き寄せ要因（**プル要因**）があり、一方、送り出し国には、就業機会の不足、失業者、若年層人口の相対的過剰、旧宗主国への労働移民の経験、低賃金という労働者送り出し要因（**プッシュ要因**）があった。これらのバランスにより、途上国から先進国への移民の規模が決まっていった。

この結果、（西）ヨーロッパ諸国には大量の移民が来たのだが、問題は「出稼ぎ労働者」というのは、最初の時点ではそうだったということに過ぎず、彼らは移民先から送り出し国に帰ることなく、そのまま定住することが多かったということである。**図表14-2**にあるとおり、ヨーロッパ主要国における全人口に対して、移民が占める比率は、おおよそ12％から17％に及ぶ。ヨーロッパ諸国は、もはや移民国家になっているのである。ちなみに、日本での在留外国人は2016年末で238万人なので、人口比では1.9％である（法務省、2017）。

ヨーロッパ諸国（特に西欧）では、19世紀から産業革命が開始され、経済成長が他国よりも早く達成され、教育の普及や男女関係についての意識変化も相対的には他国よりも早かった。従って、出生率の低下も、他国よりは早く始まった。しかし、第二次世界大戦後、復興や経済成長の持続のために労働力が必要になった。そこで、所得水準が低く、相対的に労働力が余っていた南欧、中

東、アフリカなどの諸国から、労働力として移民を受け入れることが始まったことはすでに述べた。

問題は、労働力の短期的な需要と供給のバランスと、移民の**移動圧力**（移民は、所得水準の低い国から高い国へ、失業率の高い国から低い国へと移動する）が、つねに合致しているとは限らないことである。

従って、景気が後退し、労働力が余った状態であっても、移動圧力がある限り、移民がある程度来ることは避けられない。また移民は、最初の時点では1人の働き手だけが移住してくる場合であっても、そのまま定住することになれば、配偶者や子供が必要になるので、母国から配偶者や子供を呼ぶということが起こる。

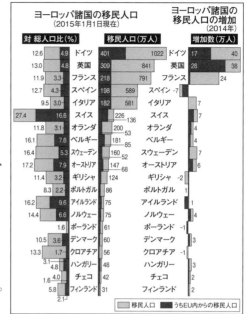

〈図表14-2〉 ヨーロッパ諸国の移民人口とその増加

〔出典〕本川裕「英国以外にEU離脱しそうな国をデータであぶり出す」
http://diamond.jp/articles/-93863?page=5

さらに、移住先の国で新しく子供が生まれれば、その子供はそのまま移住先に定住することが多く、父母の母国には帰らないということになる。移民の出身国の経済成長が遅い、賃金が上がらない、職がない、教育の機会が低いということになれば、そのような傾向は強まることになる。

移民の1世は出身国の言語や文化を持ってきた人々であっても、2世以後は居住国で教育を受け、居住国で人間関係をつくっているので、親世代の出身国の言葉が不自由である場合や、親世代の出身国を自分の母国とは考えられない場合もある。ということになれば、移民は移住先の経済状態が多少変化しても、出身国には帰らないということもあり得る。西ヨーロッパの先進国と、特に中東、アフリカ諸国の間の経済格差が開いたままである場合には、そのような状況はいっそう促進されることになる（岡部、2016）。

このような事態が、どの程度の規模で起こるのかという問題は、国家が人の移動を管理する能力をどれくらい強く維持することができるのか、国家間の経済格差がどのくらい大きいのか、国家が移民の権利主張に対してどの程度敏感なのか、などに左右されることになる。ヨーロッパ諸国では、初期の段階で大量に移民を受け入れ、中東、アフリカ諸国との経済格差はあまり縮まらず、第二次世界大戦時の経験などによって、移民を母国に送還したり、移民の権利を厳しく制約したりすることが困難だったという事情があった。そこで、大量の移民が定住を続けることが一般的になったのである。

ヨーロッパ諸国において、他に例をみない特徴は、1985年に締結された**シェンゲン協定**※（その後1990年に締結されたシェンゲン施行協定を含めて、広義のシェンゲン協定となった）の存在である。この協定は、ヨーロッパ域内での、人、モノ、カネの移動を円滑化するために、シェンゲン**協定締結国間での国境検査を撤廃すること**を定めている。つまり、シェンゲン圏内では、どこの国からどこの国に移動する場合も、パスポートもビザも必要ない。

ただし、シェンゲン圏外から、シェンゲン圏内への移動については厳しい審査があり、EU（欧州連合）加盟国でも、イギリス、アイルランド、キプロス、ルーマニア、ブルガリア、クロアチアはシェンゲン協定に参加していないので、これらの国からシェンゲン圏への移動には国境審査がある。基本的には、EU加盟国国民に対しては、国境審査は甘く、非加盟国国民に対しては厳しい。ノルウェー、スイス、アイスランド、モナコは、非EU加盟国だが、シェンゲン協定には参加しているので、シェンゲン圏内に入る。

シェンゲン協定によって、シェンゲン圏内の人の移動は自由になったので、出入国管理は、シェンゲン圏内では共通になっていなければならない。また、シェンゲン圏外、EU非加盟国からの移民をどのように扱うか、EU加盟国でシェンゲン圏外の国民をどう扱うか、不法移民をどう扱うか、刑事法、民事法をどのように調整するか、という問題についても、シェンゲン圏内では基本的に政策調整が必要である（岡部、2016）。

また、移民を受け入れる場合、シェンゲン協定による「入口の共通化」はそれだけでは十分ではなく、受け入れた移民に対する定着政策、社会保障や教育、治安対策その他についてもある程度シェンゲン圏内で政策を共通化することが

※　シェンゲンは、ルクセンブルク南部の自治体の名。東はドイツ、西はフランスに接している。ここで、1985年に欧州経済共同体（EUの前身の1つ）のルクセンブルク、フランス、ベルギー、オランダ、西ドイツの5ヵ国が最初に署名したことに由来する。

必要になる。シェンゲン圏内に一度入ってしまうと、その後に各国ごとに管理することが難しくなるためである。

実際に、1999年に**アムステルダム条約**＊が発効した後に、欧州理事会（EU首脳レベルの最高協議機関）で出された「**タンペレ**＊＊**・アジェンダ**」（およびそれに基づく「**タンペレ計画**」）

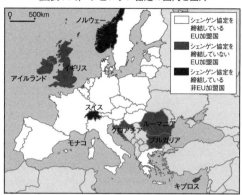

〈図表14-3〉 シェンゲン協定の圏内と圏外

では、**移民受け入れにおいて人道問題と経済問題のバランスをとること、合法的な移民に対しては、EU加盟国市民と同等程度の権利を付与すべきであること**、などとしていた（岡部、2016／木戸、2008）。

しかし、実際にはそのような方針が実現されたわけではなかった。2001年のアメリカに対する**9.11テロ事件**の影響で、移民受け入れに懐疑的な意見がEU各国で高まり、移民問題は、治安問題、移民によるテロの危険性に対する安全保障問題だという認識が強まっていったからである。もちろん、移民問題に対する政策調整がまったく進まなかったわけではなく、家族呼び寄せや、長期居住者への権利付与などについては**EU指令**（加盟国に対して拘束力を持つEU法の一部）が出されたが、**タンペレ・アジェンダの主旨がその後EU共通政策の形で実現したわけではなかった**。結局、それは加盟国の裁量として残されたのである（岡部、2016）。

シェンゲン協定の問題の1つは、シェンゲン圏に入った後は、圏内の移動が自由にできるのに対して、シェンゲン圏に圏外から入ってくる移民の入管審査が、圏内で完全に統一されているわけではなく、比較的審査の厳格な国とそうではない国があるということである。南欧の一部の国は、国境管理が厳格ではなく、多数の移民などを不十分な審査で国内に受け入れることがある。いったんシェンゲン圏に入ってしまうと、他のシェンゲン圏加盟国に移動することが比較的容易なので、移民などを防ぎ止めることができなくなるのである（岡部・EU研究会、2016）。

※　1997年にオランダのアムステルダムで署名された「改定欧州連合条約」のこと。主な改定は、①人権尊重など基本原則に背いた加盟国への権利停止、②共通外交・安全保障政策を徹底化。これに、③シェンゲン協定を組み込むこと、それに伴う司法・警察協力の強化などが盛り込まれた。

※※　フィンランド第2の都市。1999年、ここで開かれた欧州理事会で合意、公表されたのが「タンペレ・アジェンダ」「タンペレ計画」。

内戦が続くシリアとイラク、アフリカ諸国からは、ヨーロッパ諸国に大量の**移民などが流出**している。国境管理が十分にできないので、南欧諸国に入った移民などが、比較的豊かな西欧、北欧諸国に移動することを止めることは難しい。まして、**テロ事件**が連続して起こっているため、移民などの受け入れにはヨーロッパ諸国の抵抗が強い。移民受け入れをどこまで認めるのか、すでに来ている移民に対してどのような政策を取るのかということは、ヨーロッパ諸国では特に重大な政治問題になっている。

ヨーロッパ諸国では、1990年代以後、特に2000年代以後になってから、各国で**急進的な右翼運動・政党**が台頭し、国内政治において、大きな政争を引き起こしている。ここで「急進的な右翼運動・政党」と呼ぶのは、ヨーロッパ諸国で政治的、社会的に主流派を形成してきた、**「リベラル」な政治思想**（基本的には、自由を尊重し、宗教的に寛容で、民族や文化の「平等」に敏感な態度）を拒否する人々である。彼らは、反移民、反EU（基本的にEUは、急進右派にとって、自国の主権と国民的統一を押しつぶそうとするもので、否定されるべき存在）、反少数民族（特にイスラム教徒）に傾きがちである。このような政治勢力が伸長してきた理由は、**グローバリゼーションによる人の移動の増加**が、特に先進国内における少数民族の増加を招き、そのことが先進国国民の相当な部分から強い反発を受けているからである（⇒第15章）。

このような傾向はヨーロッパに限られるわけではなく、アメリカや他の先進国でも程度の差はあれ、見られることである。しかし、ヨーロッパにはEUやシェンゲン協定という特殊な制度があり、中東、アフリカ圏（イスラム教住民が多数派である地域）諸国に隣接しているという地理的条件を備えていて、しかも移民を包摂し、社会の一員として受け入れるべきだという考え方が従来浸透していたために、大量の移民受け入れが大きな政治問題になっているのである。

ヨーロッパでは、21世紀に入って既成政党の力が相対的に弱まり、急進右派の主張を、ある程度取り込んで移民の受け入れを制限することもやむを得ないという考え方が拡大している。移民問題は、このような意味で、各国の国内政治に重大な影響を与えており、そのことがEU統合の流れを減速させたり、EU対中東、アフリカ圏のイスラム教諸国との対立を促進させたりすることを通じて、国際政治上の問題にもなっているのである。

第14章▶移民・難民問題と国際政治　245

▶§3　難民の存在と、その影響

難民とは、広い意味では**移民**の一種である。しかし、

- 移民は、長期的、中期的に他国、他地域に移住するすべての人々
- 難民は、戦争や政治的、宗教的その他の理由で迫害を受けて、移住せざるを
  得なくなった人々

を指す。

　歴史的に難民は様々な形で存在した。強制移住や集団虐殺は古代以前からあった。また、19世紀にユダヤ人に加えられた圧力から、ユダヤ人は「シオン※の地」(パレスチナ＝現在のイスラエル)に帰還して、自分の国を持つべきだという**シオニズム(Zionism)運動**が興り、ヨーロッパ各地で圧力の対象となったユダヤ人は、パレスチナに移住を始めた。

　イギリスは、第一次世界大戦中の1917年に、イギリスのユダヤ人社会における指導者だったロスチャイルド男爵宛ての書簡で、いわゆる**バルフォア※※宣言**を発して、シオニズム運動支持を表明した。ユダヤ人社会の連合国への戦争協力を期待したと考えられている。これによってパレスチナに移住したユダ

ヤ人は、広い意味では「難民」と言えるという立場もある。

　しかし、第二次世界大戦の後、シオニズム運動がイスラエル建国につながり、それが戦争に発展して実際にイスラエル国家が形成されると、それによって追い出された大量のパレスチナ人(もともとパレスチナに住んでいたアラブ人)が近隣地域に難民として流出することになった。これが**パレスチナ難民**である。

〈図表14-4〉パレスチナとイスラエル

| アラブ人地区 | ■はパレスチナ自治区の対象地区(ユダヤ人が支配するエリアも含む) |
| ユダヤ人地区 | |

レバノン　シリア　地中海　エルサレム　死海　エジプト　ヨルダン　0　50km

レバノン　シリア　地中海　ガザ地区　エルサレム　死海　ヨルダン川西岸地区　イスラエル　エジプト　ヨルダン　0　50km

1947年の国連決議　　　　現在の国境

※　「シオン」(Zion[英]、Sion[仏])は、現在もエルサレム市内に丘の名として残る。
※※　アーサー・バルフォア(1848-1930)は、イギリスの政治家。第一次世界大戦中の外相。イギリスは当時、オスマン帝国(トルコ)と対戦しており、パレスチナを含む現在の中東のほぼ全域は、オスマン帝国の支配下にあった。

近代の大規模な難民流出はこれにとどまらない。オスマン帝国のアルメニア人迫害によって流出したアルメニア人難民、ロシア革命とその後の内戦によって流出した白系ロシア人などに対しては、彼らが故国のパスポートを持つことができないために、国際連盟の難民高等弁務官に就任したフリチョフ・ナンセンが、ナンセン・パスポートという無国籍者のためのパスポートを発給した。ナンセンの仕事は、ナンセン国際難民事務所、国際連盟難民高等弁務官事務所に引き継がれ、第二次世界大戦後、1950年に**国連難民高等弁務官事務所**（**UNHCR**※）が設立された。

第二次世界大戦は、ユダヤ人ほかの大量の難民を生み出したので、難民の保護は特別の配慮を必要とするという考え方が広まり、1951年に**難民条約**（難民の地位に関する条約）が採択された。この条約では、難民を1951年1月1日以前に生じた事案に原因を持つ者に限定した条項や難民の範囲をヨーロッパに限定する条項などがあり、この条約だけでは難民の保護が十分にできないため、これを補完するために、1967年に**難民議定書**（難民の地位に関する議定書）が発効した。難民条約と難民議定書の両方をまとめて、通常は難民条約と称している。

難民条約では、**難民の定義**を、

> 「人種、宗教、国籍、特定の社会集団のメンバーであること、政治的意見のために、自国外にいる者、自国に戻ったり、自国の保護を受けたりすることを望まない者、無国籍者」

と定めている。この定義にあてはまる難民を「**条約難民**」（または**定義難民**）と呼ぶ。このような難民に対しては、**ノン・ルフールマン原則**※※、つまり「難民を、迫害を受ける可能性のある地域に追放したり、送還したりすることを禁止するという原則」が適用される。

国家は、難民を危害にさらすような追放、送還措置を取れないことになっているのである。一方、条約では、難民の要件が厳格に規定されている。人種、宗教、国籍、社会集団への所属、政治的意見のために迫害される者だけが難民であり、それ以外の者は条約難民、定義難民ではない。例えば、母国が異常気象により食料不足に陥って、生活が成り立たなくなったために他国に逃れようとする者は、条約難民ではないのである。

※　「United Nations High Commissioner for Refugees」の略。
※※　「Non-refoulement principle」（仏）。「non-refoulement」は「（自国への）送還禁止」の意味。

このような難民条約の原則があっても、問題は残っている。まず、条約難民は、非常に狭い範囲にしかあてはまらず、条約難民以外にも、様々な理由で母国を出なければならない人々は多数存在する。

例えば、1975年に、ベトナム、カンボジア、ラオスの3ヵ

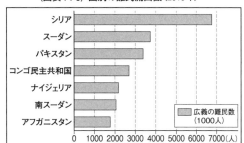

〈図表14-5〉国別の難民流出数（2015年）

〔出典〕UNHCR（2016）をもとに、筆者作成

国で、共産主義側の勢力が内戦に勝ったために大量の難民が流出したが、これらの人々に対しては、条約難民であるかどうかの審査を行わず、一括して難民として扱う措置が取られた（栗野、1992）。この**インドシナ難民**と呼ばれる人々は多くがアメリカに渡ったが、一部は日本に来て、そのまま定住した。

条約難民は、自分が国籍を持つ国の外にいることがその条件になっているが、難民が国外にいるとは限らない。南スーダンの内戦では、居住地域が攻撃を受けて避難している難民の多くは、国内の比較的安全な別の地域にいる。彼らは条約難民ではない。しかし、現実問題として、国内での避難民を放置することには人道上の問題があり、また彼らを放置すれば近隣国へと脱出することになり、そこで対応を取ることになれば、問題解決はさらに難しくなるだろう。

従って、条約難民ではなくても、国内での避難民に救済措置を取る必要が起こることがある。この場合は、国連難民高等弁務官事務所や、一部の非政府組織（NGO）が、国内に難民キャンプを設定して、難民保護を行う必要がある。当然、現地を支配する力を持った勢力（政府とは限らない）の合意が必要になるし、難民キャンプの警備や防護は、国連難民高等弁務官事務所には行えないので、南スーダンに展開している**国連PKO※部隊**が行わなければならない。となれば、難民問題は、国連難民高等弁務官事務所だけではなく、PKO部隊や国内の政治勢力、近隣諸国との政治問題にもなってくるのである。

ノン・ルフールマン原則によれば、難民を強制的に母国に帰還させることはできないはずである。しかし、大量の難民が発生した場合に、難民の出国先の国が難民を受け入れる義務を負っているのかどうかは、議論のある問題である。

※　「Peacekeeping Operations」の略。「(国連)平和維持活動」と訳される。

また、移民と難民は、難民条約では異なるものだが、現実にいる人間が条約難民なのか、そうではないのかという問題は、ケースバイケースであり、簡単に両者を分けることはできない。

　一般的に、**欧米諸国は難民認定を厳しくしようとする傾向**があり、条約難民と、条約難民ではない者（政治的、宗教的理由ではない、移民）の判定に厳格であることが多い（栗野、1992）。現実に、シリア内戦（2011年〜）が発生した後の対応がそれである。シリアから大量の難民が発生し、その一部が規制の緩いイタリア、ギリシャなど南欧諸国を経て、西欧、北欧諸国を目指して移動した時に、難民の移住先になった国では、困難な対応を迫られた。すなわち、

①難民の受け入れを拒否することは、人道的、政治的理由から難しい
②現実に大量の難民を受け入れることは、政治的、経済的、社会的理由から難しい

という問題である。ヨーロッパの場合、陸続き（シリアなどの場合）あるいは地中海を通過した海路によって、大量の難民が来ることが容易な環境にあり、シェンゲン協定は難民の管理を難しくしている。

　現実には、中東やアフリカ諸国で発生した難民の多くを受け入れているのは、ヨーロッパ諸国よりも、むしろ中東、アフリカの近隣諸国である。これらの国は、大量の難民受け入れに伴う種々の困難を引き受けているばかりでなく、難民の存在を通じて、紛争の当事者にもなっている。紛争は、難民を通じて、紛争そのものを近隣諸国や遠隔地に「輸出」しているとも言えるのである。

　トルコからギリシャ等を経由してEU（欧州連合）各国に流入する難民について、EUとトルコは、2016年3月に共同で声明を発表した。その内容は、トルコからEUに入国した難民のトルコへの送還、EUからトルコへの資金拠出などを含む両者の合意だが、この合意の実施について、EUとトルコの関係はその後も悪化している（岡部・EU研究会、2016）。紛争は難民問題を介して、国際政治を揺るがしている。

第14章▶移民・難民問題と国際政治　249

《課題》

1）国際社会における人の移動、特に近代における人の移動を決めてきた要因は何か。
　経済的、社会的、政治的要因その他に注目して、整理してください。
2）現代ヨーロッパにおいて、移民、難民問題が深刻になっている理由を整理してく
　ださい。特に、「労働力」「宗教」「難民」「シェンゲン協定」「人権」「急進右派」
　の語を必ず使用してください。
3）難民条約による、難民の定義を明らかにした上で、どのような人々が「条約難民」
　として認定されるのか、難民認定において、受け入れ国の政策を左右するのは、ど
　のような要因なのかについて、整理してください。
4）日本が今後、移民を受け入れる場合に、どのような要因を考慮すべきかについて、
　理由を挙げて分析してください。

もっと深く ◉ 知りたい人のために 🔍

①マイロン・ウェイナー（内藤嘉昭訳）『移民と難民の国際政治学』明石書店、1999.
②ベンジャミン・パウエル編（藪下史郎、佐藤綾野、鈴木久美、中田勇人訳）『移民の経済学』
　東洋経済新報社、2016.
③S.カースルズ、M.J.ミラー（関根政美、関根薫訳）『国際移民の時代〔第4版〕』名古屋
　大学出版会、2011.
④米川正子『あやつられる難民──政府、国連、NGOのはざまで』ちくま新書、2017.

≫①移民・難民問題を多面的に、バランスよく、整理した本。やや古い本ではあるが、視点は
　現在でも有効である。
≫②移民問題について、新しい知見を取り入れながら、経済学的な分析を行っている本。一
　方で、移民問題の社会的な意味については、それほど突っ込んだ分析がなされていると
　はいえない。政策的な方向性は、執筆者の間でも見解が分かれているところが興味深い。
≫③この分野での標準的な概説書。わかりやすく、バランスが取れている。移民と安全保障上
　の問題の複雑さについても、きちんと説明がなされている。
≫④難民問題について、元UNHCR職員だった著者が自らの経験と学問的な知見を元にして
　書いた本。当然ながら、難民も、関係国政府も、国連機関も、NGOも、それぞれの立場
　と利害があり、それに沿って行動している。難民問題の複雑性を理解するために有用。

[参考文献]

　（前頁に挙げた①〜④を除く）

＜日本語文献＞

浅田正彦編『国際法〔第2版〕』東信堂、2013.

池本幸三、布留川正博、下山晃『近代世界と奴隷制——大西洋システムの中で』人文書院、1995.

岡部直明編、EU研究会著『EUは危機を超えられるか——統合と分裂の相克』NTT出版、2016.

岡部みどり編『人の国際移動とEU——地域統合は「国境」をどのように変えるのか』法律文化社、2016.

越智道雄『オーストラリアを知るための58章〔第3版〕』明石書店、2011.

木戸裕「EUの移民政策」、国立国会図書館調査及び立法考査局『人口減少社会の外国人問題』2008.

栗野鳳編『難民——移動を強いられた人々』アジア経済研究所、1992.

新田浩司「アメリカ合衆国移民法の最近の動向に関する研究」『地域政策研究』16（3）、2014.

新渡戸稲造『新渡戸稲造全集』第17巻、教文館、1985.

三輪公忠編『日米危機の起源と排日移民法』論創社、1997.

＜外国語の日本語訳文献＞

ジョージ・オーシロ『新渡戸稲造——国際主義の開拓者：名誉・努力・義務』中央大学出版部、1992.

ダナ・R・ガバッチア（一政[野村]史織訳）『移民からみるアメリカ外交史』白水社、2015.

ブライアン・キーリー、OECD編（濱田久美子訳）『よくわかる国際移民——グローバル化の人間的側面』明石書店、2010.

＜外国語文献＞

Y. Jackson(ed.), Encyclopedia of Multicultural Psychology. SAGE, 2006

R. Marrus, The Unwanted: European Refugees from the First World War Through the Cold War., Temple University Press, 2001.

＜ウェブサイト＞

法務省「在留外国人統計」、2017 http://www.moj.go.jp/housei/toukei/toukei_ichiran_touroku.html

UNHCR, GLOBAL TRENDS Forced Displacement 2015, 2016, http://www.unhcr.org/5943e8a34

第15章▶国際社会の展望 251

第15章

国際社会の展望

永山 博之

≫この章の課題

　本書の第1章では、国際社会の基本的な性質は「アナーキー」だということを強調した。しかし、現実の国際社会は、アナーキーが強く出ている部分と、むしろ秩序が強く出ている部分が、まだらになっている社会である。

　17世紀に現在の国際社会の原型ができてから、すでに400年近くの時間が過ぎた。その間に多くのことが変わっている。

　この章では、国際社会が変わらないだろうと思われる点、変わりつつあると思われる点、今後の国際社会を見ていくために必要な点を、それぞれ整理して、国際社会の今後を考える。

≫キーワード

□ アナーキー
□ 主権
□ グローバリゼーション
□ グローバル・ガバナンス
□ 新世界秩序
□ 格差
□ 統合
□ トランプ政権
□ 覇権
□ マルチラテラリズム

□ バイラテラリズム
□ ユニラテラリズム
□ 帝国の過剰拡張
□ 力の均衡
□ ハイブリッド戦争
□ A2AD
□ 技術進歩
□ インターネット
□ デジタル・ディバイド

第15章

§1 国際社会は変わりつつあるのか

　国際社会は、ある意味では変わりつつある。ある意味では、というのは、大きな社会構造が変わるときには、すべてのことがすぐに変わっていくのではなく、変わりやすい部分と、変わりにくい部分があって、それぞれ変化の速度が違うからである。従って、国際社会をある視点から見れば、「国際社会は、グローバルな市民社会に**統合**されつつある」と見えるし、別の視点から見れば、「国際社会は、国家ごとにバラバラで、そこに統一的な秩序がないという意味で**アナーキー**であることは変わらず、近い将来、それが変わる見通しもない」と見えることになる。

　本書では、国際社会と国際政治について、以下の順番で、国際政治の構造、アクター、諸問題を見てきた。

- ・「国際政治学」という学問の性質（⇒第1章）
- ・国際政治の歴史　　　　（⇒第2章）
- ・国際政治学の理論　　　（⇒第3章）
- ・外交政策　　　　　　　（⇒第4章）
- ・国際社会の制度　　　　（⇒第5章）
- ・国際社会の主体　　　　（⇒第6章）
- ・伝統的な安全保障　　　（⇒第7章）
- ・新しい安全保障　　　　（⇒第8章）
- ・人権と民主化　　　　　（⇒第9章）
- ・国際政治経済　　　　　（⇒第10章）
- ・国際協力と開発　　　　（⇒第11章）
- ・地球環境　　　　　　　（⇒第12章）
- ・エネルギー　　　　　　（⇒第13章）
- ・移民・難民　　　　　　（⇒第14章）

　この中では、例えば新しい安全保障、人権と民主化、国際協力と国際開発、地球環境、エネルギーなどは、比較的新しい要素、つまり国際政治の従来の枠組みや考え方が有効性を失い、国際政治の基本的性質が変化しつつあることを示すような分野であるように見える。

　しかし、これらの分野の中でも、従来から変わらない要素と、新しい要素は混在している。新しい安全保障の分野において、安全保障を実現するために、**テロ**など共通の脅威に対して、少なくとも先進国は、国際的に協力する態勢にあることは確かである。しかし、「誰をテロリストと認めるのか」「テロ行為と認定するための基準は何か」「テロに対抗するための方法として何が許され、何が許されないのか」「テロ組織の根拠地とされる地域を武力攻撃することは認められるのか」等々、様々な問題がある。

第15章▶国際社会の展望 | 253

　先進国の中でも、例えばアメリカ、イギリスと、フランス、ドイツの間では微妙な意見の相違がある。まして、非先進国であるロシア、中国その他の国の立場は異なる。そして、中東諸国における**住民**（部族ごと、宗教ごと、地域ごとに異なる人々）にとって、これらの問題に対する答えは、集団ごとにバラバラだろう。「テロに対する国際協力が必要であり、国際安全保障が共通の課題である」という主張は、先進国を中心とする一部の人々の間でしか同意を得られない。国際社会は、共通の課題に対して協力しているという側面はあるが、国家ごと、地域ごと、人間集団ごとに分裂しているともいえるのである。人間は協力するふりをしながら、裏で対立するということもある。

　一方、地球環境問題のように、その解決が世界の人々にとって、共通の利益になり、公共的便益（べんえき）をもたらすように見える問題であっても、そのために個別利益を超えて協力ができるのかといえば、それは話が別である。

　その理由を考えるために、**地球温暖化問題**を例に取ろう。便益が共通で、誰がコストを負担しても同じように便益が得られるのなら、自分だけがコスト負担を避けて、他者が供給する便益だけを享受するという**フリーライド**（**タダ乗り**）は合理的な戦略である。従って、各国は自国のコスト負担を下げ、他国に温暖化対策のコストを負担させるように行動する。

　また、地球温暖化防止のための国際的な規範や制度形成は進められているが、交渉は簡単ではなく、1992年の国連気候変動枠組条約採択から、2016年に**パリ協定**（⇒**第12章§7**）に合意するまでに、実に24年もの歳月がかかったように、進展は遅い。なぜなら先に述べた地球温暖化問題を解決するためのコスト負担問題があることだけでなく、新しく制度をつくることそのものにコストがかかる（交渉費用）からである。

　地球温暖化問題は、近年、この問題を専門にする気象学者らのコミュニティの中では、温暖化の主要原因は人間の経済活動であるという見解が一致してきた。しかし、そのようなコミュニティの外では温暖化に懐疑的な意見も存在する。例えば、「たとえ地球温暖化が起こっているとしても、その原因が人間の経済活動であるという確実な証拠はない」という見解は現実に存在し、アメリカの実業界などの限られた社会では一定の有効性を持つ。現実に2017年6月にアメリカの**トランプ**大統領は、前のオバマ政権で合意されていたパリ協定か

ら離脱することを表明した（協定の規定により、アメリカが実際に協定を離脱できるのは2020年以後）。認識の異なる人が力を持てば政策は変わる。これは利益の対立であるばかりではなく、事実認識や価値観の対立でもある。

国際社会は変わりつつあるのか、それほど変わってはいないのか。この問いに対する答えの重要な基準は、国家の役割をどう見るかということである。

第1章では、**国家の自立性**、つまり、

> **国際社会は究極的にはアナーキーな社会であり、主権国家は互いに境界線を引いて、その内側に入ることには慎重になる**

というイメージを提示した。一方、第6章では、それとは異なる**グローバル・ガバナンス**というイメージを提示した。つまり、主権国家の境界線を超えて、一部の国家、多国籍企業、NGOといったアクターが、国際社会における秩序形成に貢献している、国境を越えた問題を解決するため、

> **アナーキーな国際社会であっても、何らかの秩序、統治を実現する必要性があり、実際にそうしたのような現象が起こっていること、実際にそうした秩序が形成されつつある**

というイメージである。どちらが正しいのだろうか。

この答えは、簡単に出るようなものではない。現実の国際社会には、両方の側面がある。国家の自立性が弱まっていることは事実である。**グローバル化は、国境線の重要性を引き下げている**。国家は一枚岩ではなくなり、内と外の両方からの力で引き裂かれている。しかし、国家に代わる役割を企業、NGO、国際機構、市民共同体のようなものが果たしているのか、将来国家はその役割を別の主体に譲りわたすことになるのかといえば、それはあまり考えられない。国家がなくなり、世界市民社会ができるのかというと、そういうことは簡単には起こらないのである。それはまだ、一部の人々の理念の段階でしかない。

第6章で紹介した、**ヘドリー・ブル**は、異なる秩序が重層的に重なり合う中世社会のイメージを、現代の国際社会に投影して、「新しい中世」という国際社会のイメージを提示した。ブルは、リアリズムの基本的な前提を認めながら、世界には一定の秩序があることを認める。

ブルの議論では、

①**国際システム**

（国家が相互作用し、全体として１つの機械のように動いている側面）

②**国際社会**

（国家が共通の価値観や利益を持ち、互いに協力する基盤があるような側面）

を区別する。

　この２つの側面が共に成り立つ状態があり、その状態で、主権国家の独立と、秩序ある世界が両立すると考えたのである。

　実際に、人権や民主制の規範化、国際政治経済や環境、開発援助のレジーム、国際法や国際機構の影響力を考えれば、現実の世界は、**ホッブズ**がイメージするような「万人の万人に対する闘争」状態にはないと考えることは、確かに理にかなっている。現実に、国家同士の間で対立が起こっても、すぐに戦争ということにはならない場合が多い。**グローバリゼーション**と**相互依存**、そして、**核兵器**の存在は、特に大国同士の戦争の可能性を下げている。

　しかし、大国間の関係が、協調関係に落ち着いていくことはありそうにない。そのような協調関係は、仮にあるとしても、アメリカ、ヨーロッパ、日本ほかの限られた国家間でしか成り立たない。ロシア、中国などの地域大国は、独自の利益と立場を主張し続けている。そもそも、ヨーロッパ統合自体の行方も不透明である。イギリスは、2016年の国民投票でも**EU離脱**を決定し、ヨーロッパ諸国内では、EU圏内の移動の自由が、移民の流入を招き寄せることに反発が高まっている（⇒第14章§2）。ヨーロッパでのリベラルな地域統合の理念は、危機に瀕している。

　現存する国家は、国連加盟国に限れば193カ国（2017年10月時点）。この数にはバチカン、台湾などの「国」や「地域」が含まれていないので、大まかには、世界には200程度の国家があると考えてよい。しかし、この中には、実質的に破綻国家である国、小さな町や島でしかない国などが含まれる。これらの国家は、「法的には平等」であるが、実質的には平等ではない。いくつかの大国だけが国際関係を主導することは、昔も今も変わらない。

　こうした大国間の関係が安定している場合には、国際社会には安定した関係ができやすい。19世紀、ナポレオン戦争の後にできたウィーン体制にお

ける「ヨーロッパ協調」は、その例であった。最近でも、冷戦終結前後から（⇒第2章§9）、ソ連共産党書記長ミハイル・ゴルバチョフや、アメリカ大統領G.H.W.ブッシュが、「**新世界秩序**」を樹立する構想を語った。彼らの考える新世界秩序は、大国間協調と自由、人権という普遍的な原理によって、世界をそれまでよりも統合の進んだ社会にまとめていこうというものであった（Bush, 1991）。湾岸戦争（1990-91）で勝利し、ソ連と協調関係を樹立していた、当時のアメリカはこれを言えたのである。

その後も、相互依存、グローバリゼーションは国際社会にますます浸透した。現実に、**インターネット**はそれまで各国の国内でしか見られなかった情報を結びつけている。外国製品の入手も容易になった。グローバル化した社会が「便利な社会」であることは疑い得ない。国際経済は、何度かのショックがあっても、より統合され、成長している（WORLD BANK GROUP, 2017）。

しかし、グローバリゼーションによる「緩い世界統合」（世界政府の樹立ではなく、大国間協調と世界市場の形成などによって、世界の結びつきを強めていくという考え）も、それほどうまくいくわけではないことがわかってきた。ギリシャ危機と**欧州ソブリン※危機**（2010年〜）、**イギリスのEU離脱決定**（2017年）、アメリカでの**トランプ大統領の当選**（2017年）は、グローバリゼーションの恩恵を比較的厚く受けていると見られた先進国内部でも、**所得格差**は拡大しており、その不満をグローバリゼーションそのものにぶつける人々が、単なる一部の少数派ではなく、選挙や国民投票を左右するレベルにあることを示した。「自国第一、移民は制限すべき、自国で相対的に不利益を受けている国民を守るべき」という考え方は、先進国に拡大している。

グローバリゼーションは、世界全体を豊かにしたことは確かだが、世界のすべての人を同様に豊かにしたのではなく、一部の人々をより豊かにしたのであり、別の人々は貧しくなっている。世界全体で見れば、経済格差はより拡大しつつある。**トマ・ピケティ**は、『21世紀の資本』において、このように主張した（ピケティ、2016）。資本収益率は経済成長率を基本的に上回る。従って、経済格差は長期的には拡大する。20世紀後半は、世界大戦やインフレその他の事情で、短期的に経済格差が縮小していただけであり、21世紀には再び経済格差は拡大し、中間層は縮小するという。

※ 各国政府や政府機関などが発行し、または保証する債券（国債など）を「ソブリン債」（sovereign bond）、略して「ソブリン」という。欧州ソブリン危機は、国家財政の破綻を隠していたギリシャ政府の決算の実態が明らかになったことで発生した。

〈図表15-1〉 国家間経済格差と国家内経済格差の推移　1820-1990

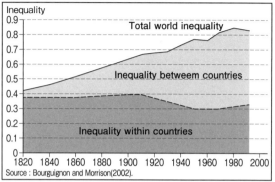

〔注〕下部の色の濃い領域が国家内の経済格差で、上部の色の薄い領域が国家間の経済格差である。世界全体では格差は拡大しているが、その原因は主に、国家間経済格差の拡大によることがわかる。

〔出典〕［Weil, 2013］［北浦、2016］より再引用

　つまり、「**持てる者はさらに与えられ、持たざる者はさらに奪われる**」（新約聖書「マタイによる福音書」第13章第12節）いう状況が明確になってきた。このような状況で、「もともと持っていたものを奪われる、持たざる者」が、そのような現実を黙って受け入れるだろうか。**ユーロ圏**の動揺（⇒第10章§5コラム）、イギリスのEU離脱投票、アメリカでのトランプ政権誕生、反移民意識の高揚、国民意識の再高揚などの動きは、いずれもこのような状況を反映した結果である。グローバリゼーションが進展していることは事実だが、その過程は平坦なものではなく、むしろ反動によってこれまでの政治、社会制度や人々の合意が大打撃を受けることもあり得る。

　つまり、先進国を中心とする国際社会の協調で、グローバル・ガバナンスを実現するという考え方は、ある面では現実になっているが、別の面では強力な反攻にさらされており、いずれにしても簡単にうまくいくわけではない。

　このように考えれば、現存の国家の主権性がそのまま守られるわけではないとしても、世界が統一的な秩序の下でまとまるということは、そう簡単には起こらない。考えられる将来、世界の緊密化と分裂は共存するだろう。現在の主権国家の枠組みが変わることはあっても、世界が分裂していて、その基本的な特質はアナーキーであるという構造が根本的に変わることはないだろう。そういう意味では、国際社会はある意味では変わりつつあるが、基本な構造としてはあまり変わっていないとも言えるのである。

▶§2 覇権後の世界

　国際政治を解釈する重要な立場として、**覇権理論**がある。この理論には複数の側面があるが、最も重要な側面は、この理論が安定的な世界が実現する条件を示し、同時にリアリズム理論の重要な一部になっていることである。

　モーゲンソーは、多極的な状態が勢力均衡政策を通じて、国際社会を安定的なものにすると述べた（⇒第3章§2）。**ウォルツ**は、二極的な状態が国際社会を安定的なものにすると述べた（⇒第3章§2）。これに対して、覇権理論では、単極的な状態、つまり国際社会に超大国が1つしかない状態こそが、国際社会を安定的なものにすると主張する。この議論を検討してみよう。

　ギルピン（1990）の議論では、世界は政治的にはバラバラだが、経済的には1つの市場に統合されている。では、なぜこのような状態が生じるのか。政治的にはバラバラな世界で、経済的には単一市場だとすると、誰が市場の秩序を立てて、これを維持するのか。ギルピンは、政治的にバラバラなように見える世界には、実は圧倒的な力を持つ「**覇権国**」というものが出現することがあり、その覇権国が**秩序**を立てると考える。

　この場合の秩序は、主に世界市場の秩序だが、覇権国は自国に都合のよい秩序を設計し、それを自国の力で立てる。覇権国以外の国家は、その秩序に従う。もちろん、覇権国の秩序を無視しようとする国家はあるが、覇権国の代わりに秩序を立てる力はないので、結局、覇権国の秩序を破ることはできない。また、覇権国以外の国は、秩序維持のコストを覇権国に押し付けて**フリーライド**することができる（⇒§1）。従って、覇権国の秩序に従うことは、それ以外の国家にとっても、それほど悪い選択肢ではないとも言えるのである。

　キンドルバーガー（2009）は、覇権国（キンドルバーガーの言葉では「**指導国**」）が衰退すると、秩序が維持できなくなり、国際経済は混乱するという。1929年に始まる**大恐慌**は、単に世界経済が混乱しただけではなく、その混乱を収拾するための力が、それまでの覇権国であるイギリスになくなっており、次の覇権国になれる力を持っていたアメリカには、覇権国として振る舞う意思が欠けていた。だから、大恐慌は誰も収拾できないまま、世界経済を混乱に陥れたのである。

第15章 ▶ 国際社会の展望 | 259

> ### column >>>>>> ソ連は覇権国だったのか

　冷戦期は、アメリカとソ連の「**二極支配**」だったと言われる。これは、主にアメリカとソ連の軍事的対抗関係のことを言った表現である。アメリカとソ連は膨大な核兵器ストックを持ち、この二国以外の国はアメリカとソ連の核戦力に単独で対抗することはできなかった。また、ソ連が主にヨーロッパ部に置いていた大量の地上、航空戦力に対して、アメリカによる西ヨーロッパ防衛約束、それを保障する地上部隊の駐留、海空戦力は拮抗しており、米ソが直接軍事的に衝突した場合、どちらも簡単には勝てないという認識は、米ソ両国にも、同盟国にも共有されていた。

　では、ソ連もアメリカと同じように覇権国であり、冷戦期は「**アメリカの平和**」（**パクス・アメリカーナ**）ではなく、「アメリカとソ連（ロシア）の平和」（パクス・ルッソ・アメリカーナ）だったと言えるのか。これはそうではないのである。理由は、ソ連がアメリカと対抗できたのは、軍事力、特に核戦力の均衡状態だけで、それ以外の面、特に世界経済の秩序をつくる力は、ソ連にはまったくなかったからである。

　ブレトンウッズ体制（⇒第10章§2）は、アメリカがつくったもので、金と交換できる米ドルが国際通貨だった。米ドルが国際通貨としての地位を得られたのは、アメリカの豊富な金準備に加えて、アメリカが世界一のGDPと生産力を持ち、米ドルの価値が安定していて、米ドルを保有することは資産選択として意味があったからである。

　一方、ソ連のルーブルは、ソ連が印刷した紙切れに過ぎず、ソ連国外では流通しておらず、ソ連国内でも、ルーブルだけではモノが買えない状態だった。ソ連末期まで、消費財を買うためには、ルーブル以外に配給券が必要で、紙幣だけ持っていても意味がなかった。ソ連と**コメコン諸国**（⇒第2§8）の貿易には、振替ルーブルという単位が使われた。これは米ドルとは違って、貨幣ではなく、コメコン諸国間の貿易を示す数字にすぎなかった。コメコン諸国間の貿易で黒字が出ても、振替ルーブルでコメコン加盟国以外からモノを買うことはできなかった。

　ではソ連は、コメコン諸国以外からモノやサービスを買うときにはどうしていたか。ルーブルは通用しないので、決済通貨は米ドルでなければならなかった。ソ連が外国から輸入する時に米ドルで決済を求められるだけでなく、ソ連から外国が石油や武器を買う時にも、ソ連は米ドル決済を要求した。ルーブルで支払いをされても、ソ連にとっては意味がなく、支払い手段として認めなかった。つまりルーブルは、ソ連製「子供銀行券」のようなものだった（竹浪、1979）。

　以上をまとめると、世界経済の秩序を決めていたのは、アメリカであり、ソ連はそこにはまったく手を出せなかった。金準備でも生産力でもアメリカに完全に及ばないので、関与の余地がなかった。ソ連は軍事的にはアメリカの対抗相手だったが、経済的には、アメリカ主導の秩序に従属し、エネルギーや武器を売らなければ何も買えない国だったのである。だから、ソ連はアメリカと同じレベルで権力を持っていた国ではなく、覇権国とはいえないのである。

覇権国も、いつまでも自力で秩序を維持することができるわけではない。ギルピンによれば、覇権国の力が衰えてくると、覇権国に挑戦して新たな秩序を立てようとする国家、つまり、**挑戦国**が現れる。覇権国と挑戦国の争いは、時が来れば大戦争になって現れる。この覇権争奪戦争の勝者が次の覇権国となる。現在のアメリカや、過去のイギリス（20世紀前半まで）は、このようにして覇権国としての地位を獲得したのだという。国際政治の構造を決め、その転換期になるのは、このような覇権戦争の繰り返しである。

一方、**コヘイン**（1998）は、覇権国が衰退しても、覇権戦争による覇権国の交代なしで、秩序を支えることができると考えた。コヘインによれば、覇権国の圧倒的な力が失われても、覇権国以外の大国が、コストを分担し、秩序の維持に協力するのであれば、秩序は維持できるという。覇権国以外の大国は覇権戦争による覇権国の交代を望まず、自国が覇権国に取って代わるよりも、衰退した覇権国に協力して秩序を守ることに利益を見出すかもしれない。そのような場合には、覇権戦争は起こらないし、覇権国の地位も維持できる。コスト負担は、覇権国とそれに協力する大国が分担して行う。

冷戦後もアメリカ、ヨーロッパ、日本の先進国同盟は続いている。これらの大国による世界秩序の維持を象徴するイベントが、毎年開かれる**G7**^{ジーセブン}**サミット**である。1994年から2013年までは、G7にはロシアが加わってG8になっていたが、結局ロシアは2014年のウクライナ危機によって、G8から除名され、G8は、ロシア抜きの**西側先進国会議**、つまりG7に戻った。この問題の背景には、アメリカ、ヨーロッパとロシアの利害対立と規範意識の違い、価値観対立がからんでおり、結果の説明は簡単ではないが、結局、ロシアを先進国同盟の内側に取り込む努力は失敗した。同盟に新たなメンバーを加えることは簡単にはできない。

G7は、世界経済の問題を処理することができるのか。G7にはそれなりの役割があり、その意義はなくなってはいないが、問題は、世界経済におけるG7の占める地位が低下していることである。

図表15-2を見てほしい。1994年には、G7諸国のGDP総計は、世界経済全体の67.1％だった。しかし、2014年には、この数字は世界経済全体の45.9％にまで落ちた。先進国だけが世界経済の主役だった時代は終わった。

では、中国はアメリカ覇権に協力するのか。あるいは、インド、ブラジル、

※　「Group of Seven」の略。フランス、アメリカ、イギリス、ドイツ、日本、イタリア、カナダ、以上の先進国を指す。

南アフリカなど他の新興国はどうか。

G7に新興国・地域を加えた**20カ国・地域首脳会議（G20）**が2008年から開かれている（財務大臣・中央銀行総裁会議としてのG20は、1999年から開催）。

しかし、この会議は世界経済の問題を解決するための場として、十分に役割を果たすことができていない。事務局機能が不十分で、事前に問題を詰められていない。また合意を得るためには20カ国・地域の参加は多すぎる。参加主体の利益、価値観の違いが大きすぎてまとまらない。結局、集まって話し合う以上の意味は、今のところない。

コヘインの示した構想は、結局実現していない。アメリカに他の大国が協力して秩序を維持することは簡単にはできないのである。

アメリカの覇権国としての地位は、1970年代以後、ゆっくりと侵食されてきた。1971年8月15日、アメリカのニクソン大統領が、金・ドル交換を一方的に停止する声明を出した事件（**ドルショック**または、第二次ニクソン・ショック⇒第10章§3）は、その始まりだった。1980年代末に東西冷戦が終わり、ソ連はアメリカとの競争から脱落した。

これによって、アメリカの覇権国としての命脈は、しばらくの間は続いたように見えたが、2001年9月11日のアメリカに対するテロ攻撃（**9.11テロ事件**）と、それに対する同年10月のアメリカの**アフガニスタン侵攻**（不朽の自由作戦）、そして、2003年3月の**イラク侵攻**（イラクの自由作戦）は、結果的にはアメリカの軍事力と経済力の余裕、そして、アメリカ国民の対外問題への介入意思を削

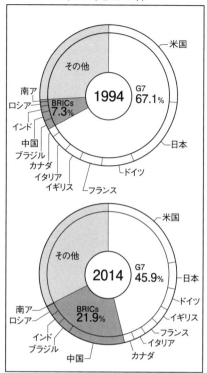

〈図表15-2〉 世界のGDPにおける国別シェア（1994年と2014年）

〔出典〕日本経済新聞2016年5月24日付を基に作成
https://vdata.nikkei.com/newsgraphics/g7transition/
（2017年4月30日閲覧）

り取った。オバマ政権は、この侵攻作戦から撤退することに忙殺された。

　　ポール・ケネディは、『**大国の興亡**』(1993) で、歴史上、大国が衰退してい
ったことの重要な要因として、「**帝国の過剰拡張**」を挙げた。どのような大国
であっても、世界のあらゆる問題を解決する能力を持ったことはない。そのよ
うなことをしようとすれば、大国は自らの力をいたずらに消耗するだけである。
大国が自らの力の限界を知り、その範囲内でのみ影響力を行使しているうちは
いいが、できる範囲を超えて問題を解決しようとすれば、いずれ軍事力も経済
力も消耗し、自国の影響力を維持すること自体ができなくなる。これが「帝国
の過剰拡張」の意味である。

　　アメリカに9.11テロ攻撃を仕掛けた、**アル＝カイダ**の指導者、オサマ・ビン・
ラディンの書架には、『大国の興亡』があった。アル＝カイダのナンバー２で
あり、オサマ・ビン・ラディン死後に、アル＝カイダの指導者になったアイマ
ン・ザワヒリもこの本を読んでいた (Arwan, 2008)。アル＝カイダのテロ攻撃は、
アメリカを挑発して辺境の戦いに引きずり込み、消耗を強要する戦略の結果だ
ったともいえる。

　　覇権国がその立場を失う契機が、覇権を争う大国間の**覇権戦争**のみによるの
か、他の要因も覇権国没落の契機になり得るのかはわからない。しかし、いず
れにせよ、アメリカのトランプ大統領の基本的な政策である「**アメリカ第一主義**」
(アメリカ・ファースト) は、アメリカが覇権国としての地位を自ら放棄する結果
をもたらす。アメリカはもはや世界の問題に関与する余裕を失いつつある。同
盟国に対していっそうの負担を要求し、**ＷＴＯ**[※]（**世界貿易機関**）という貿易レ
ジームの中での紛争解決手続を信頼せず、アメリカ通商法の規程に基づいて二
国間交渉によって「公正な貿易」を求めるというトランプ政権の政策は、アメ
リカが関与してつくり上げたレジームを自ら無視して、自国の利益を貫徹しよ
うとするものである。

　　これは、同盟国や他の国家との協調を重視する**マルチラテラリズム**
(multilateralism [**多国間主義**]) から、一対一の直接交渉を重視する**バイラテラリ
ズム**(bilateralism [**二国間交渉主義**])、さらにはアメリカが一方的に決めたことを
執行する**ユニラテラリズム**(unilateralism [**単独行動主義**]) へ、路線を転換するこ
とを宣言したことになる。

　　　　　　　　　　　　　　　　　　　　　　　　　　※　　「World Trade Organization」の略。

第15章▶国際社会の展望 263

　トランプ大統領のこのような政策が、実際にどこまで実行できるのかはわからないが、アメリカが、過去の政策との継続性に関心を払わず、自国の利益第一で行動することになれば、国際社会の既存のレジームは損なわれ、「自国がルールを決めて、それを他国に守らせる」という意味での覇権国の地位も自発的に放棄されたということになる。

▶§3　国際社会のゆくえを見る２つの視点
——「力の均衡」と「技術進歩」

　これまで、国際社会が「強いアナーキー」の状態に向かっているのか、「強い秩序」の状態に向かっているのかということの結論は、国際社会のどの側面を見るかによって異なること、つまり国際社会は１つの姿をとるのではなく、見る角度によって異なる見え方をするものであることを説明した。また、国際社会を見るための重要な視点である覇権理論を示し、アメリカの覇権がゆっくりと終わる方向に向かっていること、トランプ政権の誕生はその動きを加速していることを説明した。

　では、今後の国際社会の動きを見ていくために、どのような側面に注目する必要があるのだろうか。視点の数など、観察者の数だけあるから、数えられないという結論も出せるが、それでは説明の用をなさないので、ここでは２つの視点を挙げておく。

　第１は、伝統的な視点である、「**力の均衡**」である。核兵器がある状態では、「**核兵器を保有する大国間で大規模な戦争は起こり得ない**」という考え方があることは事実だが、現在では、その確実性は絶対とは言えない。

　力の均衡に関する、第１の問題はロシアである。
　冷戦（⇒第2章§8）の後、しばらくの間（1990年代）は、ロシアが国内的な混乱で対外戦争など行う余裕はないと見られていた。ロシアは1990年代から続いている**チェチェン問題**※（内乱とも、戦争とも、その両方とも、それ未満とも言える状態が間欠的に継続）に足を取られており、このこともロシアは、もはや西側諸国にとって脅威にはならないという見方の根拠となっていた。
　しかし、ロシアがソ連崩壊（1991年）直後の混乱状態を脱し、諜報機関出身

※　チェチェン人は、コーカサス地方の民族で大多数はイスラム教徒。ロシア帝国、ソ連の支配を受け、ソ連解体後は、ロシア連邦内のチェチェン共和国に居住。ロシアからの独立を求めてたびたび対立、紛争が発生。共和国域内には油田がある。

〈図表15-3〉 チェチェン、ジョージア、クリミア周辺

の**ウラジーミル・プーチン**が首相、大統領代理、大統領に就任して権力を握る（1999〜2000年）と、ロシア政治は安定を獲得した。プーチン政権は、途中でメドヴェージェフが大統領に就任して、プーチンと**タンデム体制**※になった時期を挟んで、2017年も続いており、2018年の大統領選挙で仮にプーチンが再選（ロシア大統領は連続二期まで務められる）されると、2024年まで続く。この政治的安定と、経済回復を基盤にして、ロシアの力は急速に回復されてきた。

ロシアは、9.11テロ事件ではアメリカに協力する路線を取ったが、イラク戦争には反対し、アメリカ一極支配は容認しない立場をとった。旧ソ連のグルジア（現・ジョージア）が、2008年に同国の南オセチア自治州に侵攻したことに対抗して軍事介入し、南オセチアとアブハジアはグルジアから「独立」し、ロシアの庇護下でグルジアから切り離された。

その後、2013-14年の（やはり旧ソ連の）ウクライナの政変で、親ロシア派政権が倒れたことを契機として、ウクライナに軍事介入し、クリミアを「独立」させた上でロシアに編入した。また、ウクライナ東部地域での親ロシア派の「独立運動」を支援し、実質的に軍事介入している（佐々木、2014）。

この軍事介入は、西側諸国では国際法違反の侵略行為として非難されているが、ロシアはそうした非難を問題としていない。また、ロシアがウクライナ

※　「タンデム (tandem)」は元々、「二頭立ての馬車」のこと。そこから権力者2人よる二頭政治体制を意味するようになった。

に仕掛けた、義勇兵に偽装した軍による介入、現地の親ロシア派への軍事援助、世論工作、現地の親ロシア派を使った「独立宣言」「住民投票」などの政治工作を併用して行った戦争は、「**ハイブリッド戦争**」と言われ、軍による実力行使と政治活動を併用する戦争として注目されている（小泉、2016）。

　このような対外政策により、ロシアが西側諸国と友好的な関係を持つ可能性は、当面なくなった。また、ロシアが冷戦期のように、直接ヨーロッパに侵攻する可能性は低いとしても、旧ソ連諸国に対しては軍事介入も含めた手段を取り、確定された国境線を変えるような措置を辞さず、ロシアの国益を守るためには何でもすることが明らかになった。

　また、2016年アメリカ大統領選挙に対して、ロシアが**サイバー攻撃**を通じて行ったとされる介入は、ロシアが他国の内政に直接工作を仕掛けてきた深刻な事例である。さらに依然強大なその核戦力を考えれば、先進国にとって、安全保障上の脅威の1つはロシアである（⇒第8章§2）。

　第2の問題は、中国である。

　冷戦後半、特に1971年の**第一次ニクソン・ショック**※（米中和解）以後は、中国の主敵はソ連で、西側諸国にとっては、もはや脅威ではないと見なされていた。アメリカは中国に対して友好的な態度を取り、日本も多額の円借款供与などの手段で、中国の経済発展を助ける政策を取っていた。

　しかし、1995-96年の**第三次台湾海峡危機**※※においては、台湾の民主的総統選挙を阻止するために、中国は、台湾海峡でミサイル発射実験を行い、台湾を威嚇して、独立志向の強い**李登輝**の総統当選を妨害しようとする態度に出た。これに対してアメリカは、空母戦闘群2群を台湾海峡近海に派遣し、中国の威嚇を実力で阻止する行動を実施した。中国は対抗する海空軍力を持たず、それ以上の威嚇を加えることができなかった。

　この事件は中国にとって、屈辱的な経験となっただけでなく、軍事力がなければ、中国指導部が悲願とする「台湾解放」は実行できず、アメリカに対抗することもできないことを思い知らされる結果となった。この後、改革開放政策により経済発展を早めていた中国は、軍備増強に注力し、特に、海軍、空軍、ロケット軍（戦略ミサイル部隊）、戦略支援部隊を重点的に増強している。

※　　アメリカ大統領ニクソンが、対立関係にあった中国への訪問を公表し（1971年7月）、実現（1972年2月）したこと。第二次ニクソン・ショックは「ドル・ショック」とも言う。第二次世界大戦後、世界経済の根幹となっていた米ドル紙幣と金との交換を停止すると発表したこと（1971年8月）。
※※　第一次は1954年、第二次は1958年。いずれも、台湾の治世下にある金門島（中国大陸からは最短で約2km）に中国人民解放軍が砲撃。それぞれアメリカが台湾への支援を表明し、本格的な戦争状態に至る前に収束。

中国は、台湾を自国の一部だと主張しているほか、日本が実効支配している尖閣諸島、ベトナム、フィリピンなどが領有権を主張している南シナ海の諸島、岩礁を自国領土だと主張している。

特に南シナ海においては、中国が一方的に引いた「九段線」という境界線の内側すべて（南シナ海のほぼ全域）に対して、自国が管轄権を持つと主張している。

〈図表15-4〉中国の軍事戦略の基本的な考え方

国連海洋法条約その他の国際法に定める「公海の自由」については、一般的な国際法解釈とは異なる独自の立場を取る。また、2016年に常設仲裁裁判所が、フィリピンの訴えを受けて、中国の主張する南シナ海のスプラトリー諸島と周辺海域の管轄権のほとんどすべては国際法上の根拠がなく無効とした判決は、これを無視し、南シナ海の岩礁を埋め立てて人工島化し、そこに海空軍が利用可能な軍事施設を建設している。

中国の基本的な考え方は、彼らが主張する領域（台湾、東シナ海、南シナ海）を防衛するために、**第1列島線、第2列島線**という2本の線を引き、第2列島線の内側に、アメリカ、日本、その同盟国軍の海空部隊が接近することを阻止し、さらに、第1列島線の内側でそれらの海空部隊が活動することを拒否するというものである。これを**A2AD**（Anti-Access/Area Denial※）という。これは中国の軍事戦略を表現するためにアメリカがつくった言葉である。

この考え方は、中国から見れば、**領域防衛、シーレーン防衛**のためということになるが、これを実現するためには、日本領土にある米軍や自衛隊の基地、台湾の陸海空軍基地を破壊して、使用できないようにする必要がある。日本から見れば、攻撃的な考え方ということになる。これを実現するために、中国

※ 「接近阻止・領域拒否」と訳される。

では、C4ISR[※]（指揮通信偵察などの統合システム　⇒第7章§4）、水上艦艇、潜水艦、航空機、地上、海上、海中、空中発射の各種ミサイル、サイバー攻撃、宇宙戦などの手段を組み合わせる方法が検討されている。

　現実問題として、中国の経済発展は、先進国との通商関係に依存している。この同盟側と戦争することになれば、中国経済には大打撃である。現在軍事的にも劣勢な中国は、すぐに武力を行使できる態勢にはない。しかし、中国が政治目的を達成するために、これまで政治的、軍事的、経済的な手段を威嚇の道具として使ってきたことは事実である。「中国は経済的に損失になるようなことはしないはず」という希望的観測を将来予測に置き換えることはすべきではないだろう。

　３番めだが、最も緊急性が高く、深刻な問題は北朝鮮（朝鮮民主主義人民共和国）である。北朝鮮は2006年10月から2017年9月までに6回の核実験を行い、弾道ミサイル開発を並行して実施してきた。その理由は、アメリカに対抗して安全保障を確実にするためには、アメリカ本土を攻撃できる核戦力を自ら保有するしかないと北朝鮮が考えているためである。

　しかし、そのような能力を北朝鮮が実際に保有するまでアメリカが傍観しているということがあり得るだろうか。北朝鮮は「ならず者国家」（⇒第8章§2）であり、北朝鮮が核兵器の使用に十分慎重であるという保証はない。アメリカにはもはや、北朝鮮の行動を放置する余裕はなくなった。トランプ政権は、北朝鮮の金正恩委員長と首脳会談を行うことで核放棄を実現させようとしているが、北朝鮮が保有する核兵器を全て放棄する可能性はきわめて低い。アメリカと同盟国が北朝鮮と武力衝突に至る可能性は、特に米朝双方が核兵器を保有している状態では重大な結果をもたらす。

　以上、ロシア、中国、北朝鮮を例にして、「力の均衡」という視点を示した。

　もう1つの視点は、新しいものである、「技術進歩」の影響がそれである。もちろん技術進歩は、最近始まったものではない。農業、青銅器、鉄器、馬具、船、火薬、羅針盤、活版印刷、動力機関、化石燃料、工業、航空機、原子力などの技術進歩は、すべて国際政治に対して重大な影響を及ぼした。

※　「Command、Control、Communication、Computer」の4つの「C」と、「Intelligence」の「I」、「Surveillance and Reconnaissance」の「SR」の意味。

しかし、近年、特に1990年代以後の技術進歩は、今までの技術進歩とは性質が異なったものである。その理由を単純に言えば、技術進歩の速度の違いである。かつての技術進歩は、長い時間をかけて行われ、その結果が普及するにも長い時間がかかった。

例えば、農耕が始まったのは紀元前1万年頃とされ、農耕が世界各地に普及するにも数千年単位の時間がかかった。火薬革命は、火薬が中国で発明されたのが7世紀頃だとされており、モンゴル帝国が侵攻の際に火薬を用いたのが13世紀、ヨーロッパで銃が使用されるようになったのが14世紀、14-15世紀には日本にも銃が伝来した。それでも銃が弓や槍を駆逐していったのは、16-17世紀のことである。技術進歩による武器の交替にも、長い時間がかかっていた。

現在の**インターネット**は、パケット通信ネットワークが始まったのが、1960年代末、現在のインターネットの標準的通信手段である**TCP/IP**[※]が、ネットワークに実装されたのが1982年である。日本でインターネットの普及が始まったのは1980年代の後半で、その時期のインターネットサービスは、電子メールと、電子掲示板（ネットニュース）だけだった。現在のような**WWW**^{※※}というものはまだなく、動画や音声の通信もできなかった。コンピュータで文書作成を日本語で行うことが一般的になったのは、「ワープロ（ワードプロセッサー）」（文書作成機能に特化した単機能コンピュータ）が普及した1980年代後半からだった。

WWWブラウザが、**Mosaic**という名前で登場したのが1993年、WWWが、インターネットサービスとして普及したのは1990年代の後半以後だった。現在一般的に使われている検索エンジンも、その頃にできた技術である。また当初、インターネットは有線で接続できるコンピュータでしか使えなかった。インターネット通信ができる携帯端末が現れたのは1996年、日本で、携帯電話上で利用可能なNTT DoCoMoの「iモードサービス」が開始されたのは1999年である。

携帯端末が実質的に汎用コンピュータと融合した**スマートフォン**が登場したのは2001年だが、スマートフォンが爆発的に普及するきっかけになった、AppleのiPhoneが発売されたのは2007年だった。いつでもどこでもインターネットに接続された環境が当然のものとして普及したのは、この頃より後ということになる。

※　「Transmission Control Protocol」（電子制御プロトコル）と「Internet Protocol」（ネットワーク間プロトコル）の略。「プロトコル」は、ここでは「（コンピューター同士が通信をする際の）手順」の意味。
※※　「World Wide Web（ワールド・ワイド・ウェブ）」の略。現在最も普及している、テキストをやりとりする仕組み。

〈図表15-5〉 インターネット人口の大きさと普及度

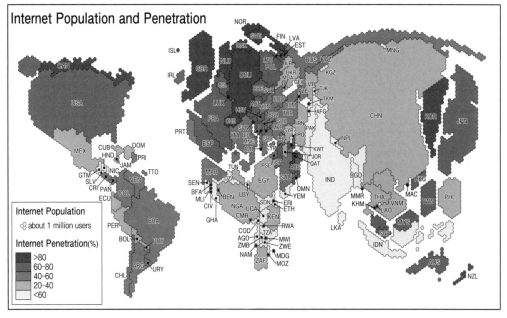

〔注〕図上の面積はインターネット人口を、色の濃さはインターネットの普及度を示す。面積が大きく、さらに色が濃いのはほとんどが先進国であり、アフリカや南アジアではインターネット人口は少なく、普及度も低いことがわかる。　　　〔出典〕Oxford Internet Institute, http://geography.oii.ox.ac.uk/?page=home

　デジタルネイティブと言われる、「子供の頃から、ネット接続環境と機器があった世代」は、日本では1990年代以後に出てきたのであり、2017年時点では20歳代以下の世代しか当てはまらない。インターネットの歴史はその程度に新しい。しかし、現在、インターネットは社会の**基幹インフラ**（インフラストラクチャー）であり、調べ物から、買い物、仕事、娯楽、人間関係まで、すべてネット接続が前提である。仕事の連絡がすべて「紙」で来るということは、もはやあり得ないだろう。特に若い世代においては、友人関係も、LINEのメッセージをやり取りできなければ成り立たない時代である。

　このような状態は、最近20年間から10年間程度の期間にいきなり実現したのである。しかも、このような変化は加速する一方で、減速する兆候は見いだせない。

ここで述べてきたことは、日本を含む**先進国社会**にはあてはまるが、それ以外の社会では、**インターネット接続環境**が社会のメンバーに一般的に共有されているということはない。わたしたちが普通に利用しているインターネット環境がほとんどないか、社会の上層にしか使われていないということは、僻地や発展途上国では当然のようにあり得る。バックパッカーとして海外旅行をした人であれば、現地到着後、いちばん早くしなければならないことは**WIFI接続環境**を探すことだということを知っているだろう。発展途上国の多くの国では、首都の限られたところでしか、これができない場合がある。

　技術進歩も世界のどこでも均質に起こっているわけではなく、普及の速度も違う。スマートフォンで動画を見ることができる人は、世界のどこにでもいるわけではない。社会の誰でも、インターネットを使えるような状態は、先進国では早く、途上国では遅く実現する。このように、国家間、社会の異なる階層間、地域間でネットワーク環境に違いがある状態を、**デジタル・ディバイド**（digital divide［**情報格差**］）という。この格差には、経済、技術、教育など、様々な要素が作用する。また、同じ国の中でも、富裕層は簡単にインターネットに接続できるが、貧困層はそうではない。仕事を見つけられる機会、教育を受ける機会も、国ごと、地域ごと、社会階層ごとですべて違い、その格差は、時間が経つにつれて、大きくなっていく。

　経済発展の速度だけでなく、技術への近づきやすさ、考え方や感じ方もすべて、このような変化に早くついていけるかどうかによって決まることになる。「**国力**」と言っても、結局は、国家に住んでいる**それぞれの人が持っている力が集積した**ものである。次の時代の「国力」を決める、最も重要な要因の1つは、このような技術進歩に、社会の中のどの程度の人が、どの程度早く、どの程度深く出会ったかということなのである。国家や国際社会の将来を左右するのも、このような問題だということである。

第15章▶国際社会の展望 | 271

《課 題》

1） 現代のグローバリゼーションは、なぜ起こっているのか、それが国際政治に対してもたらす影響は何か、国や地域による影響の違いに注目して、答えてください。

2） グローバル・ガバナンスが実現するかどうかということは、どのような要因によって決まるのか、国際協調の可能性を左右する要因は何かということに注目して、答えてください。

3） アメリカの覇権が衰退した後に、国際社会の秩序が安定するのかどうか、覇権後に国際社会の協調が実現できる可能性に注目して、答えてください。

4） 国際社会の不安定要素として、ロシア、中国、北朝鮮はどの程度重要だと言えるのか、それら3国の冷戦後の対外政策を説明しながら、答えてください。

5） インターネットの普及は、今後の国際社会にどのような影響を及ぼすのか、ネットの普及がそれぞれの社会に異なった影響を与えることに注意しながら、答えてください。

もっと深く ◉ 知りたい人のために 🔍

①大澤真幸、塩原良和、橋本努、和田伸一郎『ナショナリズムとグローバリズム──越境と愛国のパラドックス』新曜社、2014.

②トーマス・フリードマン（東江一紀、服部清美訳）『レクサスとオリーブの木──グローバリゼーションの正体』上・下、草思社、2000.

③飯田敬輔『経済覇権のゆくえ』中公新書、2013.

④金成隆一『ルポ　トランプ王国』岩波新書、2017.

⑤渡部悦和『米中戦争』講談社現代新書、2016.

⑥ケヴィン・ケリー（服部桂訳）『〈インターネット〉の次に来るもの──未来を決める12の法則』NHK出版、2016.

≫①グローバリゼーションが進む時代に、なぜナショナリズムが強まるのかという問題を分析した本。非常に歯ごたえがあり、簡単には読めないが、この逆説の理由を理解することは重要。。

≫②少し前の本だが、グローバリゼーションが何を意味するのかということを考えた本。やや楽観的だが、以前はこのように考えている人が多かったということを知るために有益。

≫③覇権という言葉は最近、何にでも使われているが、この言葉がどこから来ていて、現在の世界を解釈するためにどう使われるのかということを平易な言葉で説明している本。

≫④2016年アメリカ大統領選挙を、トランプ支持の強い地域に注目して観察したルポルタージュ。日本にいて遠くを眺めているだけでは、違う社会のことはわからないということがわかる本。

≫⑤中国とアメリカ（そして日本）の間の、起こるのか起こらないのかはわからない戦争が、もし起こるとすればどのようなものなのかということを、元陸上自衛隊東部方面総監の著者がアメリカの研究所での知見をもとに明らかにした本。専門家がどのように問題を見ているのかがわかる。

≫⑥結局、10年後、20年後に社会がどうなっているのかということはわからない。しかし、技術がどこに向かっているのかを知ることは、現在では不可欠。現在わかっていることをもとに、将来の方向性をきちんと見ている本。

[参考文献]

（前頁に挙げた①～⑥を除く）

<日本語文献>

大芝亮『国際政治理論 ― パズル・概念・解釈』ミネルヴァ書房、2016

北浦修敏「世界及び日本の経済格差現状と原因について ― 内外のエコノミスト分析・見解を踏まえて―」、『世界平和研究所　IIPS Policy Paper』June, 2016

小泉悠『プーチンの国家戦略 岐路に立つ「強国」ロシア』東京堂出版、2016

佐々木孝博「ロシアの対外政策から見たウクライナ危機 ― グルジア紛争との相違と類似性を中心に」、『ディフェンス』33（1）2014

竹浪祥一郎「振替ルーブルとコメコン国際決済制度にかんする一考察」、『桃山学院大学経済経営論集』21(2/3)、1979

村井純ほか『角川インターネット講座　全15巻合本版』KADOKAWA/角川学芸出版、2015

村上泰亮『反古典の政治経済学』上・下、中央公論社、1992

<外国語の日本語訳文献>

ロバート・G・ギルピン（佐藤誠三郎・竹内透監修、大蔵省世界システム研究会訳）『世界システムの政治経済学 ― 国際関係の新段階』東洋経済新報社、1990

チャールズ・P・キンドルバーガー（石崎昭彦・木村一朗訳）『大不況下の世界 ― 1929-1939』改訂増補版、岩波書店、2009

チャールズ・P・キンドルバーガー（中島健二訳）『経済大国興亡史 ― 1550-1990』上・下、岩波書店、2016.

ポール・ケネディ（鈴木主税訳）『決定版 大国の興亡 ― 1500年から2000年までの経済の変遷と軍事闘争』上・下、草思社、2000.

ロバート・コヘイン（石黒馨・小林誠訳）『覇権後の国際政治経済学』晃洋書房、1998.

トマ・ピケティ（山形浩生・守岡桜・森本正史訳）『21世紀の資本』みすず書房、2014.

ヘドリー・ブル（臼杵英一訳）『国際社会論 ― アナーキカル・ソサイエティ』岩波書店、2000.

ローレンス・ライト（平賀秀明訳）『倒壊する巨塔 ― アルカイダと「9・11」への道』上・下、白水社、2009.

第15章▶国際社会の展望 273

＜外国語文献＞

Atwan, Abdel Bari, The Secret History of al Qaeda Updated ed., University of California Press, 2008.

Piketty, Thomas, CAPITAL IN THE TWENTY-FIRST CENTURY, Harvard University Press, 2014.

Weil, Frederick, Indicators of Recovery, Indications for Policy, Risk, Hazards & Crisis in Public Policy , Vol 4 Issue 1, 2013.

＜ウェブサイト＞

菅原淳一「トランプ米政権の『通商政策課題』　ユニラテラリズムへの傾斜強める米通商政策」、『みずほインサイト』みずほ総合研究所、2017 https://www.mizuho-ri.co.jp/publication/research/pdf/insight/pl170306.pdf（2017年4月15日閲覧）

Bush, G.H.W., Speech in the Congress, 1991.9.11. https://www.youtube.com/watch?v=50-WDVobs2g&spfreload=5(2017.5.4閲覧)

Trump, D., Remarks by President Trump to the 72nd Session of the United Nations General Assembly, Sep.19.2017, https://www.whitehouse.gov/the-press-office/2017/09/19/remarks-president-trump-72nd-session-united-nations-general-assembly（2017.9.30閲覧）

Weil, Frederick, Indicators of Recovery, Indications for Policy, Risk, Hazards & Crisis in Public Policy , Vol 4 Issue 1, 2013.

WORLD BANK GROUP, GLOBAL ECONOMIC PROSPECTS: Weak Investment in Uncertain Times, January 2017.(2017.5.1閲覧)

第15章

索引

〔注〕重要な用語・語彙・人名などを50音順（アルファベットはローマ字読みで50音順）に掲載しました。

◆あ

IIAEA　139, 227
IS　40, 162
IMF　89, 168, 188
ILO　149
ICJ　154
IDGs　192
IPCC　106, 212
IUCN　106, 204, 209
悪の枢軸　135
アジア欧州会合（ASEM）　39
アジア新興工業経済地域　178
アジア太平洋安全保障協力会議
　（CSCAP）　62
アジア太平洋経済協力（APEC）
　38, 62
アジェンダ21　205
ASEAN（東南アジア諸国連合）
　39, 155, 176
ASEAN自由貿易地域　176
アセアン地域フォーラム　62
新しい戦争　144
「新しい中世」　98
アナーキー　12, 118, 252, 254
アフガニスタン侵攻　261
アフリカ連合（AU）　84, 176
アマルティア・セン　186
アムステルダム条約　243
アムネスティ・インターナショナル
　100
アメリカ第一主義　262
アメリカ独立宣言　149
アメリカの平和　259
アラブ石油輸出国機構（OAPEC）
　222
アラブの春　40, 162
アリソン、グレアム・T、　68

アル＝カイダ　262
アルザス・ロレーヌ地方　224
UNCTAD　188
アングロ・サクソン型　53
安全保障　111
安全保障のジレンマ　45, 114
安全保障理事会（安保理）
　80, 83, 118
UNTAC　131

◆い

ERM　176
EC　175
EU（欧州連合）　13, 174, 224
EU指令　243
EUエネルギー・パッケージ　226
EU離脱　256
イスラム過激派　40
イスラム国　40, 162
ISO　103
移動圧力　241
移民　236
移民国家　237
移民制限法　236
移民問題　239
イラク侵攻　261
イラクの自由作戦　142
色の革命　162
印僑　238
インターネット　256, 268
インターネット接続環境　270
インドシナ難民　247

◆う

ウィーン条約　207
ウィーン体制　29
ウィルソン　160
ウィンスロップ　154

ウィンセット（Win-Set）　71
ウェストファリア条約　28, 60
ウェストファリア体制　28
ヴェルサイユ条約　32, 167
ウレント、アレクサンダー　55
ウォーラーステイン、イマニュエル
　50
ウォルツ、ケネス　20, 67, 102,
　258
右翼運動　244

◆え

ASEM　39
HCFC　105, 207
APEC　38
AFTA　176
A2AD　266
AU（アフリカ連合）　176
エガリタリアニズム　197
SA（Social Accountability）　103
SDGs　194
エスニック・クレンジング　97
越境化　96
NGO　96, 100
NPO　100
NPT　126, 139, 227
エピステミック・コミュニティ
　208
FoE　102
FTA　172
MD　126, 140
MTCR　140
MDGs　192

◆お

オイルサンド　220
オイルショック　170, 219, 222
欧州安全保障協力機構（OSCE）　130

欧州為替相場メカニズム（ERM）
　176
欧州共同体（EC）　175
欧州経済共同体　175
欧州原子力共同体　175
欧州債務危機　177
欧州社会憲章　154
欧州人権条約　154
欧州石炭鉄鋼共同体　174
欧州ソブリン危機　256
欧州評議会　155
欧州連合　174
オウム真理教テロ事件　141
OECD　185
ODA　184
「丘の上の町」(a Citty upon a Hill)
　154
オゾンホール　207
オバマ　113
OPEC　222
OPECバスケット価格　224
温室効果ガス（GHG）　202
温暖化懐疑論　213

◆か─────────────

カー、E.H.　11
カーター　152
階級闘争　50
外交　60
外交官　60
外交制度　29
海賊対処法　225
外的　111
開発援助委員会　185
化学兵器　133,136
化学兵器禁止条約　140
火器　123
華僑　238
核拡散問題　227
核危機　142
核戦力　112
核の傘　121,142
核不拡散条約(NPT)　126,139
　227
核兵器　34,119,227,255

核保有国　139
加重表決制（加重投票制)86
化石燃料　228
カッツェンスタイン、ピーター
　56
GATT(ガット)　53,89,168
カトリック　237
火薬　27
カラー革命　162
ガルトゥング、ヨハン　51
環境自主行動計画　107
干渉と国家主権に関する国際委員会
　133
環太平洋パートナーシップ協定
　（TPP）　64,88
カント、イマヌエル　90,158
観念　53
官僚　66

◆き─────────────

議議院内閣制　65
基幹インフラ　269
『危機の二十年』　11
企業間競争　104
企業の社会的責任（CSR）　104
気候行動ネットワーク　63
気候変動に関する政府間パネル
　（IPCC）　106,212
技術進歩　267
北大西洋条約機構（NATO）
　34,122
金正恩　267
九段線　266
9.11テロ事件　40,134,144,243,261
キューバ危機　36,68,130,143
協商　115
行政指導　67
強制措置　118
協調　49
協調的安全保障　130
「共通だが差異ある責任」　213
共同実施（JI）　214
京都議定書　213
共和制　158
極右政党　40

拒否権　80,83
拒否権プレイヤー　71
ギルピン　258
キンドルバーガー　258
金ドル本位制　168

◆く─────────────

苦力（クーリー）　238
グッド・ガバナンス　192
クラウゼヴィッツ　111
グラムシ、アントニオ　51
クリーン開発メカニズム(CDM)
　214
グリーンピース　100
クリミア戦争　30
グローバル社会　16
グローバリゼーション　255
グローバル・コモンズ　203
グローバルイシュー　43
グローバル化　38,96,97
グローバル・ガバナンス　38,99,
　254
グローバル・タックス(国際連帯税)
　197
グロティウス、フーゴー　47
軍事革命　124
軍事戦略　112
軍事における革命　124
軍縮　114
軍備管理条約　121

◆け─────────────

経経済開発　186
経済協力開発機構（OECD）
　19,185,223
経済社会理事会　85
経済相互援助会議　170
経済の3つのトリレンマ　179
経済連携協定（EPA）　72
ケネディ、ポール　262
原子力安全委員会　231
原子力委員会　230
原子力規制委員会　231
原子力基本法　230
権力の国際化　95

◆こ

公共財　203
構造調整ファシリティ　191
構造調整プログラム　191
構造調整融資　191
構造的暴力　51
護衛艦　225
コーカサス　221
コーポラティズム・モデル　67
枯渇性エネルギー　228
国際エネルギー機関(IEA)　223
国際エネルギー計画(IEP)　224
国際開発目標(IDGs)　192
国際関係　10
国際慣習法　77
国際刑事裁判所(ICC)　14
国際原子力機関(IAEA)　87,139,
　227
国際システム　255
国際自然保護連合(IUCN)　106,
　204,209
国際司法裁判所(ICJ)　14,78,
　84,154
国際社会　255
国際人権規約　151
国際人権章典　150
国際政治　10,11,12
『国際政治の理論』　20
国際制度　77
国際赤十字　100
国際通貨基金(IMF)　168,188
国際標準化機構　103
国際法　29,114
国際レジーム　48,77
国際レジームの有効性　88
国際レジーム論　88
国際連合(国連:UN)　33,81,99,
　150
国際連帯税　197
国際連盟　79
国際労働機関(ILO)　87,103,149
国内観衆費用　71
国内緒勢力　71
国内総生産(GDP)　189

国民　97
国民皆兵　30
国民国家　29
国民総所得(GNI)　184,189
国力　270
国連安全保障理事会(安保理)
　15,133,142,228
国連開発計画(UNDP)　86,185,
　187
「国連開発の10年」　188
国連海洋法条約(UNCLOS)　14
国連環境計画(UNEP)　87,204
国連カンボジア暫定統治機構
　(UNTAC)　131
国連気候変動枠組条約
　(UNFCCC)　213
国連教育科学文化機関
　(UNESCO)　87
国連グローバル・コンパクト　102
国連児童基金(UNICEF)　87
国連食糧農業機関(FAO)　87
国連人権委員会　156
国連世界食糧計画(WFP)　87,
　185
国連難民高等弁務官事務所
　(UNHCR)　87,246
国連PKO部隊　　　　247
国連貿易開発会議　188
コスモポリタニズム　90
コスモポリタン・デモクラシー　91
コソボ介入　133
国家　28
国家の自立性　254
国境管理　235
国境なき医師団　100
COP(コップ)10　210
COP15　215
固定価格買い取り制度229
固定相場制　168
古典外交　60
ネオリアリズム　102
コヘイン、ロバート　47,260
コミュニタリアニズム　91
コメコン　170,259
コンストラクティビズム　53

コンディショナリティ　159
コンピュータ・ネットワーク　137

◆さ

サイクス・ピコ協定　221
最恵国待遇　168
再生可能エネルギー　229
財政緊縮策　177
在日米軍基地　116
サイバー攻撃　137,265
サイバーテロ　137,
債務不履行　177
サッチャー、マーガレット　169
サミット　260
サライェヴォ事件　31
参議院　66
三国同盟（19世紀)115
三十年戦争　16,28
サンフランシスコ会議　150
サンフランシスコ講和会議
　150(脚注)

◆し

GHG　202
GNI（国民総所得）　189
CFC　105,206
G7　86,260
GDP（国内総生産）　189
CDM　214
C4ISR　125,267
G4　84
C4ISR　125
シーレーン　225,266
自衛　118
JI（共同実施）　214
シェール革命　220
シェリング、トマス　70
シェンゲン協定　175,242
死刑廃止議定書　　　151
自国　15
自国第一主義　40
自助　44
市場（経済）　167
市場リベラリズム　47
「持続可能な開発」　203

▶索引 | 277

指導国　258
資本主義の多様性　171
事務局（国連）　82
事務総長（国連）　82
社会開発　186
社会権　151
社会権規約選択議定書　151
社会主義政権　32
社会的説明責任　103
社会の安全保障化　145
ジャクソン＝バニク修正条項
　152
自由権　151
自由至上主義　196
「囚人のジレンマ」　49, 114
従属関係　51
自由尊重主義　196
集団安全保障　15, 84, 117
自由貿易主義　169
自由貿易協定　172
住民　253
主権　13, 28
主権国家　13, 28
主権の侵食　95
主権平等　13
常設仲裁裁判所　14
常駐大使制度　29, 60
常任理事国　80, 83
条約　77
条約難民　246
植民活動　235
植民地　30
植民地の拡大　236
植民地の宗主国　151
所得格差　256
シリア介入　133
新安保条約　117
新外交　60
人間（じんかん）戦争　143
新機能主義　176
人権　149
人権と開発のためのアジアフォーラム
　63
人権問題　157
新国際経済秩序（NIEO）190

人種差別　238
神聖ローマ帝国　26
新世界石油資本　223
新世界秩序　256
迅速グローバル打撃（PGS）　126
信託統治　221
人道的介入　133
人道に対する罪　150
森林管理協議会　104
新冷戦　37

◆す───────────

スタクスネット　　142
スタグフレーション　191
スマートフォン　268
スミス、アダム　47

◆せ───────────

聖戦　27
成長の限界　203
制度的リベラリズム　48
政府開発援助（ODA）　160, 184
生物兵器　136
生物兵器禁止条約　140
「政府なきガバナンス」99
勢力均衡　29, 45, 60
世界議会　91
世界恐慌　32
世界銀行　86, 102, 168, 188
世界経済フォーラム　102
世界システム　25, 50
世界自然保護基金（WWF）　100
世界人権宣言　151
世界政府　81
世界石油資本　221
世界貿易機関（WTO）　172, 262
世界保健機関（WHO）　87
石油　219
石油輸出国機構（OPEC）　222
接続可能性　194
「接続可能な開発目標」（SDGs）
　194
絶対王政　27
絶対利得　89
セブン・シスターズ　222

世論　161
全欧安全保障協力会議（CSCE）
　37, 130, 159
尖閣諸島　266
戦間期　11
全国農業協同組合中央会（JA全中）
　64
『戦史』10
戦場の霧　125
先進国社会　270
先制第一撃　120
戦争疲れ　144
全体主義　33
戦略　114
戦略兵器削減交渉（START）　121
戦略兵器制限交渉（SALT）　36, 121
戦略防衛構想（SDI）　37

◆そ───────────

総会（国連）　82
掃海艇　116
相互依存　47, 255
相互依存関係　95
相互確証破壊（MAD）　120
相互作用　114
相対利得　89, 121
族議員　67
ソフトパワー　46, 61
ソ連崩壊　34

◆た───────────

大恐慌　258
大国間戦争　122
『大国の興亡』　262
大国有利　95
第三世界　36
大使　60
大西洋憲章　79, 168
タイド（ひも付き）　185
大統領制　65
第二撃能力　120
太平天国の乱　236
大量破壊兵器　112, 134
台湾海峡危機　265
多角的貿易交渉　168

多極構造　45
多元主義モデル　66
多国間主義　262
多国籍企業　95, 102
タダ乗り　253
DAC　185
脱領域化　96
WFP　185
WWF　100
WWW　268
WTO　89, 172, 262
多文化主義政策　237
ダボス会議　102
TAN　100
タンデム　264
単独行動主義　263
ダンバートン・オークス会議　80
タンペレ・アジェンダ　243

◆ち・つ

地域統合　39
チェチェン問題　263
チェルノブイリ原子力発電所事故
　226
力の均衡　263
地球温暖化　253
地球の友　102
知識共同体　105, 208
知識ブローカー　107
秩序　258
中華人民共和国　　35
中距離核戦力(INF)全廃条約　37
仲裁裁判　14
中朝友好協力相互援助条約　115
中東　221
中東諸国　163
挑戦国　260
朝鮮戦争　35, 116, 143
徴兵制　31
諜報活動　142
通常戦力　122

◆て

TCP／IP　268
定義難民　246

低強度紛争　144
帝国主義　30
帝国の過剰拡張　262
出稼ぎ労働者　240
デジタル・ディバイド　270
デジタルネイティブ　269
デタント（緊張緩和）　36
デフォルト　177
テロ　112, 244, 252
テロ集団　134
（六四）天安門事件　37, 163
電波三法　231

◆と

「同意は拘束する」　13
東欧革命　37, 159
トゥキュディデス　10, 111
東京裁判（極東国際軍事裁判）
　150
統合　252
同時多発テロ事件　40
東南アジア諸国連合（ASEAN）
　39, 62, 88, 176
東南アジア諸国連合地域フォーラム
　（ARF）　130
同盟（国）　15, 115
同盟のジレンマ　117
独裁国家　152
特別査察　140
独立革命　153
トラック1外交　62
トラック1.5外交　62
トラック2外交　62
トランスナショナル・アドボカシー・
　ネットワーク（TAN）　63, 100
トランプ　253, 256, 267
トリクル・ダウン　189
TRIPs　172
トルーマン・ドクトリン　154
ドルショック　170, 261
奴隷解放宣言　153
奴隷貿易　235
ドローン　125

◆な

ナイ、ジョセフ　46
内戦　132
内部の敵　111
中曽根康弘　169
ナショナリズム　97
NATO　34
ナトー　122
ならず者国家　135, 267
南南問題　184
難民　245
難民議定書　246
難民条約　246
難民の定義　246

◆に

二院制　66
NIEO（ニエオ）　190
二極支配　259
ニクソンショック　170, 265
二国間交渉主義　262
西側先進国　260
20カ国・地域首脳会議　261
日米安全保障条約　116
日米同盟　116
新渡戸稲造　239
日本経済団体連合会（日本経団連）
　64
日本原子力研究所　230
ニュルンベルク国際軍事裁判　150
人間開発　186
人間開発指数　187
人間の安全保障　132

◆ね・の

ネーション　97
ネオ・グラムシ学派　51
ネオリベラリズム　48
ノージック、ロバート　196
ノーベル平和賞　113
ノーマティブ・パワー　46
盧泰愚　152
ノン・ルフールマン原則　246

◆は

ハース、エルンスト　176
ハードパワー　46
バイオマスエタノール　229
排出権取引制度　214
排日移民　239
パイプライン　225
ハイブリット戦争　144, 265
バイラテラリズム　262
白豪主義　237
パクス・ロマーナ　26
朴正熙　152
覇権国　258
覇権戦争　262
覇権理論　258
バシー海峡　225
破綻国家　132
パックス・アメリカーナ　259
パットナム、ロバート　70
パブリック・ディプロマシー　61
パブリック・ガバナンス
　（公的ガバナンス）　99
パリ協定　215, 253
パリ講和会議　32
バルフォア宣言　245
パレスチナ難民　245
パレスチナ問題　221
力（パワー）　44
反グローバル　172
バンジュール憲章　155
半大統領制　65
ハンティントン、サミュエル　158
反日的　239

◆ひ

ピアソン報告　188
非安定化工作　130
PM2.5　201
ピークオイル論　219
PKO　131
PGS　126
非営利組織（NPO）　100
非核国　139
非化石燃料　228

ピケティ、トマ　256
非国家アクター　89, 98
非国家主体　98
非常任理事国　83
非人道的行為　133
非政府組織（NGO）　16, 100
PIGS（ピッグス）　177
ヒューマン・ライツ・ウォッチ　100
貧者の核兵器　141
ビンラディン、オサマ　144

◆ふ

ファシズム　33
フィネモア、マーサ　55
プーチン、ウラジーミル　264
ブーメラン効果　101
フェア・トレード　195
フェミニズム　54
福島第一原子力発電所事故
　226, 331
不正規戦　144
ブッシュ、G.W.　134, 156
プッシュ要因　240
普遍的な正義　154
プライベート・ガバナンス（公的
　ガバナンス）　100
ブラック・ボックス　55
プラネタリー・バウンダリー
　203
「プラハの春」　36
フランク、アンドレ・グンダー　50
フランス人権宣言　149
フリーライド　253, 258
武力介入　133
ブル、ヘドリー　95, 254
プル要因　240
ブレトンウッズ（体制）
　33, 53, 168, 188, 259
プレビッシュ報告書　190
ブロック経済　32
ブロック経済政策　167
プロテスタント　237
フロンガス（CFC）206
文化帝国主義　211

◆へ

平時　130
米州人権条約　155
平成共存政策　35
兵站　123
平和維持活動（PKO）82, 131
平和構築　131
平和に対する罪　150
ベトナム戦争　35, 143
ペレストロイカ　37
変動相場制　170

◆ほ

貿易摩擦　171
報道　161
法の不遡及　150
ポーター仮説　104
ホームグロウン・テロ　136
捕鯨問題　211
保護主義　167
保護する責任（R2P）133
保護貿易主義　170
ポッゲ、トマス　197
ポツダム宣言　160
ホッブズ　44, 111, 255
ホブスン、ジョン・アトキンソン　50
ホルムズ海峡　225
ホロコースト　150, 157

◆ま

マーシャル・プラン　188
マキアヴェッリ　43, 111
「巻き込まれ」　116
マグナ・カルタ　149
マクナマラ、ロバート　189
MAD（マッド：相互確証破壊）120
マナーズ、イアン　46
マラッカ海峡　225
マルクス、カール　50
マルクス主義　50
マルチ・ステークホルダー・ガバナンス
　108
マルチトラック外交　61
マルチラテラリズム　262

満州事変　33

◆み

ミサイル技術管理レジーム（MTCR）
　140
ミサイル防衛（MD）　126, 140
「見捨てられ」　116
ミラー、デイヴィッド　196
ミレニアム開発目標（MDGs）　192
民主制　12
民主制国家　158
民主化ドミノ　162
民主制の強制　160
民主制の平和　161
民族浄化　97
民族独立　39

◆む

無人機　125
無政府状態　12

◆め・も

メジャーズ（世界石油資本）
　221
モーゲンソー　11, 44, 258
Mosaic（モザイク）　268
モザイク国家　97
モスクワ条約　121
モノカルチャー　190
モヨ、ダンビサ　198

◆や・ゆ・よ

ヤルタ会議　34
ヤルタ政権　34
ヤング、オラン　88
UNウィメン　87
UNFCCC　213
UNDP　185, 187
ユーロ圏　177, 257
輸出志向工業化戦略　178
輸入代替工業化戦略　178
ユニラテラリズム　262
UNEP　204
ヨーロッパの協調　29
抑止　120, 140

「4つの自由」　149

◆ら・り

ラウンド　173
ラムサール条約　209
リアリズム　16, 43, 112
利益団体　66
リツフィン、カレン　107
李登輝　265
リバタリアニズム　196
リベラリズム　47
「リベラル」な政治思想　244
領域防衛　266

◆る・れ

リア累積債務危機　191
冷戦　33, 112
冷戦期　11
レーガン、ドナルド　169
レーニン、ウラジミール　50
レッドリスト　106, 209
連合国　80, 150（脚注）

◆ろ

ローズヴェルト、F.D　149
ローズクランス、リチャード　98
ローマ規程　14
六四天安門事件　37, 163

◆わ

WIFI接続　270
ワシントン・コンセンサス　169
ワシントン条約　106, 209
和平演変　163
湾岸戦争　15, 118

▶執筆者紹介 | 281

《執筆者紹介》 (順不同)

永山 博之 (ながやま・ひろゆき)　[第1・第7・第8・第9・第14・第15章担当]
　　　　1963年生まれ
　　　　慶応義塾大学大学院法学研究科後期博士課程単位取得退学
　　　　現在　広島大学大学院 社会科学研究科教授
　　　　専攻　政治学, 国際政治学
　　　　著書・論文　「国際的視野からみた東アジアの法制度と政治行政——経済危機とガバナンスを中心に」
　　　　　　　　　　『法政論叢』(2010)
　　　　　　　　　　『東アジア地域秩序の建設 (協調と協力)』(共著, 東亜出版社, 2014)
　　　　　　　　　　「『一帯一路』構想と日本」『一帯一路と世界』(山東大学亜太研究所, 2015)
　　　　　　　　　　『政治学への扉』(共著, 一藝社, 2016) ほか

河原地 英武 (かわらじ・ひでたけ)　[第2章担当]
　　　　1959年生まれ
　　　　慶応義塾大学大学院法学研究科後期博士課程単位取得退学
　　　　現在　京都産業大学 外国語学部国際関係学科教授
　　　　専攻　ロシア政治, 安全保障問題, 国際関係論
　　　　著書・論文　『覇権以後の世界秩序——海図なき時代と日本の明日』(共著, ミネルヴァ書房, 2012)
　　　　　　　　　　『地域と理論から考えるアジア共同体』(共著, 芦書房, 2015)
　　　　　　　　　　『ソ連と東アジアの国際政治 1919-1941』(共著, みすず書房, 2017) ほか

井口 正彦 (いぐち・まさひこ)　[第3・第4・第6・第10・第13章担当]
　　　　1982年生まれ
　　　　東京工業大学大学院社会理工学研究科後期博士課程単位取得退学　博士 (学術)
　　　　現在　京都産業大学 外国語学部国際関係学科准教授
　　　　専攻　グローバル・ガバナンス論
　　　　著書・論文　Divergence and Convergence of Automobile Fuel Economy Regulations:
　　　　　　　　　　A Comparative Analysis of EU, Japan and US (Springer, 2015)
　　　　　　　　　　池上彰監修『ニュースに出てくる国際組織じてん 1 (国連組織)』(彩流社, 2016) ほか

早川 有香 (はやかわ・ゆか)　[第5・第11・第12章担当]
　　　　1983年生まれ
　　　　東京工業大学大学院社会理工学研究科博士後期課程在籍中
　　　　現在　京都産業大学 世界問題研究所客員研究員
　　　　専攻　グローバル・ガバナンス論, 持続可能な開発のための教育 (ESD)
　　　　著書・論文　『環境教育辞典』(共著, 教育出版, 2013)
　　　　　　　　　　「マルチ・ステークホルダーによるグローバル・ガバナンス —— 持続可能な開
　　　　　　　　　　発目標の策定プロセスに関する分析」グローバル・ガバナンス, 第3号, pp. 48-59,
　　　　　　　　　　2016. ほか

装丁＋地図・図表作成──アトリエ・プラン

国際政治学への扉

2017年12月25日　初版第1刷発行
2019年 3月25日　初版第2刷発行

著　者　　永山 博之

　　　　　河原地英武

　　　　　井口正彦

　　　　　早川有香

発行者　　菊池 公男

発行所　　**株式会社 一藝社**
　　　　　〒160-0014 東京都新宿区内藤町1‐6
　　　　　TEL.03-5312-8890
　　　　　FAX.03-5312-8895
　　　　　振替 東京 00180-5-350802
　　　　　e-mail:info@ichigeisha.co.jp
　　　　　website://www.ichigeisha.co.jp

印刷・製本　シナノ書籍印刷株式会社

©Hiroyuki Nagayama, Hidetake Kawaraji,
Masahiko Iguchi, Yuka Hayakawa
2017 Printed in Japan
ISBN978-4-86359-134-9　　C3031

落丁・乱丁本はお取り替えいたします

一藝社の本

政治社会学［第5版］

加藤秀治郎・岩渕美克◆編

「政治社会学」は政治学と社会学の境界領域に位置し、政治不信の続く現代の状況を解明するものとして期待されている。複雑化する現代政治を解明するためには、政治と社会の関係を見直すことが不可欠であり、その上でさまざまな事象を分析していかなくてはならないのである。

　第5版では、新たに重要な論文、サルトーリの「選挙制度の作用」とポパーの「民主制の理論について」を収録し、さらに充実した内容となった。

［目次］
第1部　政治社会学の基礎
第1章　政治と社会／第2章　政治過程／第3章　政治権力／第4章　政党と圧力団体／第5章　選挙・投票行動／第6章　政治の心理／第7章　世論とメディア／第8章　統計と調査
第2部　リーディングス
1　権力の二面性（P. バクラック、M.S. バラッツ）／2　クリヴィジ構造、政党制、有権者の連携関係（S.M. リプセット、S. ロッカン）／3　選挙制度の作用〜「デュヴェルジェの法則」再検討〜（G. サルトーリ）／4　民主制の理論について（K. ポパー）

A5判　並製　320頁　定価（本体2,600円＋税）　ISBN 978-4-86359-050-2

新版 政治学の基礎

加藤秀治郎・林 法隆・古田雅雄・檜山雅人・水戸克典◆著

好評で版を重ねている、政治学の基礎的な理解を目的とした入門書。政治学が扱う様々な分野を概説し、必須項目を網羅的に取り上げて説明しているので、大学の基礎教養科目、短大のテキスト、また各種公務員試験の参考書としても最適。

四六判　並製　280頁　定価（本体2,200円＋税）　ISBN 978-4-901253-24-6

クラウゼヴィッツ語録
──『戦争論』のエッセンス──

加藤秀治郎◆編訳

「戦争とは、異なる手段をもって継続される政治に他ならない」──。ナポレオン戦争から200年余。軍事・戦略論の域を超え、政治はもとより、あらゆる組織論に示唆を与え続けるプロイセンの名参謀の名言を精選、簡潔な解説を施した好著。

四六判　並製　212頁　定価（本体1,500円＋税）　ISBN 978-4-86359-131-8

一藝社の本

政治学・行政学の基礎知識［第3版］

堀江　湛◆編

新しい時代に対応して、ますます密接な関係になりつつある政治学・行政学の両分野を1冊に収録。政治と行政、それぞれについて、新しい視点から現状を展望。第3版では全体的な見直しを行うとともに、平易な記述で基礎的事項を体系的に解説。特に難しいと思われる用語も「サブ・テーマ」「コラム」などで増補した。

A5判　並製　362頁　定価（本体2,500円＋税）　ISBN 978-4-86359-090-8

改訂版 政治学への扉

永山博之・富崎隆・青木一益・真下英二◆著

毎日新聞読書欄で紹介された好著の改訂版。慶応大出身の研究者4人が議論を重ね、内外の近年の研究成果を見据えた清新な内容。現代政治を理解するために基本となる国家の意味を問いかけ、民主制の根本を明らかにする。さらに行政の役割、選挙、政党、議会、官僚、メディア、地方自治、それぞれの特徴、国際政治の捉え方まで、具体的な事例を挙げながら、若い世代に必須の知見と視点を提供する。

A5判　並製　256頁　定価（本体2,400円＋税）　ISBN 978-4-86359-179-0

赤いバラは散らない──英国労働党の興亡

谷藤悦史◆著

世界が手本と仰いだ議会制民主主義と二大政党制。その一翼《英国労働党》の変転をたどり、戦後70年各々の時代に何が成功し何が失敗したのか。どんな視点がありどんな視点が足りなかったかを探る。国家と個人のあり方に強い示唆を与える意欲作。

四六判　並製　256頁　定価（本体2,000円＋税）　ISBN 978-4-86359-113-4

戦後70年を越えて──ドイツの選択・日本の関与

中村登志哉◆編著

「戦後70年」とは何か。日本はそれを「越える」ことができたのか。激変する世界の中、日本の国際的な「関与」と対日観の諸相を、同じ敗戦国ドイツの「選択」の分析を中心に据えて、複数の視座から比較・提示した意欲的な論考の集成。

四六判　上製　168頁　定価（本体2,800円＋税）　ISBN 978-4-86359-114-1